国际教育研究书系

世界教育发展报告 2012

中国教育科学研究院国际比较教育研究中心　著

教育科学出版社

·北京·

丛书编委会

（按姓氏笔画为序）

丛书总序

为打造具有国家水准、国际视野的教育科研成果，更好地服务于办好人民满意的教育，服务于全面建成小康社会，在中央级公益性科研院所基本科研业务费专项基金的支持下，我院系统开展了对国内国际重大教育理论与实践问题的研究，形成了"国情、国视、国菁、国际"四大书系。

"国情"书系以年度发展报告的形式，全面反映我国各级各类教育的成就、经验和挑战，对全国各省、自治区、直辖市教育发展和政策进行区域比较，对我国各级各类教育的发展水平进行国际比较，力求对我国教育的数量、规模、结构、效益和质量做出科学判断。

"国视"书系着眼于社会关注的教育热点问题，着眼于基础性、前瞻性问题，以了解事实、回应关切、提供政策建议为主要目的，探索教育发展规律。

"国菁"书系专门研究大中小学生的生活状态，涉及学校生活、家庭生活、社会生活、网络生活等，通过调查研究，了解当代学生的行为特点和思想情感，为研究如何促进学生的全面发展提供科学依据。

"国际"书系分为著作和译作两类，主要反映国际教育改革发展动态，回顾国际教育的历史进程，跟踪国际教育的改革动态，把握国际教育的发展趋势。

四大书系既各自独立又相互联系，在保持各书系特点的同时，力求做到：

一、"用数据说话"。数据是研究和决策的基础。四大书系力图建立在数据和事实的基础之上，通过对数据的搜集、提炼、整合、分析，发现问题，探索规律。

二、"通过比较说话"。没有比较就没有鉴别。书系力求通过国别比较、区域比较、类型比较、结构比较，发现真知，提供卓见。

三、"协同创新"。协同创新是提高创新效率和创新水平的战略要求。书系研究调动院内外、系统内外、国内外资源，注重人员交叉、学科交叉、方法交叉，力求有所创新、有所突破。

四大书系的编辑出版是我院全面提高教育科研水平的一项整体努力，也是建设国家一流教育智库的客观要求。在研究和写作过程中，书系得到了相关机构和同仁的大力支持，特别是得到了教育部相关司局及有关部委的大力支持，在此一并致谢！我们将以此为起点，不懈努力，为推动中国教育事业在新的历史起点上向前发展发挥不可替代的作用。

编者

2012 年 12 月

目 录
CONTENTS

基于系统论和分形理论，本研究首先以联合国教科文组织（UNESCO）、世界银行（WB）、联合国开发计划署（UNDP）、世界经济论坛（WEF）、瑞士洛桑国际管理学院（IMD）等国际组织的研究成果为依据，从中选择出具有国际可比性的关键指标，对当今世界教育发展格局进行了整体和分项的比较分析。然后，本研究以经济发展水平为依据，分别对发达国家、新兴经济体、发展中国家近五年来的教育发展变化进行了分析。最后本研究对世界教育发展的整体发展趋势进行了论述。

一、世界教育发展格局

从整体来看，世界教育发展的格局可以划分为三类：教育发达国家、教育中等发达国家和教育欠发达国家。

其中教育发达国家有 31 个，包括挪威、新西兰、美国、捷克、德国、澳大利亚、以色列、匈牙利、韩国、瑞典、爱尔兰、斯洛伐克、加拿大、日本、乌克兰、荷兰、立陶宛、罗马尼亚、黑山、比利时、希腊、法国、拉脱维亚、西班牙、芬兰、丹麦、列支敦士登、瑞士、波兰、马耳他、智利。这些国家的基本特征是：一是经济发展水平高，以购买力平价 2008 年不变美元计算，2010 年教育发达国家人均国民收入的平均值是 31863 美元；二是教育发展水平高，以平均受教育年限为例，2010 年受教育年限的平均值是 11.12 年；三是教育投入水平高，以公共教育投入占 GDP 比例为例，2010 年投入最高的以色列达到了 8.3%。

有代表性的教育中等发达国家有 41 个，包括摩尔多瓦、牙买加、秘鲁、马来西亚、塞尔维亚、巴拿马、阿根廷、吉尔吉斯斯坦、特立尼达和多巴哥、阿联酋、玻利维亚、伯利兹城、克罗地亚、博茨瓦纳、俄罗斯、新加坡、密克罗尼西亚、墨西哥、菲律宾、约旦、蒙古、南非、斯里兰卡、马其顿、葡萄牙、巴拉圭、沙特阿拉伯、萨尔瓦多、厄瓜多尔、中国、加蓬、哥伦比亚、纳米比亚、卡塔尔、阿尔及利亚、毛里求斯、巴西、泰国、埃及、土耳其、科威特。这些国家的基本特征是：一是经济发展处在中等水平，以购买力平价 2008 年不变美元计算，2010 年教育中等发达国家人均国民收入的平均值是 13796 美元，与教育发达国家平均值相差 18067 美元；二是教育发展水平处在中等水平，以平均受教育年限为例，2010 年受教育年限的平均值是 8.27 年，与教育发达国家平均值相差 2.85 年。

有代表性的教育欠发达国家有 39 个，包括越南、赤道几内亚、多哥、坦桑尼亚、尼日利亚、海地、叙利亚、巴基斯坦、孟加拉国、乌干达、老挝、所罗门群岛、安哥拉、印度、摩洛哥、巴布新几内亚、马拉维、圣多美与普林西比、缅甸、吉布提、民主刚果、毛里塔尼亚、中非、塞内加尔、贝宁、阿富汗、科特迪瓦、尼泊尔、苏丹、塞拉利昂、也门、几内亚比绍、几内亚、乍得、埃塞俄比亚、尼日尔、马里、布基纳法索、莫桑比克。这些国家的特征是：一是经济发展水平普遍较低，以购买力平价 2008 年不变美元计算，2010 年教育欠发达国家人均国民收入的平均值是 2642 美元，相当于教育中等发达国家平均值的 19%，相当于教育发达国家平均值的 8.3%；二是教育发展水平处在较低水平，以平均受教育年限为例，2010 年受教育年限的平均值是 3.63 年，相当于教育中等发达国家平均值的 44%，相当于教育发达国家平均值的 33%。

从学段来看，世界学前教育毛入学率在 50% 以上的国家和地区有 96 个，占到 165 个国家和地区的 42%，毛入学率在 90% 以上的国家和地区占到 26%，毛入学率在 50%—80% 之间的国家和地区占到 34%。中国学前教育毛入学率为 54%，处于中等偏下的水平。在 160 个国家和地区中，108 个国家初等教育毛入学率在 100% 以上，其中 110% 以上的有 60 个，大部分是发展中国家。中等教育毛入学率的数据样本国家和地区为 145 个，世界上绝大多数国家已经基本普及中等教育，毛入学率低于 50% 的国家和地区为 30 个，只占 21%。其中，毛入学率达到 80% 以上的国家和地区 89 个，占到 61.3%，中等教育毛入学率达到 90% 以上的国家和地区 69 个，占到 48%，也就是说世界上接近一半的国家和地区中等教育毛入学率在 90% 以上。

二、发达国家的教育发展变化

本研究所选取的发达国家样本国包括美国、荷兰、加拿大、澳大利亚、德国、英国、法国、日本、意大利、西班牙、韩国、希腊、捷克和葡萄牙等 14 个国家。

发达国家的社会经济特征包括四个方面。（1）经济发展水平居于世界前列，本研究所选取的 14 个代表性国家 2011 年人均 GDP 为 38563 美元。（2）经济增速较缓，产业结构相对稳定。在 2002—2011 年的 10 年时间里，14 个发达国家 GDP 的年均增长率为 1.7%。（3）社会保障体制较为健全，拥有相对完善的社会公共服务体系。2010 年，14 个发达国家义务教育年限均在 9 年以上，平均达到 10.7 年。（4）人口老龄化问题突出，但移民人口增速较快，对国际高技能人才保持强大的吸引力。2011 年，14 个发达国家 65 岁及以上人口占总人口的比例平均为 16.9%，比世界平均水平 7.7% 高出一倍。而这些国家目前的总生育率平均为 1.64，也远远低于全世界 2.45 的平均水平。从 2005 年到 2010 年，14 个发达国家平均净移民率为 3.9‰。

2008 年金融危机对发达国家的影响主要表现在这样几个方面。（1）经济下行趋势明显，增长乏力。14 个发达国家 2007 年 GDP 平均增长

3.22%，2008 年则平均为 0.7%，2009 年为 - 3.27%，到 2010 年才普遍恢复增长，GDP 平均增加 2.07%。（2）财政赤字高企，部分国家面临严峻债务危机。2008 年，14 国财政赤字占 GDP 比例平均为 2.2%，2009 年迅速上升至 6.6%，2010 年为 5.7%。（3）失业率显著上升。从 2008 年到 2010 年，14 个发达国家的平均失业率从 6% 上升到 8.5%。其中青年失业问题尤为突出。从 2008 年到 2011 年，14 个发达国家 25 岁以下青年人口平均失业率从 13.8% 上升到 20.5%，在法国、葡萄牙、意大利、希腊、西班牙等国，青年失业率已经达到或超过 25%，希腊和西班牙的青年失业率甚至达到 45%。研究发现，受教育程度与失业率成反比，过早脱离教育和培训的青年成为失业高危群体。另外，劳动力市场与青年求职者之间存在结构性技能错位，显示教育与社会需求不相匹配。青年失业带来的不仅仅是经济问题，也引发了严重的社会问题。

　　发达国家近年来的教育投入变化包括这样几个方面。（1）各国公共教育支出占 GDP 比重稳中有升，2008 年平均为 5.1%，2009 年达到 5.5%。（2）教育支出占政府支出比例保持稳定。2008 年到 2009 年间，在已有数据的 9 个国家中，有 5 个国家教育支出占政府支出的比例略有下降，4 个国家有所上升，但变化幅度都未超过 1 个百分点。（3）部分国家私人教育投入所占份额显著增长。2006 年各国私人教育投入所占份额平均为 19.4%，2009 年达到 20.1%。

　　发达国家近年来各级教育变化包括这样几个方面。（1）学前教育普及面扩大。各国平均的学前教育总入学率 2005 年为 91%，2010 年达到 95.6%，很多国家已经实现 100% 入学。（2）中等教育毕业率持续提高。各国高中毕业率 2005 年平均为 84%，2010 年达到 88%。（3）高等教育规模继续扩大。从 2008 年到 2010 年，各国高等教育平均入学率提高了 4 个百分点。

　　发达国家近年来的教育政策变化包括这样几个方面。（1）以技能为核心，促进高等教育、职业教育和终身教育的发展。具体包括制定技能国家战略、扩大职业教育规模、发展双元制职业训练模式、以政策引导和资金投入支持继续教育和培训、强化高校学生实践技能和就业能力训练、鼓励大学生创业等。（2）在国际竞争的视野中提升基础教育质量。具体包括以国际学业测试推动国内基础教育质量提升、加强师资培训提升教师待遇、修订完善教师专业标准提升师资质量。（3）促进教育公平，发展更加包容的教育。具体包括基础教育政策向移民家庭学生倾斜、在全纳教育框架中扶助学习困难学生和残障学生、支持提高低收入家庭年轻人职业教育和高等教育受教育机会。

三、新兴经济体教育的发展变化

本研究所选的新兴经济体样本国家为"金砖国家"，即中国、巴西、印度、俄罗斯和南非。

金砖国家的社会经济特征包括这样几个方面。（1）经济总量快速发展，人均 GDP 落后。近年来，金砖国家整体 GDP 年均增长率保持在 6.5% 以上，人均 GDP 在 2006 年一直低于世界平均水平，2006 年和 2010 年俄罗斯和巴西人均 GDP 分别超过世界平均水平。（2）工业发展势头强劲，服务业占比偏低。2009 年数据显示，全球范围服务业产值在 GDP 中的平均比重为 72%，金砖国家中比重最高的巴西为 69%，最低的中国仅为 45%，印度也仅为 55%。（3）资源和要素拉动作用显著。金砖国家经济发展的资源或要素优势明显，其增长动力源泉主要在于要素投入。劳动力和投资要素对金砖国家的经济增长贡献率近 70%，生产率提高份额只占 30% 左右，远低于发达国家。（4）城市化后发优势依存。金砖国家中，俄罗斯和巴西的城市化水平较高，中国和印度的农业人口所占比重较大。（5）社会发展滞后于经济发展。2006 年，南非最低 10% 人口所占收入份额为 1.07%，而最高 10% 收入人口所占收入份额为 57.54%；其次是巴西，分别为 0.69% 和 45.47%；中国为 1.79% 和 31.97%；俄罗斯为 2.68% 和 28.59%；印度为 3.75% 和 28.26%。

金砖国家的劳动力人口水平表现出这样几个特点。（1）接受过高等教育劳动力人口比例明显偏低。2010 年金砖国家中，除俄罗斯以外，其他国家均不足 10%。（2）接受过中等教育劳动年龄人口比例偏低。2010 年俄罗斯为 74%，巴西为 52%、中国为 65%、印度为 39%、南非为 46%。（3）接受过初等教育劳动力人口比例偏高。2010 年，巴西为 34%，比 2000 年下降近 6%；中国为 24%，比 2000 年下降 5%；南非为 36%，比 10 年前下降 4%；印度则从 20 世纪 70 年代起，这一比例一直保持在 22% 上下，未见明显变化。（4）未接受教育劳动力人口仍占一定比例。从 15—64 岁劳动年龄人口未接受教育的人口比例来看，金砖国家这一比例长期处于稳定下降趋势，但总体仍然远远高于发达国家。（5）15 岁以上人口平均受教育年限较低。2010 年俄罗斯为 11.5 年，巴西为 7.5 年，中国为 8.2 年，南非为 8.6 年，印度最低，仅为 5.13 年。（6）金砖国家成人文盲率居高。迄今为止，世界成人文盲主要集中在 10 个国家，10 国的成人文盲人口占到全球成人文盲总数的 72%，金砖国家的中国、巴西、印度均榜上有名。

金砖国家近年来的教育投入变化包括这样几个方面。（1）教育投入大幅提升，但总体仍然偏低。2009 年和 2010 年南非公共教育支出占 GDP 的比例在 6% 以上，巴西为 4.8% 左右，俄罗斯为 4% 左右。（2）生均教育投入偏低，高等教育投入偏高。巴西 2009 年各级教育生均公共教育支出占人均 GDP 比重为 20%，俄罗斯 2008 年接近 20%；印度 2006 年不足 15%。

金砖国家近年来各级各类教育发展变化包括这样几个方面。（1）学前教育毛入学率增长迅速，覆盖率总体偏低。2000—2010 年，南非学前教育毛入学率增长 33%，印度增长 31%，中国增长 16%。（2）失学儿童数量居世界前位。（3）教育公平面临挑战。（4）教育吸引力不足。（5）教育发展失衡。

近年来，金砖国家的教育政策变化主要包括：（1）促进教育公平与包容，具体为提供助学补助金、开展营养计划、实行校车计划、落实学额保留制；（2）普及教育向纵深推进，具体为扩大学前教育的覆盖面、提升普及教育层次；（3）提升高等教育质量，具体为建设一流大学、落实成人教育计划等。

四、发展中国家的教育发展变化

本研究所选取的发展中国家样本国为世界银行关于发展中国家所划分的六大地区，尤其是最不发达国家（LDC）。

发展中国家的经济社会特征包括：（1）发展经济体国家之间经济、文化差异很大，部分国家极端落后，人均 GDP 低于世界平均水平；（2）产业结构落后，依附、受制于发达国家；（3）城镇化进程缓慢。

2008 年的金融危机对发展中国家的影响包括：（1）国际金融危机加剧了发展中国家经济增长的脆弱性和波动性；（2）失业率上升；（3）经济上的波动引发政治与社会危机。

近年来，发展中国家的教育发展特征有：（1）国民总体受教育程度偏低且发展不均衡；（2）初等教育基本普及；（3）中等教育普及程度两极分化，普高和职高差异明显；（4）高等教育发展不均，人才流失严重；（5）医疗卫生知识匮乏，健康教育任重道远。

近年来，发展中国家教育投入方面的变化有：（1）教育投入不稳定，教育经费短缺，发展中国家与发达国家之间差距扩大；（2）教育投入结构不合理；（3）生均年度平均支出偏低。

近年来，各级各类教育的发展与变化体现在：（1）学前教育普及率低；（2）基础教育快速发展，中小学入学率均有大幅度提升，部分国家受金融危机影响有所降低，许多发展中国家这一比例仍低于世界平均水平；（3）在基础教育规模快速扩充的同时，辍学率有所下降，但教育质量问题日益突出；（4）基础教育教师数量有所增长，但师资水平不高，部分地区师资紧张，教育设施落后；（5）高等教育发展不均衡。

近年来，发展中国家教育政策变化主要有：（1）深受国际组织影响，重视全民教育，通过制定规划谋求教育发展；（2）致力于摆脱贫困，多渠道增加教育投入，加强基础设施建设；（3）保障不利群体的受教育机会，推进教育公平，促进性别平等；（4）加强教师培养，完善教育评价机制，促进教育质量提高；（5）发展中等教育和职业教育，提高青年和成人生活技能。

五、世界教育发展的趋势

近年来，世界教育发展呈现的主要趋势为：一是人口的受教育水平不断提高，体现为各国更加重视学前教育、高中教育更加综合化、劳动力人口受高等教育比例增加；二是各国更加关注弱势群体受教育机会，具体为基础教育阶段更加重视弱势群体学生学业成绩的提高，高等教育阶段更加强调弱势群体的均等机会；三是各国着力提升教育质量，具体体现为以标准提升质量、加强质量保障等；四是大力培养高技能人才，各国普遍出台了高技能人才发展规划；五是使全民终身学习成为现实，采取的措施包括建立资格框架、建立终身学习指标体系、加强资助、完善制度建设等；六是继续推进高等教育国际化，主要措施包括加强外语教学、加强学生与教师国际流动等。

第一章

世界教育发展的总体格局

一、世界教育发展格局的总体评价

根据系统论的观点和分形理论，同时结合相关指标，可以将世界教育发展的格局划分为三类：教育发达国家、教育中等发达国家和教育欠发达国家，这些国家在很多方面具有一些共同特征。

（一）从系统论看世界教育发展格局

从系统科学的观点来看，世界教育是一个庞大和复杂的系统。系统是由相互作用和相互依赖的若干组成部分结合成的具有特定功能的有机整体。系统的层次性特征表明，一个复杂的系统，它由许多子系统组成，同时又是更大系统的子系统。系统的构成非常复杂，其众多的要素以不同的方式存在，处于不同的维度和层次上，它们共同集成整个系统。系统与其要素之间的关系体现为整体与部分的辩证统一。

唯物辩证法认为，世界上的一切事物、一切过程都是由各个部分构成的有机联系整体。整体由部分构成，没有部分就没有整体，部分是整体的一个环节，没有整体就没有部分，二者不可分割，相互影响。整体是部分的有机统一，部分不是简单地叠加或机械地堆积在一起，而是以一定的结构形式相互联系、相互作用着，从而使整体具有新的属性和规律。

世界教育系统就是一个复杂的庞大系统，它是由各个国家的教育系统所组成，而各个国家的教育系统又由本国不同区域的教育系统组成，在本国区域教育系统以下又可再进一步细分。如中国的教育系统由省级教育系统组成，省级教育系统由县级教育系统组成，县级教育系统由乡级教育系统组成，等等。

整体与部分虽然有着本质的区别，但是系统的整体与部分又有着某种自相似性。自相似性是指复杂系统的整体与部分、这部分与那部分之间的精细结构或性质所具有的相似性，或者说从整体中取出的局部（局域）能够体现整体的基本特征。即几何或非线性变换下的不变性：在不同放大倍数上的性状相似，包括几何结构与形态、过程、信息、功能、性质、能量、物质、时间、空间等特征上，具有自相似性的广义分形。

自相似性的数学表示为：$f(\lambda r) = \lambda \alpha f(r)$，或 $f(r) \sim r\alpha$。式中 λ 称为标度因子，α 称为标度指数（分维），它描述了结构的空间性质。函数 $f(r)$ 是面积、体积、质量等占有数、量等性质的测度。

一个系统的自相似性是指某种结构或过程的特征从不同的空间尺度或时间尺度来看都是相似的，或者某系统或结构的局域性质或局域结构与整体类似。另外，在整体与整体之间或部分与部分之间，也会存在自相似性。一般情况下，自相似性有比较复杂的表现形式，而不是局域放大一定倍数以后简单地和整体完全重合。但是，表征自相似系统或结构的定量性质如分形维数，并不会因为放大或缩小等操作而变化，所改变的只是其外部的表现形式。自相似性通常只和非线性复杂系统的动力学特征有关。

综上所述，世界教育的发展显示出全球教育发展的某些特征、问题、规律等，会在各个国家、国家的区域、区域下的小区域等各层级的教育发展中得到体现，这就是世界教育发展格局整体与部分的自相似性。研究自相似性，分形理论为我们提供了很好的方法。

（二）世界教育发展格局的分形特征

分形（fractal）的概念是美籍科学家曼德布罗特（B. B. Mandelbrot）首先提出来的。1967 年，曼德布罗特在《科学》杂志上发表了论文《英国的海岸线有多长?》。他认为,虽然海岸线作为曲线,其特征是极不规则、极不光滑的,呈现极其蜿蜒复杂的变化,而且不能从形状和结构上区分这部分海岸与那部分海岸有什么本质的不同,但是正是这种几乎同样程度的不规则性和复杂性,恰恰说明了海岸线在形貌上是自相似的,也就是局部形态和整体形态的相似。在没有建筑物或其他东西作为参照物时,在空中拍摄的 100 千米长的海岸线与放大了的 10 千米长的海岸线的两张照片,看上去会十分相似。事实上,具有自相似性的形态广泛存在于自然界中,如连绵的山川、飘浮的云朵、岩石的断裂口、布朗粒子运动的轨迹、树冠、花菜、大脑皮层等等,曼德布罗特把这些部分与整体以某种方式相似的形体称为分形。

1975 年,曼德布罗特创立了分形几何学。分形几何学的基本思想是:客观事物具有自相似的层次结构,局部与整体在形态、功能、信息、时间、空间等方面具有统计意义上的相似性,称为自相似性。分形几何不同于传统几何的地方在于:从整体上看,分形几何图形是处处不规则的,如海岸线和山川形状,从远距离观察,其形状是极不规则的;在不同尺度上,图形的规则性又是相同的,如上述的海岸线和山川形状,从近距离观察,其局部形状又和整体形态相似,它们从整体到部分,都是自相似的;也有一些分形几何图形,它们并不完全是自相似的,其中一些用来描述一般随机现象,还有一些用来描述混沌和非线性系统。

在分形几何基础上,形成了研究分形性质及其应用的科学,称为分形理论。分形理论作为一种方法论和认识论,其启示是多方面的:一是分形整体与局部形态的相似,启发人们通过认识部分来认识整体,从有限中认识无限;二是分形揭示了介于整体与部分、有序与无序、复杂与简单之间的新形态、新秩序;三是分形从特定层面揭示了世界普遍联系和统一的图景。

曼德布罗特为分形下过两个定义。(1)满足 $Dim(A) > dim(A)$ 的集合 A,称为分形集,其中 $Dim(A)$ 为集合 A 的 Hausdoff 维数(或分维数),$dim(A)$ 为其拓扑维数。一般说来,$Dim(A)$ 不是整数,而是分数。(2)部分与整体以某种形式相似的形,称为分形。

客观世界中许多事物，具有自相似的"层次"结构，在理想情况下，甚至具有无穷层次。适当地放大或缩小几何尺寸，整个结构并不改变。例如，一块磁铁中的每一部分都像整体一样具有南北两极，不断分割下去，每一部分都具有和整体磁铁相同的磁场。这种自相似的层次结构，适当地放大或缩小几何尺寸，整个结构不变。

世界教育发展格局也是这样，从全球的教育系统一直往下细分，到各个国家的教育系统，到各个省（市、县、乡）级教育系统，再到各个学校的教育系统，甚至到各个班级的教育系统。无论在哪一个层次上，无论是大还是小，教育系统在整体与部分上，都具有明显的自相似性。这种自相似性在不同的问题上的表现是不尽相同的，但是它们都反映了世界教育发展格局具有一定的分形特征。例如，在世界教育发展格局的总体评价上，我们可以依据分形理论，把世界各国按照其公共教育支出水平的高低，划分为几个阵营。在各个阵营中，又可以依据同样的分类标准，再进一步细分为几个小阵营。同样地，依据同一分类标准，可以把某个国家的教育系统划分为几个阵营，而这些阵营也可以再进一步细分为若干个小阵营。公共教育支出水平只是一项指标，类似地，用不同的指标都可以同样操作，这就是世界教育发展格局的分形特征。

（三）世界教育发展格局的总体判断

世界各国不仅经济发展水平不同，其教育发展水平差异性也很大。即使在同一个国家中不同时期、不同阶段、不同区域的教育发展也不均衡，要精确判断一个国家教育发展总体水平在世界上的位置有一定难度，目前世界上尚未有机构对此做出准确的综合判断。但可根据世界一些权威机构的相关研究数据进行综合分析，对世界教育发展格局形成一个基本判断。

本研究的教育指标数据主要来源于联合国教科文组织的统计所和世界银行。另外，一些国际组织按照自己的研究目的制定了相应的指标体系，对世界各国的发展水平、竞争力、创新能力等进行分析和排名。比较有影响力和权威性的研究包括联合国开发计划署的人类发展指数研究，瑞士洛桑国际管理学院和世界经济论坛的国家竞争力研究、印度与瑞士洛桑国际管理学院合作的全球创新指数研究。这些研究中的指标体系都包含了教育指标，2010 年人类发展指数指标中参与计算的教育指标有两个，平均受教育年限和预期受教育年限。世界经济论坛的最新指标体系包括基本条件（制度、基础设施、宏观经济、健康与初等教育），效率提升（高等教育和培训、商品市场效率、劳动市场效率、金融市场成熟性、技术环境、市场规模），创新因素（商业成熟性、创新）等三大类 12 个支柱指标。其中，初等教育和高等教育分别作为主要的支柱指标出现，每个支柱指标又包含若干个分解指标。瑞士洛桑国际管理学院的 20 个指标中，教育、科学研究和技术建设分别作为独立的指标。全球创新指数中与教育相关的指标是作为人力资源的能力出现的。

通过对以上指标的综合计算，按照 3∶4∶3 的比例把世界教育发展格局划分为教育发达国家、教育中等发达国家和教育不发达国家三大阵营。

教育发达国家有 31 个，包括挪威、新西兰、美国、捷克、德国、澳大利亚、以色列、匈牙利、韩国、瑞典、爱尔兰、斯洛伐克、加拿大、日本、乌克兰、荷兰、立陶宛、罗马尼亚、黑山、比利时、希腊、法国、拉脱维亚、西班牙、芬兰、丹麦、列支敦士登、瑞士、波兰、马耳他、智利。

教育发达国家的基本特征包括这样几个方面。（1）经济发展水平高。以购买力平价 2008 年不变美元计算的人均国民收入为例，2010 年教育发达国家人均国民收入的平均值是 31863 美元，而中国 2010 年的人均国民收入只有 7258 美元，排在 169 个国家的第 85 位。2010 年，人均 GNP 最高的是列支敦士登，接近 81011 美元；挪威排名第 3，人均 58810 美元；美国人均 47094 美元排在第 9。（2）教育发展水平高。以平均受教育年限为例，2010 年这些国家平均值为 11.12 年，中国为 7.55 年，与之相差 3.57 年，排在 169 个国家的第 90 位。2010 年人均受教育年限最高的是挪威，达到 12.63 年，其次是新西兰和美国，分别为 12.52 年和 12.45 年。（3）教育投入水平高。教育投入水平是一国教育发展的关键指标之一，从国际比较来看，教育发达国家的教育投入水平极高。以公共教育投入占 GDP 比例为例，2010 年投入最高的以色列达到了 8.3%，而 2010 年中国仅为 2.9%，可见差距之大。典型教育强国如瑞典为 7.0%，美国为 6.3%，乌克兰为 6.2%，英国为 6.1%，法国为 5.9%。韩国和日本稍低，分别为 4.2% 和 3.9%，但考虑到这些发达国家社会投入和私人投入的比重相当高，这更凸显了我们教育投入的不足。

有代表性的教育中等发达国家有 41 个，包括摩尔多瓦、牙买加、秘鲁、马来西亚、塞尔维亚、巴拿马、阿根廷、吉尔吉斯斯坦、特立尼达和多巴哥、阿联酋、玻利维亚、伯利兹、克罗地亚、博茨瓦纳、俄罗斯、新加坡、密克罗尼西亚、墨西哥、菲律宾、约旦、蒙古、南非、斯里兰卡、马其顿、葡萄牙、巴拉圭、沙特阿拉伯、萨尔瓦多、厄瓜多尔、中国、加蓬、哥伦比亚、纳米比亚、卡塔尔、阿尔及利亚、毛里求斯、巴西、泰国、埃及、土耳其、科威特。

教育中等发达国家的基本特征包括这样几个方面。

（1）经济发展水平处在中等水平，以购买力平价 2008 年不变美元计算的人均国民收入而言，2010 年教育中等发达国家人均国民收入的平均值是 13796 美元，与教育发达国家均值相差 18067 美元，可见，教育中等发达国家的人均 GNP 与教育发达国家相差 1 倍多，中国 2010 年的人均 GNP 只有 7258 美元，相当于教育中等发达国家平均值的 53%，可见差距之明显。

（2）教育发展水平处在中等水平，以平均受教育年限为例，2010 年受教育年限的平均值是 8.27 年，与教育发达国家平均值相差 2.85 年，中国的平均受教育年限只有 7.55 年，排在 169 个国家的第 90 位，与教育中等发达国家平均值还相差 0.72 年。

有代表性的教育欠发达国家有 39 个，包括越南、赤道几内亚、多哥、坦桑尼亚、尼日利亚、海地、叙利亚、巴基斯坦、孟加拉国、乌干达、老挝、所罗门群岛、安哥拉、印度、摩洛哥、巴布新几内亚、马拉维、圣多美与普林西比、缅甸、吉布提、民主刚果、毛里塔尼亚、中非、塞内加尔、贝宁、阿富汗、科特迪瓦、尼泊尔、苏丹、塞拉利昂、也门、几内亚比绍、几内亚、乍得、埃塞俄比亚、尼日尔、马里、布基纳法索、莫桑比克。

教育欠发达国家的基本特征包括这样几个方面。

（1）经济发展水平普遍较低，以购买力平价 2008 年不变美元计算的人均国民收入而言，2010 年教育欠发达国家人均国民收入的平均值是 2642 美元，相当于教育中等发达国家均值的 19%，相当于教育发达国家均值的 8.3%。

（2）教育发展水平处在较低水平，以平均受教育年限为例，2010 年受教育年限的平均值是 3.63 年，相当于教育中等发达国家平均值的 44%，相当于教育发达国家平均值的 33%。

二、世界教育发展水平的基本格局

按照学段，世界教育发展水平的格局具体可以分为学前教育发展水平格局、初等教育发展水平格局、中等教育发展水平格局、高等教育发展水平格局。下面分别说明①。

（一）学前教育发展水平

学前教育毛入学率在 50% 以上的有 96 个，占可获得数据的 165 个国家和地区的 42%，毛入学率在 90% 以上的国家和地区占 26%，毛入学率在 50%—80% 之间的国家和地区占 34%。中国学前教育毛入学率为 54%，处于中等偏下的水平（见表 1－1）。

表 1－1　学前教育毛入学率

国家和地区	指标（%）	年份
厄瓜多尔	140	2010
西班牙	126	2010
韩国	119	2010

---

① 本部分所涉数据，如无特殊说明，均来自世界银行。

续表

国家和地区	指标（%）	年份
比利时	119	2010
马耳他	117	2010
德国	114	2010
马尔代夫	114	2010
加纳	114	2012
牙买加	113	2010
阿鲁巴	112	2010
多米尼克	110	2011
法国	109	2010
捷克	108	2010
智利	106	2010
列支敦士登	104	2010
安哥拉	104	2010
古巴	104	2011
巴巴多斯	104	2011
波多黎各	104	2011
白俄罗斯	103	2011
塞舌尔	102	2010
毛里求斯	102	2011
墨西哥	101	2010
安道尔	101	2011
巴布亚新几内亚	100	2008
丹麦	100	2010
奥地利	100	2010
泰国	100	2011
挪威	99	2010
格林纳达	99	2010
瑞士	99	2010

续表

国家和地区	指标（%）	年份
乌克兰	99	2011
意大利	98	2010
爱尔兰	98	2010
以色列	97	2010
冰岛	97	2010
圣基茨和尼维斯	96	2011
瑞典	95	2010
圣马力诺	93	2010
新西兰	93	2010
荷兰	93	2010
斯洛伐克	91	2010
俄罗斯	90	2009
斯洛文尼亚	90	2010
乌拉圭	89	2010
卢森堡	89	2010
日本	88	2010
爱沙尼亚	88	2010
文莱	88	2011
圭亚那	86	2011
苏里南	85	2009
匈牙利	85	2010
中国澳门特别行政区	85	2011
拉脱维亚	84	2010
斯里兰卡	84	2010
英国	83	2010
葡萄牙	83	2010
黎巴嫩	83	2011
科威特	82	2008

国家和地区	指标（%）	年份
蒙古	82	2011
塞浦路斯	81	2010
安提瓜和巴布达	81	2011
圣文森特和格林纳丁斯	80	2009
保加利亚	79	2010
罗马尼亚	79	2010
澳大利亚	78	2010
秘鲁	78	2011
摩尔多瓦	77	2011
阿尔及利亚	75	2011
阿根廷	74	2009
希腊	74	2010
立陶宛	74	2010
佛得角	74	2011
委内瑞拉	74	2011
赤道几内亚	74	2011
加拿大	73	2009
哥斯达黎加	73	2011
波兰	71	2010
美国	69	2010
芬兰	68	2010
马来西亚	67	2009
危地马拉	67	2010
巴拿马	66	2011
南非	65	2009
萨尔瓦多	64	2011
摩洛哥	63	2011
克罗地亚	61	2010

续表

国家和地区	指标（%）	年份
圣多美和普林西比	61	2012
圣卢西亚	60	2011
瓦努阿图	59	2010
格鲁吉亚	58	2008
卡塔尔	57	2011
阿尔巴尼亚	57	2011
印度	55	2010
尼加拉瓜	55	2010
中国	54	2010
塞尔维亚	53	2011
阿曼	53	2011
哈萨克斯坦	53	2012
肯尼亚	52	2009
菲律宾	51	2009
所罗门群岛	49	2010
哥伦比亚	49	2011
伯利兹	47	2011
玻利维亚	46	2010
马绍尔群岛	46	2011
洪都拉斯	44	2011
印度尼西亚	43	2010
亚美尼亚	43	2011
伊朗	43	2011
百慕大	43	2011
萨摩亚	43	2011
加蓬	42	2011
约旦河西岸和加沙	41	2011
黑山	40	2011

续表

国家和地区	指标（%）	年份
多米尼加	38	2011
巴拉圭	35	2010
坦桑尼亚	33	2010
莱索托	33	2010
约旦	32	2010
冈比亚	30	2010
喀麦隆	30	2011
埃及	29	2010
苏丹	27	2009
阿塞拜疆	27	2011
土耳其	26	2010
乌兹别克斯坦	26	2011
马其顿	25	2010
老挝	24	2011
斯威士兰	23	2010
科摩罗	22	2008
吉尔吉斯斯坦	21	2011
贝宁	20	2011
博茨瓦纳	19	2009
斐济	18	2009
几内亚	17	2011
波斯尼亚和黑塞哥维那	17	2011
厄立特里亚	15	2011
乌干达	14	2010
尼日利亚	14	2010
塞内加尔	14	2011
孟加拉国	13	2010
刚果（布）	13	2011

续表

国家和地区	指标（％）	年份
柬埔寨	13	2011
沙特阿拉伯	11	2010
卢旺达	11	2011
多哥	11	2011
马达加斯加	11	2011
缅甸	10	2010
叙利亚	10	2010
塔吉克斯坦	9	2010
几内亚比绍	7	2010
塞拉利昂	7	2011
布隆迪	7	2011
中非共和国	6	2011
尼日尔	6	2011
不丹	5	2011
埃塞俄比亚	5	2011
吉布提	4	2011
科特迪瓦	4	2011
刚果（金）	3	2010
布基纳法索	3	2011
马里	3	2011
乍得	2	2011
也门	1	2011

（二）初等教育发展水平

从世界银行的数据来看，2011 年初等教育毛入学率数据样本的 160 个国家和地区中（2011 年数据缺失的国家采用了 2010 年的数据），108 个国家初等教育毛入学率在 100% 以上，其中 110% 以上的有 60 个国家，大部分是发展中国家（见表1-2）。

表1-2　初等教育毛入学率

国家和地区	指标（%）	年份
加蓬	182	2011
布隆迪	165	2011
马达加斯加	148	2011
所罗门群岛	145	2010
卢旺达	142	2011
马拉维	141	2011
多哥	139	2011
贝宁	129	2011
圣多美和普林西比	127	2012
缅甸	126	2010
巴巴多斯	126	2011
柬埔寨	126	2011
老挝	126	2011
塞拉利昂	125	2011
安哥拉	124	2010
几内亚比绍	123	2010
伯利兹	121	2011
蒙古	120	2011
厄瓜多尔	119	2010
喀麦隆	119	2011
多米尼克	119	2011
黑山	119	2011
印度尼西亚	118	2010
尼加拉瓜	118	2010
叙利亚	118	2010
东帝汶	117	2010

续表

国家和地区	指标（%）	年份
塞舌尔	117	2010
瓦努阿图	117	2010
危地马拉	116	2010
斯威士兰	116	2010
刚果（布）	116	2011
赞比亚	115	2010
墨西哥	114	2010
巴哈马	114	2010
阿鲁巴	114	2010
摩洛哥	114	2011
洪都拉斯	114	2011
萨尔瓦多	114	2011
乌干达	113	2011
乌拉圭	112	2010
葡萄牙	112	2010
哥伦比亚	112	2011
中国	111	2010
不丹	111	2011
莫桑比克	111	2011
法国	110	2010
佛得角	109	2011
阿尔及利亚	109	2011
爱尔兰	108	2010
荷兰	108	2010
中国香港特别行政区	108	2011
伊朗	108	2011
黎巴嫩	108	2011
纳米比亚	107	2010

续表

国家和地区	指标（%）	年份
英国	107	2010
哥斯达黎加	107	2011
多米尼加	107	2011
巴拿马	107	2011
塞浦路斯	106	2010
韩国	106	2010
捷克	106	2010
沙特阿拉伯	106	2010
西班牙	106	2010
越南	106	2010
马尔代夫	106	2010
埃塞俄比亚	106	2011
格鲁吉亚	106	2011
秘鲁	106	2011
列支敦士登	105	2010
圣文森特和格林纳丁斯	105	2010
澳大利亚	105	2010
特立尼达和多巴哥	105	2010
卡塔尔	105	2011
文莱	105	2011
萨摩亚	105	2011
以色列	104	2010
土耳其	104	2010
比利时	104	2010
阿曼	104	2011
保加利亚	103	2010
日本	103	2010
智利	103	2010

续表

国家和地区	指标（%）	年份
格林纳达	103	2010
瑞士	103	2010
莱索托	103	2010
利比里亚	103	2011
匈牙利	102	2010
坦桑尼亚	102	2010
德国	102	2010
意大利	102	2010
毛里塔尼亚	102	2010
美国	102	2010
委内瑞拉	102	2011
马绍尔群岛	102	2011
希腊	101	2010
拉脱维亚	101	2010
斯洛伐克	101	2010
新西兰	101	2010
瑞典	101	2010
埃及	101	2010
马耳他	101	2010
乍得	101	2011
古巴	101	2011
吉尔吉斯斯坦	101	2011
玻利维亚	100	2010
乌克兰	100	2011
塔吉克斯坦	100	2011
毛里求斯	100	2011
丹麦	99	2010
冰岛	99	2010

续表

国家和地区	指标（%）	年份
奥地利	99	2010
挪威	99	2010
斯里兰卡	99	2010
波兰	99	2010
爱沙尼亚	99	2010
芬兰	99	2010
安提瓜和巴布达	99	2011
巴拉圭	98	2010
斯洛文尼亚	98	2010
几内亚	98	2011
白俄罗斯	98	2011
科摩罗	98	2011
卢森堡	97	2010
阿富汗	97	2010
立陶宛	96	2010
罗马尼亚	96	2010
阿塞拜疆	96	2011
乌兹别克斯坦	95	2011
塞尔维亚	95	2011
刚果（金）	94	2010
圣马力诺	94	2010
中非	94	2011
摩尔多瓦	94	2011
克罗地亚	93	2010
圣卢西亚	93	2011
约旦	92	2010
巴基斯坦	92	2011
约旦河西岸和加沙	92	2011

续表

国家和地区	指标（%）	年份
中国澳门特别行政区	91	2011
也门	91	2011
马其顿	90	2010
圣基茨和尼维斯	90	2011
波斯尼亚和黑塞哥维那	90	2011
百慕大	90	2011
牙买加	89	2010
科特迪瓦	88	2011
圭亚那	87	2011
赤道几内亚	87	2011
塞内加尔	86	2011
波多黎各	86	2011
阿尔巴尼亚	86	2011
亚美尼亚	84	2011
尼日利亚	83	2010
安道尔	82	2011
马里	82	2011
冈比亚	81	2011
布基纳法索	79	2011
尼日尔	71	2011
吉布提	59	2011
厄立特里亚	47	2011

（三）中等教育发展水平

根据世界银行数据，可获得中等教育毛入学率的样本国和地区为145个。数据显示，世界上绝大多数国家和地区基本普及中等教育，毛入学率低于50%的国家和地区为30个，只占21%。毛入学率达到80%以上的国家和地区为89个，占61.3%。中等教育毛入学率达到90%以上的国家和地区为69个，占48%。也就是说世界上接近一半的国家和地区中等教育毛入学率在90%以上（见表1-3）。

表1-3　中等教育毛入学率

国家和地区	指标（%）	年份
澳大利亚	131	2010
西班牙	125	2010
爱尔兰	121	2010
荷兰	121	2010
丹麦	119	2010
塞舌尔	119	2010
新西兰	119	2010
法国	113	2010
文莱	112	2011
挪威	111	2010
比利时	111	2010
希腊	109	2010
葡萄牙	109	2010
冰岛	108	2010
格林纳达	108	2010
芬兰	108	2010
圣文森特和格林纳丁斯	107	2010
爱沙尼亚	107	2010
乌兹别克斯坦	106	2011
英国	105	2010
安提瓜和巴布达	105	2011
白俄罗斯	105	2011
巴巴多斯	104	2011
阿曼	104	2011

续表

国家和地区	指标（%）	年份
德国	103	2010
以色列	102	2010
日本	102	2010
卡塔尔	102	2011
卢森堡	101	2010
沙特阿拉伯	101	2010
马耳他	101	2010
哥斯达黎加	101	2011
匈牙利	100	2010
意大利	100	2010
斯里兰卡	100	2010
塞浦路斯	99	2010
奥地利	99	2010
瑞典	99	2010
立陶宛	99	2010
多米尼克	98	2011
圣马力诺	97	2010
韩国	97	2010
斯洛文尼亚	97	2010
波兰	97	2010
罗马尼亚	97	2010
哥伦比亚	97	2011
黑山	97	2011
克罗地亚	96	2010
巴哈马	96	2010
美国	96	2010
中国澳门特别行政区	96	2011
拉脱维亚	95	2010

续表

国家和地区	指标（%）	年份
瑞士	95	2010
圣卢西亚	95	2011
乌克兰	94	2011
圣基茨和尼维斯	94	2011
牙买加	93	2010
圭亚那	93	2011
蒙古	93	2011
塞尔维亚	91	2011
毛里求斯	91	2011
秘鲁	91	2011
阿尔巴尼亚	91	2011
乌拉圭	90	2010
捷克	90	2010
斯洛伐克	90	2010
阿鲁巴	90	2010
佛得角	90	2011
古巴	90	2011
保加利亚	89	2010
墨西哥	89	2010
智利	89	2010
亚美尼亚	89	2011
塔吉克斯坦	89	2011
波斯尼亚和黑塞哥维那	89	2011
厄瓜多尔	88	2010
吉尔吉斯斯坦	88	2011
摩尔多瓦	88	2011
约旦	87	2010
安道尔	87	2011

续表

国家和地区	指标（%）	年份
伊朗	86	2011
马其顿	84	2010
约旦河西岸和加沙	84	2011
委内瑞拉	83	2011
黎巴嫩	83	2011
土耳其	82	2010
萨摩亚	82	2011
中国	81	2010
中国香港特别行政区	80	2011
泰国	79	2011
印度尼西亚	77	2010
越南	77	2010
波多黎各	77	2011
百慕大	77	2011
多米尼加	76	2011
巴拿马	74	2011
洪都拉斯	74	2011
叙利亚	72	2010
埃及	72	2010
不丹	70	2011
列支敦士登	69	2010
尼加拉瓜	69	2010
巴拉圭	68	2010
萨尔瓦多	68	2011
危地马拉	64	2010
印度	63	2010
斯威士兰	58	2010
东帝汶	56	2010

国家和地区	指标（%）	年份
多哥	56	2011
瓦努阿图	55	2010
冈比亚	54	2010
缅甸	54	2010
孟加拉国	51	2010
喀麦隆	51	2011
贝宁	51	2011
所罗门群岛	48	2010
柬埔寨	47	2011
莱索托	46	2010
阿富汗	46	2010
也门	46	2011
老挝	46	2011
利比里亚	45	2011
尼日利亚	44	2010
几内亚	42	2011
塞内加尔	42	2011
马里	39	2011
刚果（金）	38	2010
埃塞俄比亚	38	2011
卢旺达	36	2011
吉布提	36	2011
巴基斯坦	35	2011
马拉维	34	2011
厄立特里亚	33	2011
安哥拉	31	2010
坦桑尼亚	30	2010
乌干达	28	2010

国家和地区	指标（%）	年份
布隆迪	28	2011
莫桑比克	26	2011
乍得	25	2011
毛里塔尼亚	24	2010
布基纳法索	23	2011
中非	18	2011
尼日尔	14	2011

（四）高等教育发展水平

根据世界银行数据，可获得高等教育毛入学率的样本国家和地区为124个。数据显示，毛入学率在50%以上的有47个，占总数的38%；毛入学率在15%—50%之间的有42个，占总数的34%；毛入学率在15%以下的有35个，占总数的28%（见表1-4）。

表1-4　高等教育毛入学率

国家和地区	指标（%）	年份
韩国	103	2010
美国	95	2010
芬兰	94	2010
斯洛文尼亚	90	2010
波多黎各	86	2011
白俄罗斯	85	2011
新西兰	83	2010
乌克兰	82	2011
澳大利亚	80	2010
古巴	80	2011
冰岛	79	2010

国家和地区	指标（%）	年份
西班牙	78	2010
挪威	74	2010
瑞典	74	2010
立陶宛	74	2010
波兰	72	2010
比利时	71	2010
奥地利	68	2010
中国澳门特别行政区	68	2011
智利	66	2010
爱尔兰	66	2010
圣马力诺	65	2010
意大利	65	2010
荷兰	65	2010
葡萄牙	65	2010
捷克	64	2010
爱沙尼亚	64	2010
乌拉圭	63	2010
巴巴多斯	62	2011
斐济	62	2011
匈牙利	61	2010
拉脱维亚	60	2010
日本	60	2010
英国	60	2010
中国香港特别行政区	60	2011
罗马尼亚	59	2010
黎巴嫩	58	2011
保加利亚	57	2010
法国	57	2010

续表

国家和地区	指标（%）	年份
蒙古	57	2011
土耳其	55	2010
塞浦路斯	55	2010
斯洛伐克	55	2010
瑞士	55	2010
克罗地亚	54	2010
约旦河西岸和加沙	51	2011
塞尔维亚	50	2011
亚美尼亚	49	2011
伊朗	49	2011
黑山	48	2010
泰国	48	2011
巴拿马	46	2010
阿尔巴尼亚	44	2011
秘鲁	43	2010
哥伦比亚	43	2011
哥斯达黎加	43	2011
吉尔吉斯斯坦	41	2011
马其顿	39	2010
摩尔多瓦	39	2011
约旦	38	2010
波斯尼亚和黑塞哥维那	38	2011
沙特阿拉伯	37	2010
列支敦士登	36	2010
巴拉圭	35	2010
马耳他	35	2010
埃及	32	2010
毛里求斯	32	2011

续表

国家和地区	指标（%）	年份
阿尔及利亚	32	2011
阿鲁巴	31	2010
百慕大	31	2011
格鲁吉亚	30	2011
阿曼	29	2011
墨西哥	28	2010
中国	26	2010
牙买加	26	2010
印度尼西亚	23	2010
萨尔瓦多	23	2010
越南	22	2010
洪都拉斯	21	2010
伯利兹	21	2011
佛得角	20	2011
文莱	20	2011
塔吉克斯坦	19	2011
阿塞拜疆	19	2011
印度	18	2010
老挝	18	2011
斯里兰卡	15	2010
圣卢西亚	15	2011
缅甸	15	2011
安提瓜和巴布达	14	2011
柬埔寨	14	2011
贝宁	13	2011
加纳	12	2011
卡塔尔	12	2011
喀麦隆	12	2011

续表

国家和地区	指标（%）	年份
圭亚那	12	2011
几内亚	11	2011
多哥	11	2011
科摩罗	10	2011
不丹	9	2011
乌兹别克斯坦	9	2011
乌干达	9	2011
刚果（布）	9	2011
塞内加尔	8	2010
埃塞俄比亚	8	2011
巴基斯坦	8	2011
卢旺达	7	2011
津巴布韦	6	2011
马里	6	2011
莫桑比克	5	2011
圣多美和普林西比	4	2010
安哥拉	4	2010
毛里塔尼亚	4	2010
布基纳法索	4	2011
赞比亚	4	2011
马达加斯加	4	2011
布隆迪	3	2010
中非	3	2011
厄立特里亚	2	2010
坦桑尼亚	2	2010
乍得	2	2011
尼日尔	2	2011
马拉维	1	2011

三、教育发达国家的战略选择

教育发达国家在战略上高度重视，财政投入大；同时以促进公平为基础，以质量提升为方向；办学体制灵活，管理依靠法律；重视学校与社会合作，积极促进教育国际化；重视信息技术应用，提升教育信息化水平等。

（一）战略上高度重视，财政上加大投入

一个国家重视某一领域事业的发展，是这个领域事业发展的基本前提，而资源的投入则是任何事业发展的基本前提。从教育发达国家经验来看，这些国家普遍重视教育优先发展，将教育视为国家政策的核心之一，把教育作为提升本国竞争力的重要举措，努力加大教育投入，促进教育发展。

1. 重视教育优先发展，将教育作为提升国家竞争力的重要举措

教育发达国家普遍将教育视为提升本国竞争力的重要举措，教育的发展直接促进了这些国家经济社会实力的提升。2010 年，教育发达国家人均国民收入的平均值是 31863 美元，教育在其中作出了突出贡献。现以美国、日本、韩国和以色列为例进行说明。

一个多世纪以来，美国国家实力以异乎寻常的速度赶超了欧洲列强，占据世界领先地位，一跃成为发达的资本主义超级大国。这一巨大的变化，除了国际经济、政治和自然环境因素外，还与其重视教育密切相关。从历史上看，美国为发展教育付出了巨大努力，在殖民地时期，马萨诸塞州就通过了义务教育法。独立后，美国政府从舆论导向、制度建设、人力资源、物质条件、经费投入等方面积极创造条件，保障教育优先发展。美国历任总统都高度重视教育发展，现任总统奥巴马执政伊始，即强化联邦政府对教育的责任，努力将教育改革与发展作为国家的战略重点，新政府在《2009/2010 年度财政报告》中指出："美国需要投资经济的未来，要使

美国学生和产业工人获得高水平的教育和培训，让美国年轻一代在全球化环境下具有竞争力。"

日本历来重视教育，发达的教育事业和卓有成效的智力开发，保证了它对西方先进科学技术的引进、消化和吸收，使其用40多年时间就完成了欧洲主要资本主义国家花200多年时间才完成的近代化任务。"二战"后，教育对其经济和社会的复兴起到了支柱作用，短时间内使其重新成为资本主义强国。2008年，日本颁布了《教育振兴基本计划》，提出今后10年日本教育的远景目标，继续强调"教育立国"。

从1948年成立以来，韩国的经济取得了巨大的成就，在短短的半个世纪内，韩国从世界上最穷的国家之一成长为世界上第13大经济体。韩国经济迅速增长最重要的原因就在于韩国的教育系统，教育系统为韩国培养了大批人才。在韩国实现工业化的过程中，教育起到了主导性的作用。现在韩国的教育政策也是与其经济发展战略相联系的。随着全球化的进程、信息技术和知识经济的发展，韩国制定了相应的教育改革措施以促进韩国的教育发展，主要的目的是加强教育信息化过程、提升大学研究和终身化教育。在2001年，韩国制订了人力资源开发计划。2009年，制订了教育提升计划，以提高教育的竞争力。

以色列建国后的辉煌建设成就更是深深得益于教育兴国国策。以色列国土只有2.78万平方千米、严重缺水、土地贫瘠、沙漠化严重，仅有710万人口，并时刻面临战乱威胁，却在短短的62年中，在一穷二白的基础上，创造出经济高于世界平均水平两倍以上的成就，成为世界科技、军事、农业强国，2010年人均GDP高达20880美元，这与以色列重视教育发展密不可分。以色列各项教育指标都居世界前列，高水平教育是其高科技发展的基础。

2. 努力加大教育投入，政府在投入中发挥主导作用

资金投入是教育发展的基础和保证，一个良好的教育体系需要大量资金的投入。教育发达国家高度重视教育发展，注重加大对教育投入，并且政府在教育投入中发挥了主导作用。

教育发达国家的经济发展水平很高，从国际比较来看，教育发达国家

的教育投入普遍较高。就公共教育投入占 GDP 比例这一指标而言，2010年投入最高的以色列达到了 8.3%，典型教育强国如瑞典为 7.0%、美国为6.3%、乌克兰为 6.2%、法国为 5.9%。

教育发达国家教育投入的另外一个特点就是政府在教育投入中起到了主导作用。以丹麦和以色列为例。丹麦教育投资有两个特点：一是投资力度大；二是政府为教育投资的绝对主体。在丹麦，尽管不同的学校有不完全相同的投资渠道，但是教育系统基本由中央和地方政府共同出资。以色列实施中央政府和地方政府共同负责的教育投资体制，在资金投入上政府予以足够的重视，不断增加对教育的投入，确保教育持续高速发展。

（二）以促进公平为基础，以质量提升为导向

虽然教育规模的大小是一个国家教育发展水平的重要标志，但一个公平程度不高的教育体系，则不能够让大多数人受益，而没有质量只有数量的教育体系，则是一个没有效率的体系，即使能够培养大量人才，也不能够满足社会需求。综合教育发达国家情况来看，公平是教育发达国家的教育政策的基础，质量提升则是其教育政策的导向。

1. 重视教育公平，促进教育机会均等

教育公平程度是一个国家教育体系发展程度的一个重要标志，教育发达国家普遍将公平作为其教育政策的重要内容，关注弱势群体的受教育权利，注重促进教育均衡发展，受教育机会更加均等。现以美国、芬兰和智利为例进行说明。

美国历来重视教育公平，并且通过立法和战略规划对教育公平提供了制度保障。奥巴马在就职演说中说："重视教育权利是开国总统对教育的设想，也是他们为美国基础教育公平制定的基本原则。他们的教育公平思想与教育实践为后来者提供了模板，成为了美国总统教育传统的重要部分，极大地推动了美国基础教育改革进程。"

芬兰是教育公平的典范。芬兰政府积极给每个学生提供均等的受教育机会，消除受教育的障碍。芬兰《义务教育法》第 628 条规定，九年义务教育培养目标之一就是进一步保护整个国家教育公平。芬兰政府规定义务

教育阶段的学生在其居住地就近入学，这为居住在不同地区的学生提供了均等的教育机会。同时芬兰政府力求使学校间的差异减少到最小，对薄弱学校进行资金倾斜，重点扶持。芬兰《2003—2008 年教育与科研计划》明确指出："每个人都有根据他们的能力和特殊需要来接受教育发展自己的平等权利，这与他们的经济地位没有关系。公共权力机构有责任来保证每个人都有机会接受高质量的教育和培训，不管他们的年龄、居住地、语言和经济地位。"

为了保障教育公平，智利政府规定，凡是在大学校长委员会所属大学学习的学生，一律提供贷款，因为国家所奉行的原则是必须保证让所有符合条件的青年人都能上大学。智利实施了一项特别奖学金计划，给予那些在技术学校学习的年轻人以特别的帮助。

2. 重视教育质量保障体系建设，积极提高教育质量

教育发达国家不但注重加大教育投入，促进教育规模发展，而且注重加强保障体系建设，不断提升教育质量。现以德国、美国和新西兰为例进行说明。

德国政府高度重视教育质量，其教育行政管理与其他国家相比突出特点就是体现了教育质量评估，特别是教育督导，贯穿在整个教育行政管理中。德国采取不把教育行政普通人员和督导人员分开，教育行政部门的领导要肩负学校督导评估的工作，在他们看来所谓教育行政管理就是教育质量督导评估。

美国高等教育质量保障体系具有悠久的历史。由于高等教育质量保障体系的不断完善，美国高等教育质量得到保证。美国高等教育质量保障体系的结构是多层次的，它没有统一管理高等教育质量的全国性机构，联邦政府、州政府、认证机构和大众媒体等在各自职责范围内开展工作，积极发挥着各自应有的作用，它们相互协调，共同保证高等教育质量。

新西兰有着世界高水准的教育质量，尤其是它的高等教育一直享有较高的国际声誉。这样高质量的教育与其发达的教育质量保障机制是分不开的。新西兰大学的外部质量保障是由不同的质量保障机构共同构建的。这些质量保障机构之间独立运作，具有明确的职责分工，在对大学实施质量

审核的过程中共同发挥合力作用。

（三）办学体制灵活，管理依靠法律

办学如果缺乏灵活的体制，就不能够调动社会各方面的积极性；大规模的现代教育体系如果不依靠法律进行管理，则很难维持一个良性的稳定秩序。普遍来看，教育发达国家的办学体制较为灵活，而且管理法治化程度高。

1. 办学体制灵活，教育体系充满活力

教育发达国家的办学体制灵活，社会力量可以举办各种类型的学校，私立教育较为发达，而且公立学校办学自主权也比较大，教育体系充满活力。现以荷兰、美国和罗马尼亚为例进行说明。

荷兰《基本宪法》明确规定了教育自由，任何群体和个人都可办学，出现了各种形式的学校，包括罗马天主教学校、耶稣基督教学校、伊斯兰教学校等教会学校以及各种自由学校，且3/4以上的学校为私立学校。早在1917年，荷兰政府就出台了对私立学校的费用给予全额补助的政策，确立了私立学校在财政上和公立学校的对等地位。

美国教育一个重要特点就是体制灵活，院校类型、办学主体、办学形式、学生来源、管理形式呈现多样性，私立教育发达，公立学校办学自主权较大。灵活多样的办学形式使美国教育充满活力。地方教育分权体制下的不同类型学校之间的竞争也极大地促进了教育质量的提升。根据诺贝尔奖获得者弗雷德曼的看法，美国高等教育激烈的竞争是其质量优于其他国家的重要原因。

作为教育发达国家之一的罗马尼亚，在经济上并不是强国，教育经费投入的比例相对其他教育发达国家较低，公共教育支出占GDP比重不足4%，教育经费不足一直困扰着教育发展。为了解决这一问题，政府积极鼓励私人和社会团体办学，私立教育发展很快，特别是在高等教育领域，私立高等院校的数量多于国立，大量学生在私立高校就读，私立教育的发展促进了罗马尼亚教育整体的发展。

2. 教育管理权划分明确，管理法治化程度高

在管理教育过程中，教育发达国家注重发挥法律的作用，教育管理权划分明确，管理体系完善，使整个教育体系的管理有着明确的规则依据，避免了教育管理的随意性，保证了教育体系运行的稳定性。现以美国和日本为例进行说明。

美国是一个教育管理法治化程度很高的国家，国家教育权的配置以宪法、法律和司法判例确立的规则为基础。《美国联邦宪法》界定了美国教育权配置的总体框架，将国家教育权作为保留权力留给了各州，并为联邦政府介入教育事务提供了相应的依据，但限定了联邦政府介入教育事务的方式和手段，各州宪法对州教育权的配置也进行了相应的界定。此外，司法对美国国家教育权的配置有重要影响，国家教育权不能够超越判例所确立的规则。国家教育权配置法制化的特点使其教育管理有着既定的框架，各政府机关在履行教育管理职责时必须遵循既定的规则。另外，美国联邦先后通过了《莫里尔赠地法》、《退伍军人就业法》、《国防教育法》、《高等教育设施法》、《高等教育法》、《改革美国学校法》、《不让一个孩子掉队法》等一系列以教育为主题的法案，对美国教育的发展起到了重要作用。

依法治教也是日本教育的一个特点，日本在 1947 年 3 月制定了《教育基本法》，并且根据这部法律的精神，在"二战"后建立了完善的教育法律体系，这对日本教育的发展起到了重要作用。正如小渊惠三总理的教育咨询机构"教育改革国民会议"在《变革教育的十七条建议》中所指出的："战后 50 余年，日本的教育是在《教育基本法》的指导下进行的。在此期间，日本教育水准得到了极大的提高，对我国的社会、经济的发展做出了极大贡献。"

（四）重视学校与社会合作，积极促进教育国际化

教育发达国家注重促进学校与社会的合作，吸纳外部力量促进教育的发展，并且积极推进教育的国际化，提升本国教育的国际化水平。

1. 重视学校与社会合作，吸纳外部力量促进教育发展

教育发达国家普遍重视学校与社会的合作，积极吸纳社会力量参与办

学，学校与社会之间的关系密切，对教育的发展起到了重要作用。现以美国、德国和荷兰为例进行说明。

美国政府在履行教育职责的同时，也积极吸纳社会力量参与到教育权的行使中，这一点在学区管理中特别明显。美国学区委员会的成员主要是由学区所在地居民选举产生的，而且都是兼职的，是不领薪酬的志愿者。2006 年 9 月，美国出台了一份旨在引领未来 10—20 年美国高等教育走向的报告——《美国高等教育行动计划》，该计划将使高等教育成为学生、家长、企业领袖和纳税人都更加容易进入、支付和承担责任的事业。

德国职业教育的一个重要特色就是双元制，在双元制这个大背景下，职业教育注定要走多元合作、多方参与、责任共担、资源共享、利益均沾的集团化道路。其主体是以一个学校为龙头，联合其他学校，且由多家企业参与的联合教育机构。而领导及决策层，则由更广泛的人士参加：学校、企业、行业协会、工会代表，类似一个董事会。

1996 年，荷兰通过了《成人教育与职业教育法》，对职业教育进行了重大的改革。改革后，学校更加主动满足劳动市场的需求，与雇主和公司之间拥有更强的联系，在地区中发挥着重要作用。

2. 加强教育交流，提升教育国际化水平

随着经济全球化和信息社会的到来，教育国际化成为当今教育发展的世界性趋势，教育发达国家普遍注重加强本国教育与其他国家的交流与合作，教育国际化程度较高。现以美国、新加坡和新西兰为例进行说明。

美国政府向来重视教育国际化的发展。1919 年成立了美国国际教育研究中心。1948 年，美国国会通过了《史密斯－蒙特法案》，决定增加美元外汇拨款额度，以此扩大国际教育交流的规模。1961 年，政府设立了"国际发展署"，负责国际教育交流的有关事务。1962 年，美国国会通过了《教育和文化相互交流法》，授权国务院掌管教育交流基金，用以扩大美国高等教育的国际交流活动。1966 年，美国政府颁布了《国防教育法》，主要目的是增强美国进行国际教育合作的能力。《美国 2000 年教育目标法》中提出了明确的培养目标，即采用"面貌新、与众不同"的方法，使每个学生都能达到知识的世界级的标准，并通过国际交流，努力提高学生的

"全球意识"、"国际化观念"，并不断调整培养目标和规格要求。2000 年，克林顿总统发布了《高等教育国际化的备忘录》。此外，美国在 20 世纪一直是世界上接收外国留学生最多的国家，这给美国带来了巨大的经济收益。

新加坡注重提高教育交流层次，在海外设立分校和办事机构，扩大国际交流规模，培养学生国际视野。新加坡中小学的目标之一就是至少 100 所中小学与中国的学校建立姊妹校关系。理工学院和大学也以海外实习的方式派出大量学生，使其从文化语言和专业技能的角度得到浸润。

新西兰政府积极促进教育对外交流合作，提升教育国际化程度。目前，新西兰高中、大学、各类语言学校及各类私立学校中有中国留学生近 4 万人。为数众多的海外留学生每年为新西兰创造了可观的财政收入，教育产业已成为新西兰四大经济支柱产业之一。更为重要的是，新西兰通过招收留学生改善了学校的生源结构，促进了多元文化的交融，进一步推动了教育质量的提高和教育国际化的进程。

（五）重视信息技术应用，提升教育信息化水平

越来越多的国家认识到教育信息化对教育发展的重要意义，信息技术在教育中的应用越来越重视，教育发达国家尤其重视这一方面，教育信息化水平高。现以美国和新加坡为例进行说明。

教育信息化的历程率先启动于欧美发达国家，美国作为世界头号经济强国，在信息技术发展方面始终走在世界前列。早在 20 世纪 60 年代就开始进行了计算机辅助教学。80 年代中期之后，随着微型计算机的进一步普及，更多的计算机进入了美国校园。1994 年，联邦政府颁发了《美国学校改进法》，该法规定在美国教育部成立教育技术办公室，负责教育技术的研究、开发、推广和应用，并设立教育技术创新专项基金，鼓励教育技术的研究与开发。1996 年 2 月，美国国会通过了一个新的电信法案，决定对中小学和图书馆使用国际互联网实行优惠。1997 年，美国联邦教育部制定了《1998—2002 年教育发展战略规划》，把教育技术作为教育事业的一个重要组成部分。此后，美国教育部又制定了三个国家教育技术计划：《让美国学生为 21 世纪做好准备：迎接技术素养的挑战》、《数字化学习：在所

有孩子的指尖上构建世界课堂》和《迈向美国教育的黄金时代：因特网、法律和当代学生变革展望》。而《不让一个孩子掉队法》明确提出各学校应将技术作为工具以提高学业水平。美国总统奥巴马在关于教育与创新的讲话中明确提出，为了帮助课堂教育，英特尔计划在 10 年内，在全美国范围内，投入 2 亿美元，用于科学和数学教师在课堂上更好地运用新的技术和方法。

新加坡政府早在多年以前就已经认识到了教育必须走信息化发展之路。为迎接 21 世纪的挑战，早在 1997 年，新加坡就出台了信息技术在教育中的应用规划——《信息技术在教育中的应用规划》，这是新加坡政府将信息技术结合到教育中去的专门规划。2003 年，新加坡制定了《信息技术在教育中的应用规划》二期规划，强调信息技术将被作为提升教学的有力手段，学校也将在信息技术的大环境中摸索、实验，探索信息技术与学科教学整合的途径。

通过对世界教育发达国家的教育发展史考察，我们看到其成为教育强国的历史轨迹与基本经验，如把教育作为人的基本权利，把适应和服务经济社会发展作为对教育的根本要求；把发展公共教育作为国家的责任和国家战略，率先普及义务教育，动态协调基础教育、职业教育和高等教育的关系，不断完善公共教育体系；重视教育体制改革和法制建设，调整中央和地方，政府、学校和社会的关系，不断增添教育活力，提高教育效率；支持教育教学改革，提高教育质量；保障教育公平，关怀弱势群体，同时发展灵活多样的办学形式和办学体制，增加选择机会；不断提高公共教育投入水平，统筹公共财政与社会投入。

第二章

发达国家教育的变化

一、发达国家的社会经济特征

在这一部分中，本研究首先对发达国家的基本定义进行描述，并根据若干国际通行的指标确定本章选取的发达国家样本。其次，对发达国家典型的社会经济特征进行概括。最后，着重分析 2008 年世界金融危机对发达国家造成的主要影响，以此突出当前发达国家教育发展的基本社会经济环境，为后文分析奠定基础。

（一）发达国家的定义及本研究的样本选择

发达国家是指那些在世界上经济发展水平处于前列的国家/地区。在国际货币基金组织（IMF）2012 年 10 月最新出版的《世界经济展望》中，澳大利亚、奥地利、比利时等 35 个国家/地区①被列为发达经济体（Advanced Economies）②，被认为涵盖了通常意义上的所有发达国家。但国际

---

① 这 35 个国家/地区是：澳大利亚、奥地利、比利时、加拿大、塞浦路斯、捷克、丹麦、爱沙尼亚、芬兰、法国、德国、希腊、（中国）香港、冰岛、爱尔兰、以色列、意大利、日本、韩国、卢森堡、马耳他、荷兰、新西兰、挪威、葡萄牙、圣马力诺、新加坡、斯洛伐克、斯洛文尼亚、西班牙、瑞典、瑞士、（中国）台湾、英国和美国。

② IMF. World Economic Outlook Database, October 2012 ［EB/OL］. ［2013 - 03 - 13］. http：//www. imf. org/external/pubs/ft/weo/2012/02/weodata/weoselagr. aspx.

货币基金组织的这一分类并不是按照某种严格标准制定的，而是经过多年的实践尝试而形成的方便数据统计分析并进行有效解释的一种分类方法①。联合国开发计划署（UNDP）的"人类发展指数"（Human Developing Index，HDI）则将预期寿命、平均受教育年限、人均国民生产总值等多项指标计算在内，对各国社会经济发展程度进行综合排名。在 2011 年的排名中，挪威、澳大利亚、荷兰、美国等 47 个国家/地区被列为"极高发展水平"（very high human development）②，这一指标不仅重视各国的经济发展水平，也把健康、教育等社会发展水平考虑在内，是目前世界上公认的定义发达国家的重要参考。另外，"经济合作与发展组织"（OECD）的 34 个成员国通常也被认为是世界上经济最发达的国家，通过密切的国际合作，OECD 国家在政治、经济、教育、健康、环保等多个领域在国际舞台上发挥着重要的作用。

为了选择适当的样本国家对发达国家近年来教育发展变化的情况进行考察，本书综合考虑了上述三个基本维度确定选择的范围，也就是从 IMF 定义的"发达经济体"、UNDP 人类发展指数中的"极高发展水平"和 OECD 国家三个标准的交集中选择样本国家。在此基础上，考虑到样本的代表性、可比性以及数据的可获得性，我们选取了人口在 1000 万以上的国家作为研究对象，由此确定了美国、荷兰、加拿大、澳大利亚、德国、英国、法国、日本、意大利、西班牙、韩国、希腊、捷克和葡萄牙等 14 个国家。本章将首先概括这些国家当前社会经济的基本结构性特征，然后分析 2008 年金融危机以来这些国家教育领域面临的共同挑战，之后对各国各级各类教育显著变化进行呈现，最后对各国近期具有普遍性的重点教育政策进行分析。

---

① IMF. Country Composition of WEO Groups［EB/OL］. ［2013 – 03 – 13］. http：// www. imf. org/external/pubs/ft/weo/2012/02/weodata/groups. htm.

② 这 47 个国家/地区依次是：挪威、澳大利亚、荷兰、美国、新西兰、加拿大、爱尔兰、列支敦士登、德国、瑞典、瑞士、日本、（中国）香港、冰岛、韩国、丹麦、以色列、比利时、奥地利、法国、斯洛文尼亚、芬兰、西班牙、意大利、卢森堡、新加坡、捷克、英国、希腊、阿联酋、塞浦路斯、安道尔、文莱、爱沙尼亚、斯洛伐克、马耳他、卡塔尔、匈牙利、波兰、立陶宛、葡萄牙、巴林、拉脱维亚、智利、阿根廷、克罗地亚、巴巴多斯。

（二）发达国家的社会经济特征

1. 经济发展水平居于世界前列

发达国家经济发展水平居于世界前列。本章所选取的 14 个代表性国家 2011 年人均国内生产总值（GDP per capita）为 38563 美元[①]，人均国民生产总值（GNP per capita）36696 元[②]。在世界银行有统计数据的 200 多个国家中，这些国家的各项经济指标均位列前 30—40 位以内。

2. 经济增速较缓，产业结构相对稳定

发达国家具有高度发达的生产力水平，产业结构相对稳定，第三产业比重普遍超过 60%。但相比于新兴的发展中国家，发达国家近年来的经济增速相对较缓。在 2002 到 2011 年的 10 年时间里，14 个发达国家 GDP 的年均增长率为 1.7%，且除了韩国以外，各国 GDP 增长超过 3% 的年份很少。而中国、印度、俄罗斯、巴西、土耳其、波兰等新兴经济体则在过去 10 年保持了较高的 GDP 增长率，年均增长率大多在 4% 以上，中国和印度的 GDP 则分别达到了年均 10.6% 和 7.7% 的高速增长[③]。

3. 社会保障体制较为健全，拥有相对完善的社会公共服务体系

各发达国家普遍在"二战"后的一二十年间建立了以高福利为突出特征的社会保障制度，公共服务体系相对完善，居民在教育、就业、医疗和养老等方面享有较好的保障。例如，发达国家义务教育年限普遍高于世界平均水平。以 2010 年为例，本章选取的 14 个发达国家义务教育年限均在 9 年以上，平均达到 10.7 年，而全世界的平均义务教育年限为 8.9 年[④]。

---

① 根据世界银行数据计算。
② 根据世界银行数据计算。
③ 根据世界银行数据计算。
④ UNESCO. Global Education Digest 2012. Opportunities lost：The impact of grade repetition and early school leaving［M］. Montreal：UNESCO Institute for Statistics，2012：92 –97.

4. 人口老龄化问题突出，但移民人口增速较快，对国际高技能人才保持强大的吸引力

在拥有较高的经济水平和较为完善的医疗服务体系以及社会保障制度的同时，随着人口平均寿命的不断提升和社会家庭结构、生活方式的改变，发达国家从 20 世纪八九十年代以来普遍面临着出生率低和人口老龄化的突出问题。2011 年，14 个发达国家 65 岁及以上人口占总人口的比例平均为 16.9%，比世界平均水平 7.7% 高出一倍（见图 2 - 1）。而这些国家目前的总生育率平均为 1.64%，也远远低于全世界 2.45% 的平均水平（见图2 - 2）。

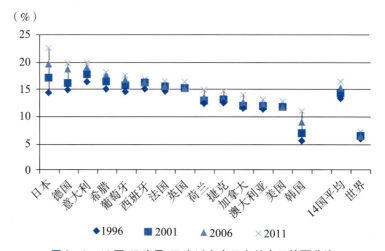

（%）

◆1996　■2001　▲2006　×2011

图 2 - 1　14 国 65 岁及 65 岁以上人口占总人口的百分比

注：国家按照 2011 年 65 岁及 65 岁以上人口占总人口比例降序排列。

【数据来源】OECD. Education at a Glance 2012：OECD Indicator［M］. Paris：OECD Publishing，2012：134 - 135.

同时，各个发达国家对于国际流动人口具有很大的吸引力，成为国际移民的主要目的地。以 2010 年为例，除了韩国、西班牙和希腊三国之外，其他发达国家移民流入率均高于流出率。从 2005 年到 2010 年，14 个发达国家平均净移民率为 3.9‰，而从全球总体水平来看，净移民率平均为 0（见图 2 - 3）。需要特别提出的是，发达国家对全球的高技能人才具有显著的吸引力，也是高等教育层次国际学生留学的主要目的地，在 UNESCO 的国际学生流动报告中，本研究选取的样本国家大多在留学目的国中位列前位。

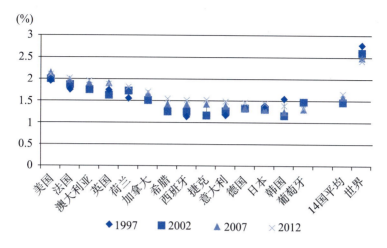

图 2-2 14 国总生育率

注：国家按照 2012 年总生育率降序排列。

【数据来源】世界银行［EB/OL］.［2013－03－13］. http：//data. worldbank. org. cn/indi-cator/SP. DYN. TFRT. IN

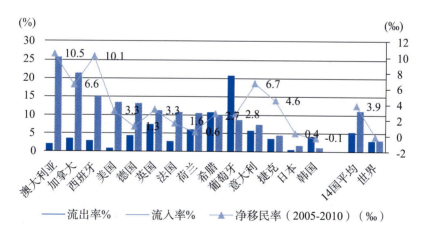

图 2-3 14 国人口国际流动

注：国家按照 2010 年人口流入率降序排列。

流出率：移出某一国家的移民人数占该国总人口的百分比；流入率：移入某一国家的移民人数占该国总人口的百分比；净移民率：特定时期内，某国家入境移民人数和出境移民人数之差与该时期平均人口数量的比值，表示为每千人的移民人数之差。

【数据来源】UNDP. Human Development Report 2013. Table11［R］. New York：United Nations Development Programme，2013：184－185.

（三）2008 年世界金融危机对各发达国家社会经济的主要影响

1. 经济下行趋势明显，增长乏力

2008 年，源自美国华尔街的次贷危机在全球引发连锁反应，演变成席卷世界的金融危机。全球性的经济衰退对发达国家的影响十分显著，各国经济增长放缓乃至停滞，多个国家 GDP 出现负增长。2007 年，14 个发达国家 GDP 平均增长 3.22%，2008 年则平均为 0.7%，2009 年为 -3.27%，到 2010 年才普遍恢复增长，GDP 平均增加 2.07%。而希腊、葡萄牙和日本的 GDP 在 2011 年依然是负增长（见图 2-4）。

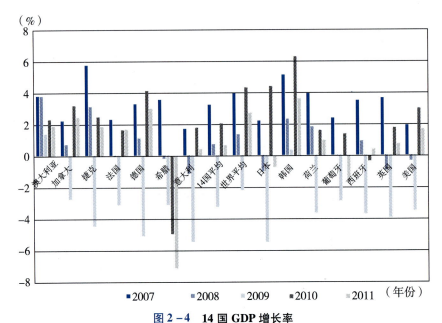

图 2-4 14 国 GDP 增长率

【数据来源】世界银行. GDP 增长率［EB/OL］.［2013-03-13］. http://data. worldbank. org. cn/indicator/NY. GDP. MKTP. KD. EG.

2. 财政赤字高企，部分国家面临严峻债务危机

面对经济危机，各发达国家政府纷纷采取措施，出台大规模的经济刺激方案，公共财政支出显著提高，2009 年，14 个发达国家公共财政支出占 GDP 的比例平均为 35.2%，高出 2008 年 3.2 个百分点（见图 2-5）。

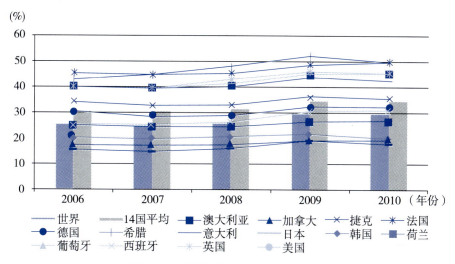

图 2 - 5 14 国公共支出占 GDP 的比例

【数据来源】世界银行. 公共支出占 GDP 比例［EB/OL］. ［2013 - 03 - 13］. http：//data. worldbank. org. cn/indicator/GC. XPN. TOTL. GD. ES.

　　同时，由于经济不景气导致财政收入下滑，各发达国家政府财政赤字明显增加。2008 年，14 国财政赤字占 GDP 比例平均为 2.2%，2009 年迅速上升至 6.6%，2010 年为 5.7%[①]。其中，希腊、美国、英国、西班牙、葡萄牙等国的财政赤字都处于较高水平（见图 2 - 6）。各国政府债务水平也达到"二战"后的最高水平。从 2007 年到 2010 年，14 个发达国家政府债务占 GDP 的平均比例从 61.6% 迅速上升至 80.9%。日本、意大利、希腊的政府债务占 GDP 的比例超过 100%（见图 2 - 7）。在希腊、葡萄牙、意大利、西班牙等欧洲国家，政府债务高企甚至引发主权债务危机。

3. 失业率显著上升

　　在经济危机的背景下，各发达国家的失业率显著上升。从 2007 年到 2010 年，14 个发达国家的平均失业率从 6% 上升到 8.5%，西班牙、希腊、葡萄牙等国失业问题尤为突出，2010 年，西班牙失业率达到 20%，比 2008 年翻了一番（见图 2 - 8）。

―――――――――

　　①　根据世界银行数据计算所得。

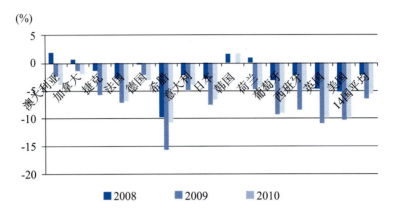

图 2-6　14 国财政盈余或赤字占当年 GDP 的比例

【数据来源】世界银行. 财政盈余或赤字占当年 GDP 比例［EB/OL］. ［2013－03－13］. http：//data. worldbank. org. cn/indicator/GC. BAL. CASH. GD. ES.

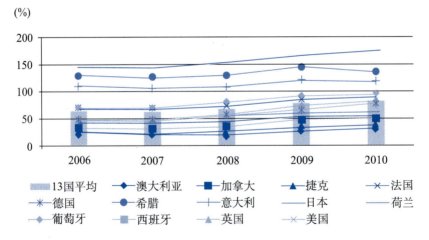

图 2-7　13 国中央政府债务额占当年 GDP 的比例

注：韩国数据缺失。

【数据来源】世界银行. 中央政府债务额占当年 GDP 比例［EB/OL］. ［2013－03－13］. http：//data. worldbank. org. cn/indicator/GC. DOD. TOTL. GD. ES.

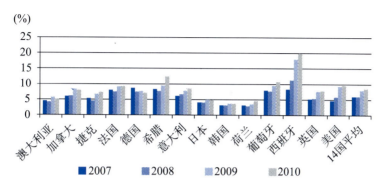

图 2－8　14 国总失业人口占劳动力总数的比例

【数据来源】世界银行. 失业人口占劳动力总数比例 ［EB/OL］. ［2013－03－13］. http：// data. worldbank. org. cn/indicator/SL. UEM. TOTL. ES.

二、青年失业问题成为发达国家教育政策的重大挑战

2008 年以来，发达国家青年群体的失业率居高不下，那些过早脱离教育和培训的青年成为失业高危群体；教育与社会需求的匹配存在问题，使劳动力市场与青年求职者之间存在结构性技能错位；青年失业率高还引发一系列社会问题。这既是当前发达国家教育发展不容忽略的重要社会背景，也是国家教育政策的核心议题。

（一）青年失业问题突出

受到经济危机的影响，发达国家除了总失业率高企之外，青年失业问题也尤为突出。从 2008 年到 2011 年，14 个发达国家 25 岁以下青年人口平均失业率从 13.8% 上升到 20.5%，在法国、葡萄牙、意大利、希腊、西班牙等国，青年失业率已经达到或超过 25%，希腊和西班牙的青年失业率甚至达到 45%（见图 2－9）。

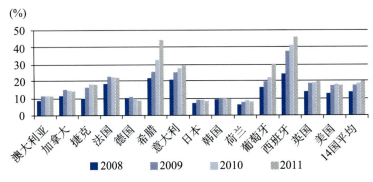

图 2 - 9　14 国 25 岁以下青年人口失业率

【数据来源】OECD. LFS by sex and age-indicators［EB/OL］.［2013 - 03 - 13］. http：//stats . oecd. org /index. aspx? query! d = 38908.

对比不同年龄段劳动力人口的失业率，也可以看到各国青年人口的失业问题尤其严峻。以 2011 年为例，14 个发达国家 15—24 岁劳动力人口的失业率平均达到 20.5%，25—29 岁劳动力人口的失业率平均为 11.7%，其他年龄段人口的平均失业率则在 10% 以下。除了德国、日本、韩国和荷兰，其他 10 个国家 15—24 岁劳动力人口的失业率普遍高出其他年龄段一倍（见图 2 - 10）。

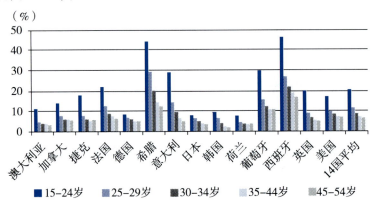

图 2 - 10　2011 年 14 个发达国家各年龄段劳动力失业率

【数据来源】OECD 数据库. LFS by sex and age-indicators［EB/OL］.［2013 - 03 - 13］. http：//stats. oecd. org/index. aspx? queryid = 38908.

除了失业率高外，青年劳动力群体的就业稳定性也远远低于其他年龄段的就业人员。例如，各国青年劳动力群体从事临时性工作和非全时性工作的比例远远高于成年劳动者群体。以 2011 年为例，本研究所选的各个发达国家 15—24 岁青年劳动力人口中有 40% 的人从事的是临时工作，远远高出成年劳动力群体（25—54 岁）11% 的比例；而青年劳动力群体从事非全时性工作的比例平均也达到 29%，高出成年劳动力群体（14%）一倍以上（见图 2 - 11）。这其中，还有相当部分的青年就业者并非自愿从事非全时性的工作，所占比例也显著高出成年劳动群体（见图 2 - 12）。

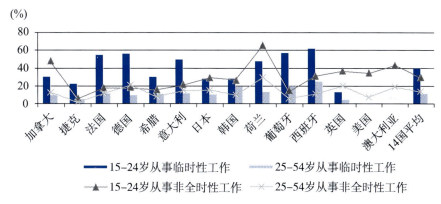

图 2 - 11　2011 年 14 国 15—24 岁、25—54 岁就业人员从事临时性工作和非全时性工作的比例

注："从事临时性工作"一项美国和澳大利亚数据缺失。

【数据来源】 OECD. Dataset：Incidence of permanent employment，Incidence of FTPT employment - common definition［EB/OL］．［2013 - 03 - 13］．http：//stats. oecd. org/index. aspx？queryid = 38908.

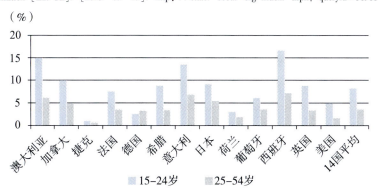

图 2 - 12　2011 年青年就业人口和成年就业人口中非自愿从事非全时工作的比例

【数据来源】 OECD. Dataset：Incidence of involuntary part time workers［EB/OL］．［2013 - 03 - 13］．http：//stats. oecd. org/index. aspx？queryid = 38908.

（二）受教育程度与失业率成反比，过早脱离教育和培训的青年成为失业高危群体

经济危机使发达国家劳动力整体的失业风险提升，但对比不同学历群体的就业状况还是能够看到，受教育程度依然是一个显著的影响因素。以2010 年为例，14 个发达国家中，除了希腊和日本之外，其他国家25—64岁的劳动力人口的失业率与受教育程度显著成反比，受教育程度越高，则失业率越低。总体来看，高中以下教育程度的劳动力人口失业率平均为12.5%，受教育程度达到高中或中等后非高等教育的劳动力人口平均失业率为7.6%，拥有高等教育程度的劳动力失业率为4.8%（见图 2-13）。

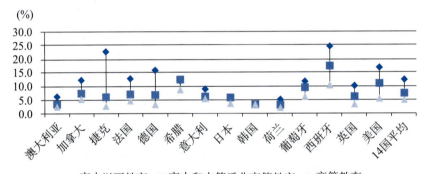

图 2-13　2010 年 14 国 25—64 岁人口失业率，按受教育程度划分
【数据来源】OECD. Education at a Glance 2012［M］. Paris：OECD Publishing，2012：134-135.

对比 2008 年到 2010 年不同教育程度劳动力群体失业率的变化，能更加明显地看到教育对于就业能力的影响作用（见图 2-14）。受教育程度为高中以下的劳动力群体在经济危机之后失业率在多数国家都有显著上升，各国平均上升了 3.5 个百分点；高中及中等后非高等教育层次的劳动力群体失业率则平均上涨了 2.1 个百分点；而各国高等教育层次的劳动力群体失业率的变化非常小，仅上涨了 0.9 个百分点。这说明，受教育程度越高，应对经济危机，保持就业竞争力的能力越强。受教育程度在高中以下的群体，失业风险则会随着经济的下行而加大。在发达国家基本普及高中教育，且高等教育进入大众化阶段的背景下，那些教育程度达不到高中的群

体成为失业高危群体，进一步普及高中层次教育和进一步扩展高等教育规模对于提升青年群体就业能力依然有积极意义。

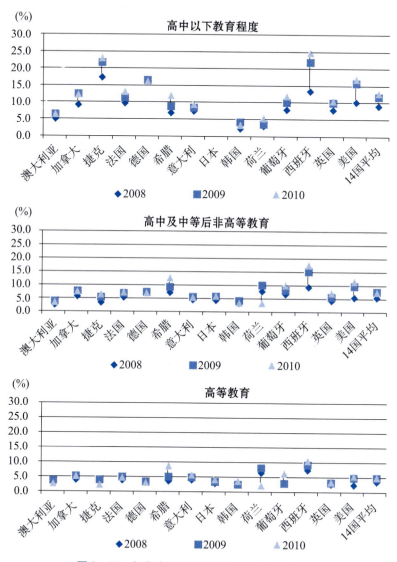

图2-14 各发达国家不同教育程度失业率变化

【数据来源】OECD. Education at a Glance 2012［M］. Paris：OECD Publishing，2012：134-135.

除了用失业率、就业率来评估青年群体参与劳动力市场的状况之外，还有一个重要的指标不容忽视，这就是既不在学校或培训机构中学习同时也不在职的青年人（not in employment, education or training, NEET）所占的比例。这是因为，在经济危机引发就业困难的背景下，很多青年人可能选择继续求学或接受培训来延缓就业，同时提高就业能力，这一个群体并不能在当下被视为失业高风险群体。而既不在学也不在职的青年人则是直接面临失业，甚至完全退出劳动力市场的高危群体，这个群体的规模能够直接反映出青年群体的实际就业状况。从 2008 年到 2010 年，除了美国和澳大利亚之外，其他 12 个发达国家 15—29 岁既不在学也不在职的青年人比例明显增加，平均从 13.1% 增加到 15.3%，西班牙、意大利和日本等国的增加都超过 2.5 个百分点。在韩国、英国、希腊、美国和法国，就有超过 15% 的青年人既不在学也不工作，在西班牙和意大利，这一群体的比例已经超过 20%（见图 2－15）。

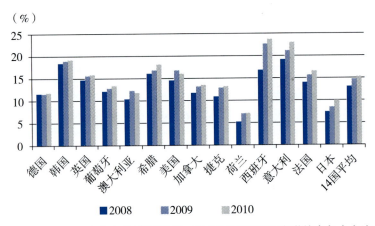

图 2－15　2008—2010 年各发达国家 15—29 岁不在职且不在学的青年人占比变化

【数据来源】OECD. Education at a Glance 2012［M］. Paris：OECD Publishing，2012：388.

（三）劳动力市场与青年求职者之间存在结构性技能错位，显示教育与社会需求不相匹配

尽管数据证明较高的教育水平对降低失业率、提升就业能力有积极作用，但并不意味着高学历就能找到合适的工作，也不能证明目前的高等教育和职业教育很好地满足了社会需求。各国 15—29 岁不同教育程度"失

业且不在学"的青年人所占比例，可以看到，并不是在所有的国家，学历越高，"失业且不在学"青年群体所占比例越低。在西班牙、希腊、韩国和葡萄牙，完成了高等教育的青年人失业率反而高于完成了高中和高中后非高等教育的同龄人。在希腊、葡萄牙、意大利和韩国，高等教育程度的不在学青年人失业率甚至高于高中以下教育程度的同龄人。就当前各国的青年群体而言，并不是学历越高失业率越低（见图2-16）。

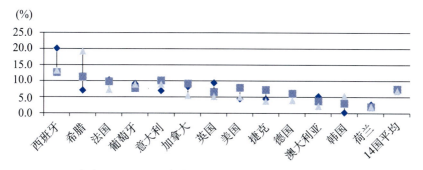

图2-16 **2010年各发达国家15—29岁不在学且失业的青年人占比，**
按学历水平划分

【数据来源】OECD. Education at a Glance 2012［M］. Paris：OECD Publishing, 2012：387.

　　同时，还应该看到，在青年失业率高企的同时，各国劳动力市场上还有大量的岗位空缺。根据现有的数据，以2010年第四季度为例，捷克、葡萄牙、德国和英国四个国家劳动力市场上空缺的岗位需求分别为3.3万个、1.7万个、39万个和47.7万个，同一季度四个国家的登记失业人数分别为53.1万、58.5万、312.5万和145.2万，岗位空缺和失业人数比分别为1∶16、1∶34、1∶8和1∶3，说明至少在英国、德国等国，失业人数与岗位需求的比例并不算大，例如在英国，每三个失业人员就面对着一个有待填补的岗位空缺。欧盟也在一份文件中指出，即使是在经济危机的大背景下，欧盟境内仍然有超过200万个岗位空缺①。这说明，就业市场的实际

---

①　Europe Union. Youth Employment ［EB/OL］. ［2013-03-13］. http：//ec. europa. eu/social/main. jsp？ catId=1036.

需求与劳动力实际拥有的技能之间存在匹配上的错位。

（四）青年失业率高引发社会风险

青年失业带来的不仅仅是经济问题，也引发了严重的社会问题。2008年年底，希腊首都雅典因一名少年被警察开枪打死而爆发大规模骚乱事件，大批青少年和学生走上街头抗议示威，与警察对抗并引发暴力行为，骚乱蔓延至希腊多个城市，造成全国性的系统瘫痪。这场骚乱甚至在法国、德国、西班牙、意大利等多个国家引发示威抗议甚至暴力活动，参与者同样是青少年为主。2011 年 8 月，英国首都伦敦爆发 20 年以来最严重的社会骚乱，近 800 人被捕，其中近 70% 为青少年，这其中很大一部分是失学、失业青年。在伦敦骚乱爆发 20 天后，德国汉堡也发生了小规模骚乱，主要参与者同样是青年人。尽管青年参与的骚乱活动有多重原因，但青年失业率居高不下、就业状况不稳定成为其中一个重要的社会原因。

三、发达国家教育的发展变化

本部分依据国际教育统计数据，从教育投入和各级各类教育变化两个方面对近年来发达国家教育的发展变化进行了概括性的量化描述。在经济经历显著下行趋势的背景下，各发达国家教育保持了稳定的发展：公共教育支出占 GDP 比重稳中有升，教育支出占政府支出比例保持稳定，部分国家私人教育投入所占份额显著增长。各级各类教育稳步发展，学前教育普及面扩大，投入持续增加；中等教育毕业率继续提高，生均经费稳中有升；高等教育规模继续扩大。

（一）教育投入的变化

1. 各国公共教育支出占 GDP 比重稳中有升

从 2000 年到 2009 年的 10 年中，各发达国家公共教育支出持续增加，多数国家公共教育支出占 GDP 的比例持续提高；从 2008 年到 2009 年，除了美国保持基本持平之外，其他所有国家公共支出占 GDP 的比例继续提高；2000 年，各国公共教育支出平均占 GDP 的比例为 4.9%，2005 年为 5.0%，2008 年为 5.1%，2009 年达到 5.5%。2009 年，公共教育支出占 GDP 比例最高的是荷兰，为 5.9%，最低的是日本，为 3.8%（见图 2 - 17）。

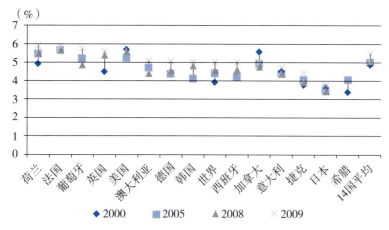

图 2 - 17　各发达国家公共教育支出占 GDP 百分比

注：①国家按照 2009 年公共教育支出占 GDP 比例降序排列；②因数据缺失，美国、韩国 2000 年数据用 2001 数据代替，德国 2005 年数据用 2006 年代替，日本 2009 年数据用 2010 年代替。

【数据来源】世界银行. 公共支出占 GDP 比例［EB/OL］.［2013 - 03 - 19］. http：//data. worldbank. org. cn/indicator/SE. XPD. TOTL. GD.

2. 教育支出占政府支出比例保持稳定

从 2000 年到 2009 年，各国教育公共支出在政府公共支出中所占的比例或有增减，但除了美国、希腊和葡萄牙三国变化较为显著之外，其他国家变化幅度非常小，总体保持稳定。其中，2008 年到 2009 年间，在已有数据的 9 个国家中，有 5 个国家教育支出占政府支出的比例略有下降，4 个国家有所上升，但变化幅度都未超过 1 个百分点。显示出较好的政策延续性（见图 2 - 18）。

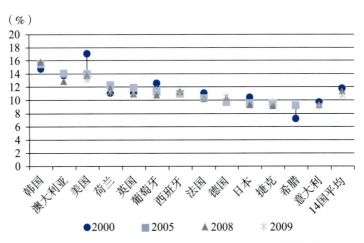

图 2 – 18 各发达国家公共教育支出占公共支出总额的百分比

注：①国家按 2005 年公共教育支出占公共支出总额降序排列；②因数据缺失，美国、韩国 2000 年数据用 2001 数据代替，德国 2005 年数据用 2006 年代替。

【数据来源】世界银行. 公共教育支出占公共支出的比例 [EB/OL]. [2013 – 03 – 20]. http: //data. worldbank. org. cn/indicator/SE. XPD. TOTL. GB. ES.

3. 部分国家私人教育投入所占份额显著增长

在公共投入稳中有升的同时，从 2000 年到 2009 年的 10 年间，除了美国、加拿大、德国之外，其他发达国家私人教育投入所占比例都有较为明显的增加，英国、荷兰的增加尤为显著。2000 年，各国私人教育投入所占份额平均为 17.8%，2006 年为 19.4%，2009 年达到 20.1%。2009 年，私人教育投入占比最高的是韩国，为 40%，最低的为葡萄牙，为 6.5%（见图2 – 19）。

（二）各级各类教育的变化

1. 学前教育普及面扩大，教育投入显著增加

从 2000—2010 年的 11 年时间内，多数发达国家学前教育普及面进一步扩大，各国平均的学前教育总入学率① 2000 年为 84.5%，2005 年为 91%，2010 年达到 95.6%，很多国家已经实现 100% 入学（见图 2 – 20）。

---

① 按世界银行的定义，学前教育总入学率是指无论年龄大小，接受学前教育的人口与官方规定教育水平年龄段总人口的比值。总入学率可能超过 100%，因为可能包含了较早或较晚入学及复读的超龄和小龄学生。

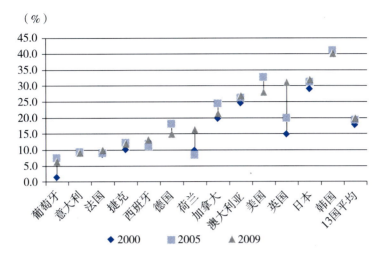

图2－19　各国教育投入中私人投入所占比例

注：国家按照2009年私人教育投入所占份额升序排列。

【数据来源】① OECD. Education at a Glance 2008［M］. Paris：OECD Publishing，2008：251－252. ② OECD. Education at a Glance 2012［M］. Paris：OECD Publishing，2012：257－258.

同时，多数国家学前教育投入在2000年到2010年间显著增加，韩国、西班牙、葡萄牙和捷克等国学前教育的投入均超过100%（见图2－21）。

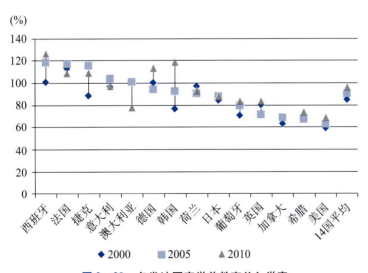

图2－20　各发达国家学前教育总入学率

【数据来源】世界银行. 学前教育总入学率［EB/OL］. ［2013－03－20］. http：//data. worldbank. org. cn/indicator/SE. PRE. ENRR.

(百万各国货币)

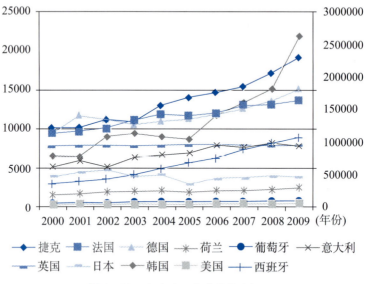

图 2-21 各发达国家学前教育投入

【数据来源】OECD. Expenditure by nature and resource category [EB/OL]. [2013-03-20]. http: //stats. oecd. org/.

2. 中等教育毕业率持续提高，基础教育阶段生均支出稳中有升

在英、德、法、美等发达国家，高中学段已经被纳入义务教育范围；在大多数发达国家，拥有高中学历越来越成为国民的基本教育资助，没有完成高中学业的青年人将成为劳动力市场上的绝对劣势群体。因此，高中学业的参与和完成情况可以较好地反映各国基础教育的发展。从 2000 年到 2010 年，多数发达国家高中教育毕业率持续提高，2000 年各国高中毕业率平均为 76%，2005 年为 84%，2010 年达到 88%（见图 2-22）。

同时，多数发达国家对于基础教育的投入持续增加。从各级教育生均经费占人均 GDP 百分比的变化可以看到，2005—2009 年的 5 年时间里，多数发达国家初级教育和中等教育的生均经费稳中有升（见图 2-23），尤其是 2008 年到 2009 年间，生均经费占比的提高较为显著。2005 年，各样本国家初级教育和中等教育生均经费占人均 GDP 的平均比例分别为 18.9% 和 24.4%，到 2009 年分别提高到 20.9% 和 27.2%，分别提高了 2 个和 2.8 个百分点（见图 2-24）。

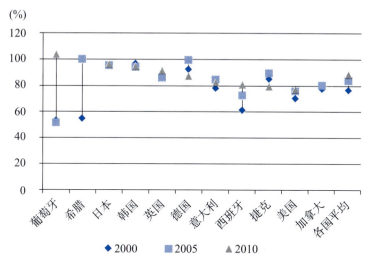

图2-22　各国高中毕业率

【数据来源】OECD. Education at a Glance 2012 ［M］. Paris：OECD Publishing，2012：55.

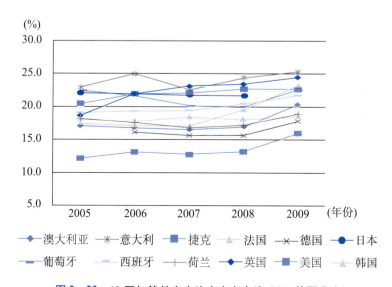

图2-23　12国初等教育生均支出占人均GDP的百分比

【数据来源】世界银行. 生均支出占人均GDP百分比 ［EB/OL］. ［2013-03-21］. ht-tp：//data. worldbank. org. cn/indicator/SE. XPD. PRLM. PC. ES.

3. 高等教育规模继续扩大，部分国家高等教育生均支出显著下降

从2000年到2010年，各发达国家高等教育规模持续扩张，2000年各

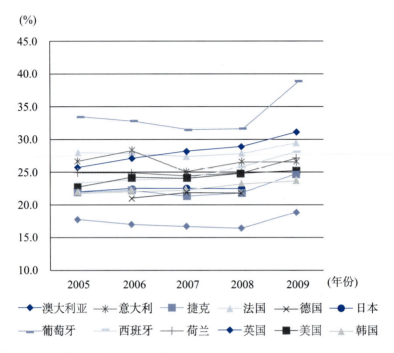

图 2 – 24　12 国中等教育生均支出占人均 GDP 的百分比

【数据来源】世界银行. 生均支出占 GDP 百分比 [EB/OL]. [2013 – 03 – 21]. http://data. worldbank. org. cn/indicator/SE. XPD. SECO. PC. ES.

国高等教育入学率平均为 55% ，2005 年为 66% ，2010 年达到 72% 。韩国、捷克、希腊等国增长速度尤其迅速，10 年间高等教育入学率的提高超过 30 个百分点。从 2008 年到 2010 年，各国高等教育规模的扩张相对平稳，平均入学率提高了 4 个百分点（见图 2 – 25）。

　　在高等教育规模持续扩张的同时，多数国家高等教育生均支出保持相对稳定。从 2005 年到 2009 年的 5 年时间里，各国高等教育生均支出占人均 GDP 的平均比例始终保持在 25% 上下。法国、西班牙等国高等教育生均支出占人均 GDP 的比例有较为显著的增长，增幅超过 5 个百分点，但同时在英国、美国、澳大利亚等国高等教育生均支出占人均 GDP 的比例却出现了较为显著的趋势性或阶段性的下降，英国甚至下降了 11 个百分点（见图 2 – 26）。

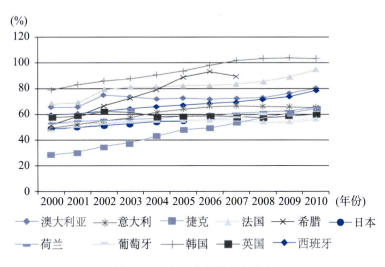

图 2－25　各国高等教育入学率

【数据来源】世界银行．高等教育入学率［EB/OL］．［2013－03－21］．http：//data．world-bank．org．cn/indicator/SE．TER．ENRR．

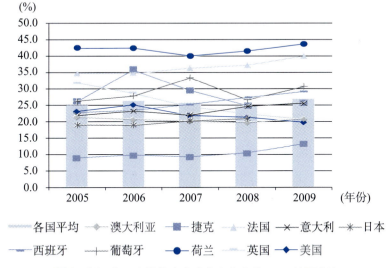

图 2－26　各国高等教育生均支出占人均 GDP 的百分比

【数据来源】世界银行．高等教育生均支出占人均 GDP 比例［EB/OL］．［2013－03－21］．ht-tp：//data．worldbank．org．cn/indicator/SE．XPD．TERT．PC．ES．

多数国家高等教育经费支出中公共经费所占的比例在 2000 年到 2009

年间呈现持续下降的趋势。2000 年，各国高等教育经费支出中公共经费平均占比为 67.9%，2005 年为 63.9%，2009 年下降为 59.6%，英国、葡萄牙和意大利等国的降幅尤为显著（见图 2-27）。

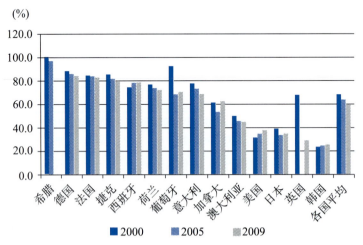

图 2-27   各国高等教育经费支出中公共经费所占比例

注：国家按 2009 年高等教育经费支出中公共经费所占比例降序排列。

【数据来源】OECD. Education at a Glance 2012 [M]. Paris：OECD Publishing，2012：260.

四、发达国家教育政策的变化

概括而言，当前发达国家教育政策有三个方面的共同特征。首先是在经济危机和青年失业率高企的背景下，以技能为核心，以促进就业、提升人力资源水平为导向，促进高等教育、职业教育和终身教育的发展。其次是在国际竞争的视野中提升基础教育质量。最后是继续促进教育公平，发展更加包容的教育，教育政策向移民家庭和低收入家庭倾斜，大力发展全纳教育。

（一）以技能为核心，促进高等教育、职业教育和终身教育的发展

1. 制定技能国家战略

在知识经济和信息技术的时代，知识和技能的更新加速，知识资本和劳动力的跨区域流动频繁，传统的职业形态随着社会变迁而不断发生变化，产业升级和经济结构的调整对高技能、高资质的劳动力提出了新的要求。各个发达国家在实现了基础教育的普及并进入高等教育大众化时代之后，普遍面临着提升国家劳动力基础技能的挑战。特别是在 2008 年经济危机的影响下，各国开始反思教育培训与社会经济发展需求之间存在的结构性问题：经济发展和技能革新使新的职业形式不断涌现，也生发出以往所没有的新的技能的需求；劳动力市场上普遍存在技能错位的现象，失业率高企与大量岗位缺口并存；虽然劳动力平均学历层次不断提升，但技能不足的现象普遍存在；人口老龄化和人才流动的加速使技能人才的需求问题超出国界，变得更加复杂化。在这样的背景下，各个发达国家开始从社会经济发展的现实需求出发，以技能（skill）为核心，对国家教育和培训领域的政策进行系统调整。作为以发达国家为主要成员国的国际组织，OECD 和欧盟先后颁布了技能战略或纲领性文件，如 OECD 在 2012 年发布《更好的技能，更好的工作，更好的生活：技能政策的战略方针》（Better Skills, Better Jobs, Better Lives: A Strategic Approach to Skills Policies），同年欧盟也发布了《反思教育：为了更好的社会经济产出而投资于技能》（Rethinking Education: Investing in skills for better socio-economic outcomes）。英、美、德、澳、日、韩等国也纷纷制定了各自的技能开发国家战略（见表 2 – 1）。

表 2 – 1　各国技能战略举要

国家	发布时间	核心政策文本/行动纲要
英国	2009	技能促进增长——国家技能战略（Skills for Growth：The National Skills Strategy）
	2009	技能投资战略（2010—2011）（Skills Investment Strategy〈2010—2011〉）
	2009	学徒制、技能、儿童与学习法案（Apprenticeships，Skills，Children and Learning Act 2009）
	2013	提升继续教育与技能培训质量（Improving the quality of further education and skills training）
德国	2008	德国资格计划（Qualifizierungsinitiative für Deutschland）
	2008	继续教育创新小组关于实施终身教育战略的建议（Empfehlungen des Innovationskreises Weiterbildung für eine Strategie zur Gestaltung des Lernens im Lebenslauf）
	2010	职业培训和技能人才发展国家公约（Nationalen Pakt für Ausbildung und Fachkräftenachwuchs in Deutschland）
澳大利亚	2009	技能需求的经济模型（Economic Modelling of Skills Demand）
	2010	澳大利亚劳动力的未来：劳动力发展的国家战略（Australian Workforce Futures：A National Workforce Development Strategy）
法国	2007	2015 年的职业：职业与技能展望（Les métiers en 2015：Prospective des métiers et qualifications）
日本	2011	未来学校职业教育的形态（今後の学校におけるキャリア教育・職業教育の在り方について）
韩国	2010	职业能力建设计划——国家重点战略产业的职业培训
荷兰	2011	中等职业技术学院关键技能计划（2011—2015）Actieplan mbo Focus op Vakmanschap 2011—2015
意大利	2009	意大利 2020：工学整合促进青年就业行动（ITALIA 2020：Piano di azione per l'occupabilità dei giovani attraverso l'integrazione tra apprendimento e lavoro）

　　各国均在技能战略相关政策文本或行动纲要中强调了投资技能、培养技能人才及发展职业教育和终身教育的重要性，很多国家以技能报告、资格框架等形式归纳或列举了国家劳动力技能结构的现状、问题及未来急需的技能人才类型和技能种类。很多国家出台了促进终身教育和技能培训的政策，以及对技能培训、技能供给和人才需求各个环节之间进行合理匹配的政策措施。OECD 也对国家技能政策的制定给出了建议，认为国家政策层面应当在"发展关键技能"、"激活技能供给"和"有效利用技能"三个方面作出行动（见表 2 - 2）。

表 2 - 2　国家技能政策能够做什么？①

发展关键技能	**鼓励并促进终身学习**
	收集和使用技能需求变化的例证来引导技能开发
	鼓励相关社会机构设计和推广教育培训项目
	确保教育和培训项目的高质量
	促进面向全民的高质量教育的参与和完成
	确保教育成本的合理分担，确保税收系统鼓励教育投入
	即使是在经济危机时期，也确保技能开发的长期吸引力
	促进技能人才的国际流动以补充技能缺口
	促进技术移民并支持他们融入社会
	制定政策鼓励留学生留在本国就业
	让技术移民能够更加方便地回到他们的祖国
	颁布跨境技能政策
	增加对境外技能的投入，鼓励跨境高等教育

　　① OECD. Policy Map on Skills ［EB/OL］. ［2013 - 05 - 25］. http：//skills. oecd. org/documents/OECD% 20Policy% 20Map% 20on% 20Skills. pdf.

激活技能供给	**鼓励人们向劳动力市场提供自己的技能**
	确认不活跃的劳动力个体以及他们不活跃的原因
	设计财政奖励机制使劳有所得
	破除劳动参与的非财政性障碍
	将技能人才留在劳动力市场之中
	不鼓励过早退休
	避免人才外流
有效利用技能	**对劳动力的技能和市场需求进行更好地匹配**
	帮助雇主更好地利用雇员的技能
	应对失业问题,帮助青年人在劳动力市场上站稳脚跟
	提供更好的关于技能需求和技能供给的信息服务
	促进地区劳动力市场之间的内部流动
	提升高层次技能的需求
	帮助经济体提升增值链
	鼓励创造更多高技能和高附加值的工作
	促进创业

各国围绕技能制定的发展战略成为当前各国教育规划、教育发展和教育改革的出发点。围绕技能开发,各国在职业教育、终身教育和高等教育领域采取了一系列的改革措施,以提升国家劳动力整体技能水平、支持高层次专业人才和合格技能人才培训、促进社会就业特别是青年就业。

2. 扩大职业教育规模,发展双元制职业训练模式

金融危机背景下发达国家普遍的青年失业问题引发各国对于职业教育的重视,各国纷纷出台相关政策,扩大职业教育规模,促进职业教育发展。

德国是一个传统的职业教育发达国家,以工学结合的双元制职业教育为特色。尽管当前经济形势良好,青年失业率较低,但德国继续出台了一系列扩大职教规模、支持职教发展的政策。2008 年夏季开始,德国联邦劳动局开始通过经费补贴的方式,对增加或扩充职业教育学习岗位的企业提

供相应的职业教育促进补贴资金，以鼓励企业参与职业教育的积极性。企业每增加一个职业教育的岗位，将由政府给予 4000 至 6000 欧元的资助。为此，德国政府将为该政策提供 4.5 亿欧元。2009 年 1 月，德国政府出台了"二战"后德国规模最大的经济刺激方案，总规模达到 500 亿欧元，投向教育和科研的经费高达 172 亿欧元，占总计划的 35%。其中，职业教育成为最大的专项资助对象，有 20 亿欧元资金投向职业进修和再就业培训。此外，2010 年，德国联邦教育科研部、经济部、劳动与社会部、联邦就业局与德国工业协会、工商会、手工业协会以及自由职业协会共同决定将2004 年签署的《职业培训和技能人才发展国家公约》延长至 2014 年。该公约的根本目标是确保德国所有希望接受职业教育并且有能力接受职业教育的青年人都能获得职业教育机会。为此，公约规定了政府机构和企业界的相关责任和义务，政府将提供的政策是资金支持，而企业界则在公约中承诺了每年所提供职业教育学习岗位的最低数量。2010 年公约延长后，支持内容也得到进一步拓展，支持的重点向来自移民家庭、经济困难家庭的学生和存在学习障碍、身体残疾等特殊学生群体倾斜。新一期公约实施两年多成果显著，2011 年和 2012 年德国分别增加了 71300 和 69100 个企业实训岗位，提供岗位的企业数量分别增加了 43600 家和 41660 家，大大超过了公约中规定的每年 60000 个新增实训岗位和 30000 家参与企业的承诺。

同时，德国特色的双元制职业教育模式在金融危机引发多国青年失业率高企的背景下受到广泛关注，各国纷纷将目光转向德国，重新审视双元制职业教育模式的成功之处，很多国家出台了促进工学结合的双元制职业教育模式的政策；欧洲多个国家则直接与德国展开密切的职业教育合作。2012 年 12 月，德国教育部长与西班牙、希腊、葡萄牙、意大利等六国教育部长在德国柏林签署了一项备忘录——《欧洲职业教育和培训——为了青年一代》，提出以"双元制"或"基于工作的职业训练"（work-based training）为主要模式，开展职业教育领域的广泛合作，最终建立欧洲双元制职业教育的跨国联盟。备忘录提出了两个"确保"作为政策目标——确保到 2020 年实现青年就业率达到 82%，以及确保青年人在离开学校的四个月内至少获得一份工作、实习、职业培训或继续教育的机会。根据这一备忘录，德国将与这六个伙伴国共同创造 30000 个职业教育学生交流名额；德国还将协助各国建立 30 个地区职业教育网络并在每个伙伴国各启动一项职业教育咨询计划；其他的举措还包括支持至少 10 次专家实地研究考察活动，创建一个德国专家库和一个伙伴学习平台等。德国联邦教育科研部承诺 2013/2014 年度额外拨付 1000 万欧元经费用于该备忘录的实施①。

2012 年 11 月，意大利教育部长、劳动部长与德国教育科研部代表、劳动部长在那不勒斯"加强合作促进青年就业"会议上签署声明，宣布两国将全面开展在职业教育和劳动力市场政策领域的双边合作。两国的合作项目涉及学生交流、劳动力市场改革评估、双元制职业教育的优秀实践项目（good practice）交流等，德国已有的比较成熟的双元制培训项目还将在意大利进行试点。此外两国还建立起一个密切的双元制职业培训专家交流机制以及就业和培训岗位信息交换机制。2013 年，德国相关企业机构将在意大利多个城市进行巡回展，介绍德国的工作岗位和培训机会。2013 年 5 月，两国在博洛尼亚召开双边工作会议，在机电一体化、可再生能源、交通运输和物流等领域启动了五个新的职业教育合作项目②。与德国和意大利之间的合作模式相似，德国与西班牙两国教育部长于 2012 年 7 月在斯图加特签署职业教育领域的合作声明。这份合作声明明确提出，以双元制模式为参考发展职业教育，实现从学校到职场快速和良好的过渡③。

2012 年 4 月，美国政府决定在 2013 年的年度预算中投入 10 亿美元，支持 2006 年出台的《卡尔·帕金斯职业与技术教育法》，加强对于高中和

---

① Bundesministerium für Bildung und Forschung. Vocational Education and Training in Europe-Perspectives for the Young Generation – Memorandum on Cooperation in Vocational Education and Training in Europe [R]. Berlin：BMBF，2012.

② Bundesministerium für Bildung und Forschung. Deutschland und Italien verabreden enge Zusammenarbeit bei der Beschäftigungspolitik [EB/OL]. （2013 – 05 – 21）［2013 – 05 – 25］. http：//www.bmbf.de/de/17127.php.

③ Bundesministerium für Bildung und Forschung. Absichtserklärung zwischen dem Ministerio de Educacion，Cultura Y Deporte des Königreichs Spanien und dem Bundesministium für Bildung und Forschung der Bundesrepublik Deutschland im Bereich der Berufsbildung [EB/OL]. （2012 – 07 – 12）［2013 – 05 – 25］. http：//www.bmbf.de/pubRD/absichtserklaerung_ deutschland_ spanien_ berufliche_ bildung.pdf.

高中后学生的职业技能水平的培养，协助约 50 万名（比 2012 年增加 50%）高中生参加职业技术课程，以加强高中和高中后阶段的专业联系，提高和开发高中和高中后学生的职业技术水平。美国联邦教育提出，应当依据四项主要原则进行职业教育改革：第一项原则是"校准"——加强职业教育课程与劳动力市场实际需求之间的联系，使学生真正获得胜任未来关键和新兴行业所需的技能；第二项原则是"合作"——鼓励中学、大专院校、企业和产业界机构加强合作，提升职业教育课程的质量，保障学习机会；第三项原则是"责任"——职业教育课程应当有统一的标准和评价机制；第四项原则是"创新"——促进州政府层面的系统改革，推动当地职业教育课程的贯彻和创新。此外，美国政府还出台了一项投资 80 亿美元的社区学院职业培训计划，以支持 200 万人接受与高增长行业相关的职业技术培训[①]。

在亚洲，韩国政府于 2011 年提出了一项专门针对职业教育专科学校的支持计划。韩国政府选出了巨济大学、莲庵工业大学等七所职业专科学校，通过专项经费投入，支持这几所学校发展成为全世界最具竞争力的职业技术院校。根据韩国教育与科技部颁发的《世界级职业专科学校项目》的要求，至 2013 年，韩国全国将总共选出 21 所职业专科学校进行经费和管理上的专项支持，每年入选学校能够获得 2600 亿韩元补助，连续补助 3 年。韩国教育与科技部每三年会对这些学校进行一次评估，并确立了相应的淘汰机制。韩国政府希望通过这项支持计划，树立职业技术教育发展的典范，促使这些学校教学培训内容和方式上不断改进，为国内外企业提供所需的高层次专门人才[②]。

3. 以政策引导和资金投入支持继续教育和培训

除了积极发展职业教育，各发达国家同样重视针对成人和在职人员的

---

① U. S. Department of Education. U. S. Department of Education Releases Blueprint to Transform Career and Technical Education［EB/OL］．（2012 － 04 － 19）［2013 － 03 － 05］．www. ed. gov. / News/press-re/eases/us – department – education – releases – blueprint transform – career – and – technical – education.

② 世界教育信息编辑部. 韩国补助 7 所专科学校欲打造世界级职业技术学府［J］．世界教育信息，2011（10）．

继续教育与培训，在终身学习的政策框架下，以政策引导和资金投入支持继续教育和培训发展，以提升劳动力技能水平，保障并促进社会就业。

德国在 2008 年底出台了针对从业人员参与职业继续教育的专项津贴。符合条件的申请者一年内可申请一次职业继续教育津贴，最高额度为 500 欧元，相当于国家承担了受资助者参加一次职业培训班或考试所需费用的一半。至 2010 年 10 月，共有 5 万人获得资助，其中 90% 是中小企业职工。表明该政策较好地贴补了中小企业为职工提供职业继续教育机会的资金缺口。

为应对金融危机带来的失业率上升的问题，英国也于 2008 年底出台了一份指导性报告——《继续教育的任务：为个人、雇主和社区提供支持》（FEworks：Supporting Individuals，Employers and Communities），旨在帮助失业群体接受继续教育和职业培训，尽快实现再就业。报告支持，为应对金融危机，当前继续教育必须承担起促进就业的任务，而不仅帮助劳动者更新和提高智商技能，获得文凭。而促进就业的关键在于让求职者真正掌握市场所需的技能，适应工作岗位的需求。报告指出，一方面要为待业的高校毕业生提供工学结合的培训机会，通过学徒制、岗位实习等形式提高他们的职业技能和就业能力；另一方面，应当为失业人员提供更新和提高知识与技能的再就业培训，使其能尽快重返就业市场。该报告提出的继续教育内容也不是一般的职业培训，更多的是及时而广泛的就业能力培训。不仅包括与工作内容相关的知识和技能，还有个人的社会适应能力、就业能力及职业生涯规划能力。因此，该报告指出继续教育要为失业人群提供包括学历教育、技能培训、职业咨询和求职辅导等在内的全方位的就业支持。

在此之后，英国政府又陆续出台了一系列促进继续教育和成人职业培训的措施。2010—2011 年度，英国政府通过增值培训服务计划（Train to Gain Service）投入 10 亿英镑，帮助超过 100 万的在职人员接受培训。同时，政府还利用大量的政府补贴计划促进企业投资于技能培训和学徒训练。目前，由 16 家雇主领导的国家技能学院（National Skills Academies）正在筹备或已经运行，这些机构旨在提供对工业部门最有价值的技能体系。另外，为了保证每个人在一生中的任何时候都有公平的学习机会，政府设立了由公共财政支付学费的技能账户①。

日本也设立了满足在职人员"回炉"接受再教育的支持项目。该项目的培训主体是各个大学，由大学为在职人员提供继续教育一方面是为了充分利用现有的教育资源，另一方面也能促进高等学校积极培养适应社会各种需求的专门人才。该项目 2008 年预算为 20 亿日元，共有 68 所高校提出了 150 多个申请项目②。

自 2007 年起，澳大利亚开始实施"技能代金券"项目，以支持成年人和在职人员参加继续职业教育，帮助他们获得实用的、与市场接轨的职业技能和职业资格证书，从而获得更多的就业机会，提升社会劳动力整体技能水平。技能代金券分为工作技能代金券和商业技能代金券两种。工作技能代金券针对那些 25 岁以上、没有高中文凭或同等学力，并且未获得二级及以上水平职业资格证书或没有接受进一步的教育培训资格的人员。符合条件的申请人可以获得价值 3000 澳元的技能代金券登记注册的培训机构选择一门适合自己的课程来学习，课程范围包括阅读、计算机等基础技能的学习，也可以参与所有二级水平职业资格证书培训课程的学习，该项目还优先支持那些处于失业或待业状态的人。商业代金券则主要针对那些正在接受学徒制培训或刚刚获得职业资格的商业贸易从业人员，每位申请者能够获得价值 500 澳元的代金券，用于接受商业管理和经营方面的技能培训。针对该项技能代金券计划，澳大利亚联邦和各州政府将投入 4200 多万澳元③。

4. 强化高校学生实践技能和就业能力训练，鼓励大学生创业

在金融危机的背景下，各国高校毕业生也面临就业困难的挑战。各国政府出台了一系列措施，支持高校加强对于学生实践技能和就业能力的培养，以提高他们在劳动力市场上的竞争力。同时向学生提供多种就业服务

---

① 刘熙．全球经济危机背景下英国教育策略研究［J］．世界教育信息，2009（4）.

② 中国驻日本使馆教育处．日本激励大学教育改革最新举措［J］．世界教育信息，2009（8）.

③ 吴秀杰，朱金兰．澳大利亚启动技能代金券项目［J］．世界教育信息，2009（1）.

措施，并鼓励大学生自主创业。

在日本，多个政府部门分别出台了促进大学生就业的措施。日本文部科学省于2010年2月修改了大学课程设置标准。新标准规定，从2011年4月起，各大学有义务设置职业指导方面的课程。文部科学省同时启动了"大学生就业能力培训扶持项目"，鼓励大学积极培养学生就业能力。各大学在申请该项目时，必须提出自己提高学生就业能力和本校就业率的目标和具体措施。目前已有130所大学通过了申请，文部科学省将向这些学校提供每年约2000万日元的专项经费支持。同时，日本经济产业省和日本工商会议所也于2010年共同推出"梦想实现"项目，以引导更多大学毕业生到地方企业和小企业工作。该项目搭建了一个网络平台，免费为有人才需求的中小企业与就业困难的大学毕业生之间搭建信息沟通的桥梁。另外，日本中小企业厅也于2010年2月推出了"应届大学毕业生就业支援项目"。政府为此投入108亿日元专项资金，给予符合条件的大学实习生每天7000日元的技能学习补助；同时，企业每接收一名实习生，将得到每天3500日元的教育训练补助和1300日元的实习生宿舍补助①。

为促进大学毕业生就业，英国政府在2009年1月出台了一项"国家实习计划"，向大学毕业生提供带薪实习的机会，这也是英国政府振兴经济的一个重要举措。根据该计划，尚未找到工作的大学毕业生可以进行为期三个月的带薪实习。该计划要求公共机构、企业和其他社会组织积极接纳高校毕业生进行实习。随后，英国首相布朗也承诺政府将投入1.4亿英镑对接受实习生的单位进行补贴，在公共和私营部门中增加3.5万个实习岗位。同时，英国政府将建立一套平等的、透明的实习岗位体系，详细了解企业和雇主相关的实践经验，确保实习计划为所有毕业生服务。在2009年12月的政府预算报告中也明确提出，英国每年将资助1万名经济困难的本科生参加实习。如诺丁汉大学在政府资助下启动了一个旨在向本科生和研究生提供实习机会的"人才塑造者"（Talent Builder）项目，并通过"衰

---

① 齐威，赵新利. 日本推出"应届大学毕业生就业支援项目"［N］. 海南日报，2010 - 07 -01（B4）.

退防范"（Recession-Proofing）计划加强与区域产业伙伴合作，支持新创公司和已有企业发展，向学生提供短期工作机会。此外，英国政府还将拨款900万英镑用于支持一个帮助年轻人参与创业实践活动的方案，旨在引导年轻人成为社会的创业者。英国儿童与青年事务大臣贝弗利·休斯指出，资金和实践活动支持对于帮助年轻人学习创业是非常必要的，这种投资和实践支持将给年轻人提供一个培养诸如经营、团队合作和沟通交流等重要技能的机会，而这些技能都是创建和管理企业所必需的。为尽可能多地满足年轻人对于实践活动的需求，英国政府已邀请第三方组织对该方案进行投标并负责具体实施，同时希望其对参与实践活动的年轻人给予支持，以帮助政府给年轻人提供更多机会①。

2007年以来，美国政府实施了"美国竞争力计划"（America Competitive Initiative），通过对各州和地方政府提供资助，建立个人促进就业账号，为寻找工作的成年人和雇主提供就业服务。每个有需要的成年人可享受为期1—2年、总金额3000—6000美元的就业培训资助。他们可以使用这些资助到社区学院或其他职业培训机构接受就业培训。据估算，该项目每年可以帮助80万人通过培训获得就业。2008年3月11日，美国劳工部宣布向69所社区学院和其他社区教育培训机构提供总额为1.25亿美元的拨款，用于实施"总统社区就业培训拨款计划"（President's Community – Based Job Training Grants Initiative），这批拨款将用于对学生进行高增长工业领域就业技能培训。获得这批拨款的院校来自36个州②。2011年12月，美国联邦政府在月初启动《美国创业计划》（Startup America）。联邦教育部呼应白宫要求，联合各种教育机构和组织，在美国学校开展创业教育。联邦教育部将和劳动部共同拟定计划，将创业教育融入中小学教育、职业和技术教育、社区学院教育以及大学教育之中。教育部计划启动《全美创业教育挑战计划》，邀请大中学生为现存的教育问题找出创新的解决思路，并将其转化成为公司或非营利机构能够运作的事业计划。此外，企业教育网

---

① 周红霞. 英国促进大学生就业举措分析与借鉴［J］. 世界教育信息，2009（6）.

② 王晓阳，方军. 美国联邦政府对高校毕业生就业市场的培育与引导［J］. 世界教育信息，2009（1）.

和培生基金会也响应教育部的号召，搜集各种企业实践或创业教育资源，上传至网站，帮助教师利用这些资源在学校开展企业实践教育。美国最大的夏令营活动组织机构"超级夏令营"也参与该计划，准备为全美学生提供更多暑期企业实践的机会。社区学院企业实践联合会联合 100 多个社区学院的校长参与该计划，并准备在 2012 年将参与该计划的社区学院数量扩大到 600 所，达到全美社区学院总数的一半。此外，美国小企业管理局还为该计划投入 10 亿美元"早期创新资金"，帮助那些正在寻找投资方的公司和个人创业。联邦政府还动员了 50 个大企业投入 10 亿美元，计划在未来 3 年支持 10 万个创业项目。创业项目想获得上述资助，必须是有关卫生保健、清洁能源以及教育的产业，而且必须通过联邦健康和人类服务部、能源部以及教育部的审核①。

（二）在国际竞争的视野中提升基础教育质量

1. 以国际学业测试推动国内基础教育质量提升

近年来，越来越多的国家参加到以 PISA、TIMSS 等为代表的国际学业水平测试中，这体现了全球化背景下，各国提升了对基础教育质量的关注，并将本国基础教育放在地区和世界范围的比较中进行考量。国际学业测评通过相对准确的比较数据，可以在很多方面呈现各国的教育发展水平，从而监控全球性的教育质量。国际学业测评的结果往往在各国社会和公众中引发极大的关注，也增加政策制定者承受的压力。而通过国际比较，各国政策制定者也很容易看到不同国家、不同教育体系之间的学业成绩差异，从而转向那些学业成绩普遍较高或更为平均的教育体系进行参考和学习。总之，在越来越密集和透明的国际比较中，各国政府越来越倾向于从国家未来人力资本水平和教育竞争力的战略高度出发，制定相关政策，提高基础教育的质量。

2008 年，由布什总统组建的国家数学顾问团发布总结报告，对美国中小学数学教育的弊端进行了修正。这是继 2006 年美国全国数学教师委员会

---

① 美国联邦政府在各级各类学校启动创业教育［J］. 世界教育信息，2012（3）.

发布《数学课程焦点》之后，美国中小学数学教育向同一个方向的再次调整。报告主张更加系统有序地在小学和初中推进数学教学，要求学生能够对简单的数学运算进行识记，掌握更多的问题解决技能，尤其是要为将来学习初等代数和高等数学作好准备。"数学战"论战一方强调学生扎实掌握简单的数学步骤，另一方则主张对教学采取更加"概念化"的方式。国家数学顾问团的总结报告指出，概念性理解跟熟练掌握计算与步骤以及问题解决技能同等重要，且相互支持、相互影响。2008 年 12 月 16 日，美国候任总统奥巴马提名芝加哥公立学校学区首席执行官邓肯为下一届联邦教育部部长，赋予邓肯提升美国教育竞争力的使命，并指出"如果美国想在明天拥有领先世界的竞争力，就必须在今天拥有领先世界的教育"[①]。

2009 年，美国联邦政府为州立学校进行改革提供 40 多亿美元的政府竞争性援助基金，用于对美国中小学的教育改革。奥巴马表示，美国教育面临着一种对未来经济稳定构成威胁的慢性危机。美国学生在数学和自然科学方面的表现普遍不如其他国家；少数民族家庭和低收入家庭的学生成绩一般落后。另外，美国各州都有各自的中小学教育体制，这种各自为政的体制以及教师工会对改革的抵制，使得以往的教育改革往往只注重形式。奥巴马认为，美国的学校是世界上资金最充足的学校，但是美国学生在国际排名上成绩平庸，这是无法接受的。奥巴马强调，初步教育改革计划将涉及各级教育，包括为优秀教师提供附加工资、为学生开设更多的课时和增加学习时间，以及提高美国学校的教育标准。成立联邦政府竞争性援助基金的目的是，鼓励各州和各地区为获得联邦教育改革资助而竞争，奖励那些按照标准进行改革的州和学校[②]。

在 2007 年颁布的《儿童计划》的框架下，英国在 2008 年相继出台了《学校改进战略》和《国家挑战计划》，以期大面积提高中小学教学质量，缩小成绩两极分化。教学成绩较差的薄弱校成为扶助的重点。政府 3 年投入的总经费将达到 4 亿英镑。《国家挑战计划》对办学质量最差的中学下

---

① 世界教育信息编辑部 . 2008 年全球教育发展态势盘点（下）［J］. 世界教育信息，2009（2）.

② 美国设联邦政府援助基金改革中小学教育［J］. 世界教育信息，2009（9）.

了最后通牒。根据这个计划，英格兰的薄弱中学如果不能提高学生的考试分数，将被关闭。《儿童计划》规定，到 2020 年，要实现九成的学生在 19 岁前五科普通中等教育证书考试成绩达标，或取得同等成绩。《国家挑战计划》是为实现该目标迈出的重要一步，它的目标是到 2011 年，实现每一所中学至少有 30% 的学生 5 科（不含英语和数学）普通中等教育证书考试成绩达标。而《学校改进战略》则旨在创建世界一流的学校，不断提高学校标准，缩小个体学生之间的学业成就差距，尤其要鼓励骨干教师到薄弱学校任教。该计划提出，在 2011 年甚至更远的 2020 年，不仅让所有人提高标准，同时要打破贫困与成就之间的负相关，具体包括以下措施：改造薄弱学校，缩小差距，国立综合中学计划将大量的新资源集中在标准过低的地区；国家挑战计划拨付 4 亿英镑的新资源支持普通中学证书成绩最差的学校，从而确保在 2011 年前所有学校至少有 30% 的学生取得包括英语和数学在内的五门以上普通中学证书；城市挑战计划将在伦敦学习的课程推广到黑人区和大曼彻斯特地区的所有学校；培养 200 多名国家教育领袖和 400 名地区教育领袖，向困难学校提供更多的领导和资助；边缘学校改善计划（Coasting Schools Strategy）针对考试成绩虽可接受、但学生进步没有达到预期目的的学校；针对有特殊需求和残疾儿童的教育差距还有很大的问题，2009 年将启动有 3100 万英镑支持的新计划，提高这些学生的学业成绩[①]。

为应对国际教育竞争，提高中小学教学质量，澳大利亚将结束多年来各州自行决定课程标准的状况，制定全国统一的课程标准，汲取包括中国在内的各国课改经验，争取用 3 年时间打造世界一流的中小学课程。2008 年 1 月底，墨尔本大学的麦克高教授被时任总理陆克文和教育部长朱莉娅·基尔拉德任命为国家课程委员会主席。在之后 3 年的时间里，他领衔一个由 12 人组成的智囊团为澳大利亚制定从幼儿园到 12 年级的全国统一课程。国家课程委员会将在参考各州和领地课程的基础上制定一个统一的课程标准，以保证所有学生都能获得最高质量的教育，提高学生的学业成

---

① 刘熙. 全球经济危机背景下英国教育策略研究［J］. 全球教育信息，2009（4）.

绩和入学率。全国统一课程后，将使那些跨州转学的学生直接受益。时任澳大利亚总理陆克文指出，建立统一国家课程体系是为了提高标准，确保更多学生完成 12 年学业①。

在日本，教育被视为对未来的提前投资和国际竞争力的源泉。日本文部省以"强化国际竞争力"为主题，出台了一系列的方案，来提升教育国际竞争力，为强化整体国际竞争力做贡献。针对强化本国国际竞争力的目标，文部省在这次教育改革中，对本国的基础教育，分别提出了三个立项目标，即强化孩子的人性、强化教师教学指导能力、强化学校的管理力度。文部省投入 4.9 亿日元用于在小学推进野营自然体验等活动事业的开展。另外，随着 2008 年初最新版的小学、初中《学习指导要领》的颁布，以及年末高中《学习指导要领》方案的出炉，日本自 2002 年开始实施的"宽松教育"宣告结束。新指导要领增加了中小学数学、科学等核心科目的课时，目的是提高日本学生的学业学力水平，扭转日本学生在国际教育测评排名中的下滑趋势②。

2009 年 6 月，韩国政府宣布拨款 840 亿韩元，用于提高小学、中学和高中学生的学习成绩。总共有 733 所小学、305 所中学、402 所高中共 1440 所学校得到补助款，平均每所学校可获 3000 万—1 亿韩元不等；但仅限受补助学校将该项经费用于强化教材教法，使学生的学习成绩有所进步。为确保此项经费的补助效益，从 2009 年 9 月起，韩国教育科学技术部将聘用 4800 名教师，分派至各中小学，协助辅导学生提升课业成绩③。

2. 加强师资培训，提升教师待遇

师资质量是基础教育质量的关键性影响因素。一方面在金融危机引发社会性的失业风险增高的前提下，同时也是在提升基础教育质量的目标引导下，各发达国家近年来加强了对于教师的培训，同时采取措施提升教师

① 中国教育新闻网.2008 年十大国际教育新闻发布［EB/OL］.（2009 – 01 – 09）［2013 – 03 – 23］http：//www. jyb. cn/world/gjgc/200901/20090109 – 234351. html.

② 世界教育信息编辑部.2008 年全球教育发展态势盘点（下）［J］.世界教育信息，2009（2）.

③ 世界教育信息编辑部.提高学生课业成绩 韩国将为 1440 所中小学提供经费补助［J］.世界教育信息，2009（8）.

待遇，以稳定和提升教师队伍的质量。

作为提高教学质量一揽子计划的一部分，澳大利亚联邦政府在 2009 年表示，将通过提高收费标准，增加投入 1.08 亿澳元，用于改善教师培训状况，同时对那些毕业后从事教学的学生给予贷款减免。从 2010 年起，攻读教育学位的学生学费将从 4162 澳元增加到 5201 澳元。与这一改革措施配套，联邦政府取消了对注册教育课程学生数量的限制，大学可以公平竞争生源，政府希望教学经费的增加能保证大学提供更加优质的课程。以前，联邦政府规定毕业后从事教学的科学和数学专业毕业生可以减免"高等教育贷款计划"还款，从 2012 年第二学期，政府将这一政策范围扩大到所有攻读教育学位的学生。明年攻读教育学位的学生三年学费共增加 3500 澳元，可以全部通过"高等教育贷款计划"支付，而当他们从事教育工作的工资达到强制还款起点时，就可以申请减免。澳大利亚联邦政府希望，通过增加学费、减免学生贷款，再配合其他"提高教师质量"全国性拨款计划，吸引更多人从事教育工作，从而提高教学质量[①]。

英国致力于发展世界一流的教师职业，吸引最有效率的教师到最具挑战性的学校任教。布朗政府上台后设立了教学硕士（Masters in Teaching and Learning）并规定新任教师必须在执教的前五年内获得该硕士学位，从而提升英国师资整体学历水平，使教师成为具有硕士学位水平的职业。同时，通过实施教师优先计划（Teach First）、转行当教师计划（Transition to Teaching Programme）为教师队伍补充优秀人才，其中教师优先计划支持优秀大学毕业生在伦敦等地的基础薄弱学校任教两年，获得教师资格，同时可以在英国顶尖企业参与领袖培训计划并获取相关工作经历。另外，英国国家学校领导学院（NCSL）还为期望成为学校领导的转行者开辟了"快速通道"。为了鼓励更多的骨干教师到具有挑战性的薄弱学校工作，从 2009 年 9 月起，所有符合条件的学校在招聘新教师时都可以得到一揽子支持措施，在同一个参与计划的学校服务满三年的教师即可获得 1 万英镑的

---

① 澳大利亚减免学生贷款提高教师培养质量 ［J］. 世界教育信息，2009（7）.

奖励①。

2009 年，奥巴马提出投入 1 亿美元培养 10 万名高质量的科学—技术—工程—数学教师，鼓励并培养最优秀的 STEM 有关专业的本科毕业生走上教师岗位，该计划被称为"大师级教师计划"，这些教师每年的年终奖最高可达到两万美元。该计划的主要目标在于加强美国基础教育中科学、技术、工程和数学教育，目前美国学生在这方面被认为落后于韩国、中国和芬兰等国的学生。之后的四年，政府要向 1 万名大师级教师投入 10 亿美元。"大师级教师"由地方政府选出，他们将在这个岗位上工作至少 4 年，担任各自领域的学科带头人。他们将指导专业发展（课程）、组织指导活动、定期制定新课程计划、转变并提高科学和数学教育的策略。美国教育部长邓肯预计，这一项目完全实施后，5% 的理工科教师将成为"大师级教师"。此外奥巴马政府还决定投入 2000 万美元建立研究基金，用于有关教师培养的研究。2011 年 9 月，美国参议院拨款委员会通过 2012 年度财政拨款 1.25 亿美元支持非营利机构实施创新性的、能产生广泛影响的教师专业发展项目。2012 年 1 月，奥巴马提出了"认可教育成绩、专业卓越与合作教学计划"，要求各州及教师培训机构提供更严格的、高质量的教师培训项目。随后，教育部长邓肯公布了 50 亿美元的资金支持计划，进行教师专业化改革②。

3. 修订完善教师专业标准，提升师资质量

在发达国家，教师专业标准的研究和开发始于 20 世纪 80 年代，目前，教师专业标准已经成为许多国家促进教师专业发展、提高教学质量和改善学生学习的一种重要举措，很多发达国家已经制定并实施了国家层面的教师专业标准。例如，美国在国家层面已经开发出四套比较成熟的教师专业标准，即由全国教师教育认证委员会开发的职前教师专业标准、州际新教师评估与支持联合会开发的入职教师专业标准、全国专业教学标准委员会开发的优秀教师专业标准及优质教师证书委员会开发的杰出教师专业标

①　刘熙. 全球经济危机背景下英国教育策略研究［J］. 全球教育信息，2009（4）.
②　何美. 美国实施"优秀科学教师专业标准"经验述评［J］. 教育发展研究，2012（6）.

准。在英国，合格教师专业标准、普通教师专业标准、熟练教师专业标准、优秀教师专业标准和高级技能教师专业标准也已经实施多年①。近年来，随着世界范围内教师专业标准的研究和开发热潮兴起，各发达国家也在根据教育改革发展的需要，对现有的教师专业标准进行修订和完善，从而进一步提升师资质量。

英国在 2007 年对原有的五套教师标准进行了整合，颁布了《英国教师专业标准修正案（草案）》（Draft Revised Professional Standards for Teachers in England），开始正式实施一体化的教师专业标准。此法案建构了一个较为完备的教师专业标准框架，定义了教师在不同职业阶段应该达到的专业标准②。

澳大利亚自 20 世纪 70 年代开始设立教师注册委员会，强调教师入职标准和资格证书颁发。21 世纪初，主要由教师专业团体和全国教育学院院长联席委员会开展教师标准研究。

2003 年 11 月，澳大利亚教育部正式颁布了《全国教师专业标准框架》，确立了职前、入职、职后三阶段的考核标准。又在 2010 年公布了新的《全国教师专业标准》，在制度上为澳大利亚中小学教师提供了全国统一的认证标准。

日本早在 1947 年就颁布实施了《教师资格许可证法》，其目的在于确定教师入职资格标准，以保持和提高教师的素质。20 世纪 80 年代以后，日本政府对教师应具备的专业素质也逐渐提出了明确的要求。2006 年，日本教育审议会发表题为"关于今后的教师培养和资格制度"的重要咨询报告，在 1997 年和 2005 年提出的教师专业标准基础上，对教师的专业素质提出了进一步的要求③。

---

① 单志艳.美英澳日中小学教师专业标准比较研究［J］.内蒙古师范大学学报（教育科学版），2012（4）.

② 世界教育信息编辑部.2008 年全球教育发展态势盘点（上）［J］.世界教育信息，2009（1）.

③ 单志艳.美英澳日中小学教师专业标准比较研究［J］.内蒙古师范大学学报（教育科学版），2012（4）.

（三）促进教育公平，发展更加包容的教育

1. 在基础教育层面，教育政策向移民家庭学生倾斜，促进社会融合

发达国家的一个共同特征就是对国际流动人口具有很强的吸引力，是国际移民的主要目的地。移民的社会融合是各国面临的共同挑战，这尤其体现在移民背景学生的教育方面。在法国、英国、德国等国，来自移民家庭的学生进入优质学校的机会普遍低于本土学生，学业成绩也不容乐观，这将间接导致辍学率的上升和未来因知识和技能不足而出现的青年失业现象，成为社会稳定的隐患。因而，各国从促进教育公平和社会融合以及提升教育质量的立场出发，制定了一系列政策措施，保障移民家庭学生的教育机会，提高他们的学业成绩，促进社会融合。

在德国，25 岁以下青少年和儿童群体中大约有四分之一有移民背景，而在德国西部的大城市中，来自移民家庭的学生甚至占到在校生总数的40%。德国政府认为，这些学生的教育机会、教育参与和学业成绩是国家教育体系面临的一个核心挑战。从 2007 年开始，德国联邦和州政府共同启动了《国家融合计划》（NIP）以促进移民的教育、社会、经济和文化融合。2011 年，该计划被扩展为《国家融合行动计划》（NAP－I），包括了十一个行动领域的多项具体措施来支持移民融合。2014 年，德国将对计划的具体实施情况进行评估。在这十一个行动领域中，有三个行动领域与移民学生的教育融合直接相关，分别是由联邦家庭、老年人、妇女和青少年部承担的"学前教育支持计划"、由联邦教育科研部承担的"教育、培训和继续教育计划"、由内政部承担的"语言－融合课程计划"，政府希望所有移民背景的儿童、青少年都能受益于该计划[①]。此外，德国多个州在近年来致力于学校融合计划，改变过去因学生过早分流和不同类型之间学校差异较大而引发的公平和融合问题，在基础教育阶段建立"整合高中"等类型的学校，促进教育公平和融合，而移民背景的学生也将受益于这些改

---

① BMBF. Intergration durch Bildung [EB/OL]. [2013－03－29]. http：//www. bmbf. de/de/15624. php.

革措施。

英国移民家庭学生也面临教育融合的困难。相比较法国、瑞典和荷兰等国家，80%的英国移民家庭子女与来自贫困家庭的学生更易被分流至较差的学校，而这一数据，远远高于经合组织国家的平均数68%。OECD 的相关报告认为，女性移民的受教育程度对于下一代是否进入好学校起着重要作用，79.8%的未受高等教育女性移民的子女只能上较差学校。报告还显示，受过高等教育的女性移民子女仍有极大的可能进入较差的学校，其与非移民子女进入较差学区的比率分别为42.5%和18%。研究认为，英国的社会经济结构决定了移民子女无法得到公正的待遇，而社会不公不仅对这些移民子女的学业产生负面影响，更会影响其今后发展。事实上，英国移民家庭子女上学一直都是大问题，BBC 英伦网曾报道过大批中国移民为了孩子能上好学区，不惜血本搬家去物价贵的地区买房，这些家庭除了要耗费大量人力物力外，孩子依然可能被好学校拒之门外。英国政府已经意识到这个问题的严重性，希望通过建立"中小学生奖励金"来帮助那些贫困地区的学生，并在这些地区建立免费学校。英国教育部更保证，将竭尽所能缩小贫富不均带来的教育差距，给予父母更多选择权，严格审查教育系统以保证就学公平①。

2. 在全纳教育框架中扶助学习困难学生和残障学生

发达国家促进教育公平和社会融合的措施也体现在对学习困难学生和残障学生的扶助方面。与过去在特殊教育框架下讨论对这些群体的教育问题所不同的是，近年来，"全纳教育"（inclusive education）的教育理念在发达国家越来越占据主导地位，很多国家还采取新的措施，以全纳教育为目标，对特殊群体学生进行专门支持。2008 联合国教科文组织"国际教育大会"的主题定为"全纳教育——未来之路"，会议认为，全纳教育是一个不断变化的进程，其宗旨是面向所有人提供有质量的教育，尊重学生和社区的多样性以及不同的需求、能力和学习愿望，消除一切形式的歧视。

---

① 徐简. 英国 8 成移民家庭子女难进好学校，教育部承诺改革［EB/OL］.（2012 – 09 – 13）［2013 – 03 – 29］. http：//liuxue. eol. cn/ymdt_ 5807/20120913/t20120913_ 843981. shtml.

会议再次强调每个人都享有接受教育的权利，认为有质量的全纳教育对人类发展、社会发展和经济发展都具有极其重要的意义。全纳教育对消除贫困、改善健康、提高收入和生活水平具有重要意义；强调面对全球金融危机，教育拨款应占首要地位，绝不能因为金融危机而在国家和国际层面削减教育拨款。会议呼吁各会员国采用全纳教育的视角来制定、实施、监督和评估教育政策，以加快实现全民教育的目标，并促进建设更加包容、和谐的社会。全纳教育可以被视为一项总体原则，指导全球可持续发展和全民终身教育的发展，保证社会各层次平等享有学习机会，从而落实全纳教育的原则，从全纳教育走向全纳社会①。

英国从 20 世纪 70 年代即开始发展全纳教育。《教育法》（1976）、《沃诺克报告》（1978）、《教育法》（1981）、《教育改革法》（1988）、《教育法》（1993）、《特殊教育需要鉴定与评估实施章程》（1994）、《反残疾人歧视法》（1995）、《所有儿童的成功：满足特殊教育需要》绿皮书（1997）、《每个孩子都重要》绿皮书（2003）等法律法规和政策文件是英国全纳教育实施的重要保障。政府以"标准基金"和"学校创始基金"两大基金对全纳教育提供资金支持。针对全纳教育的具体实践，英国政府相关部门编制了《全纳教育指南》给出了明确的指导。各大学和各社会团体积极开设培训全纳教育教师的课程。如英国开放大学在全纳教育领域已有多年的培训教师的经验。所有教师职前培养的课程，均应包括特殊教育的内容，英国教师资格委员会只承认那些有特殊教育课程的师资培训机构。在入职的第一年里，学校会给每一位新教师安排一位导师（mentor）。此外，新教师培训还能得到"大学、英国课程顾问和服务机构"（curriculum，advisory support service，CASS）的支持和帮助。英国近年来颁布的新教师任职条例特别强调，教师必须具备发现和教育超常儿童以及其他有特殊教育需要的学生的能力。因此，英国教师普遍具有特殊教育的能力，成

---

① 世界教育信息编辑部．2008 年全球教育发展态势盘点（上）［J］．世界教育信息，2009（1）．

为全纳教育实施的重要支持①。

德国是全纳教育起步较晚的国家，在此之前，德国大约只有20%的特殊学生被纳入普通学校系统，而那些在特殊学校学习的学生有超过75%的人最终无法完成义务教育，德国目前也没有出台涉及人员、课程、设备、场地的全纳教育标准。2010年6月，德国各联邦州文教部部长联席会议（德国教育最高决策机构）出台题为"有关在学校教育中实施联合国2006年12月13日通过的残疾人权利公约中的教育与权利的意见"的文件，正式承诺在普通学校体系中实施全纳教育。德国政府为实现2008年《教育提升个体社会地位：国家培养倡议》所设定的目标，即在2015年之前把义务教育阶段学生辍学率减半的目标（从目前的8%减为4%），也必须改革现有的特殊教育模式。2010年以来，在普通学校就读的特色学生数量逐渐上升，在2010至2011学年，该比例上升了2个百分点。根据2013年初贝塔斯曼基金会的报告《为德国全纳教育体系增加投入》，德国政府目前每年拨付的特殊教育财政资金为26亿欧元，主要用于师资，其中6000万欧元投入18万学困生，1.6亿欧元投入22.1万其他特殊学生。该报告建议，全德国在未来10年需要9300名教师从事全纳教育。此外，该基金会还在2009年和2010年出台了两份全纳教育报告——《作为特殊途径的特殊学校：高投入少前景》和《共同学习，全纳生活——德国全纳教育的现状与挑战》，推动德国的全纳教育发展。

2007年荷兰对《小学教育法》和《中学教育法》进行修订，特别申明两点：学校应该培养学生的积极公民意识和了解社会一体化发展要求。法律规定了学校在促进和鼓励积极的公民意识和社会融合方面的义务，学校则可自行决定如何将公民教育融合到具体课程中，教育督查将负责监测和评估。2007年，荷兰教育督导研究表明，当时荷兰大部分学校都在促进学生积极的公民意识和社会融合，采取了许多举措来努力实现既定目标，但是效果却不显著。因此，进一步深入开展公民教育、培育全纳社会氛围

---

① 张会亮. 英国全纳教育：让所有人融入主流的权利［EB/OL］.（2011－06－27）［2013－03－26］. http://www.cast.org.cn/n35081/n35668/n35743/n36689/n39420/13007233_1.html.

对荷兰全纳教育的发展仍是一个重要挑战①。

　　韩国也是较早开展全纳教育的国家，从 1971 年就开始在普通学校中设立特殊班级。2011 年 7 月，韩国最新修订的《障碍人特殊教育法》中把全纳教育描述为：特殊教育对象不是依据障碍类型与程度接受差别教育，而是在普通学校内和同龄人一起接受满足个人教育要求的适切教育。近年来，韩国在普通学校中接受全纳教育的特殊学生数呈递增趋势。2005 年至 2009 年 5 年间，普通学校中特殊班级数量以每年大约 500 个班级的比例持续递增，2010 年更是在 2009 年的基础上增加 868 个。韩国教育科学技术部的统计数据显示，截至 2011 年 4 月，韩国共设置有 8415 个特殊班级，安置特殊学生 43183 名，而在普通学校的普通班级安置的特殊学生也达到了 14741 名。目前，韩国已经形成了相对成熟的全纳教育安置模式，其主导模式是中重度障碍儿童安置到特殊学校、轻度障碍儿童安置在特殊班级的二元安置模式。

　　韩国法律重视对全纳教育的经费保障，2011 年，包括全纳教育预算在内的年度特殊教育财政预算为 19662 亿韩元，在 2011 年的基础上增加了近 3000 亿韩元。教育科学技术部制定的《2011 年度特殊教育运营计划》中要求，特殊教育发展相对薄弱的地区要优先设置特殊班级，同时鼓励私立学校积极设置特殊班级。同时，为支持全纳教育发展，韩国法律还规定特殊教育教师、普通特殊班级教师需得到额外学分、特殊津贴和更好的职业记录。此外，韩国还开展了促进普通学生加强对于全纳教育的理解的活动，提出普通学生对特殊学生的积极认知以及普通学生和特殊学生的有效互动直接关系到全纳教育的成效。为增进普通学生对特殊学生的认识，改变普通学生对特殊学生的固有偏见，营造良好的全纳教育氛围，2008 年开始实施的《第三个特殊教育发展五年计划（2008—2012）》中要求，从 2008 年开始，小学、初高级中学的教科书开发中，应纳入障碍理解方面的内容。《2011 年度特殊教育运营计划》则要求本年度内应当为所有学生实施两次以上的障碍理解教育，教育内容包括不同障碍类型的特征、性教育、

---

① 赵静，张惠娴. 荷兰全纳教育的发展及其启示［J］. 现代特殊教育，2012（10）.

礼仪和校友关系的建立等。并且，各市道教育厅应制定具体的障碍理解活动实施计划，通过举办音乐会、演奏会、戏剧、美术活动等多种活动来改善对障碍人的认知。特殊学校应开发有创意的障碍体验活动，通过和普通学校的共同活动来提高普通学生和父母对障碍的认识①。

3. 在职业教育和高等教育层面，支持提高低收入家庭年轻人受教育机会

在职业教育和高等教育层面，各国促进教育公平和社会融合的政策重点在于，对那些来自贫困家庭的学生进行支持，保障他们接受教育的机会。

当前，澳大利亚来自农村和贫困家庭学生的高校入学率为16%，约为9.2万人。2009年3月，澳大利亚副总理兼教育部部长吉拉德在悉尼高等教育大会上提出，政府将采取措施，确保在2020年前，澳大利亚高校增加招收5.5万名弱势群体学生。吉拉德表示"土著、农村和贫困家庭的学生完成大学教育在经济上是可行的"，高等教育体系的公平性是培训高技能、高学历人才的基本保障，也是提升澳大利亚全球竞争力的基础。政府希望到2020年，高校入学新生中每5人就有1人来自低收入和弱势群体家庭。此外，政府还要求一些高校为贫穷学生设立专门的奖学金②。

为促进高等教育入学机会均等，降低贫困家庭学生接受高等教育的门槛，英国在2009年提出采取降低入学录取分数的措施。英国负责大学教育兼商务大臣的副首相洛德·曼德尔森现已要求调查利兹大学和伦敦一些医学院现行的"积极歧视"措施。如果该项目能达到预期效果，可在其他学校推广。一些院校也在采取措施，提高贫困学生的入学机会。例如，伦敦圣乔治医学院中来自公立中学的学生比例，自1997年以来已从48%上升到71%。通常对于大部分学生来说，必须在中学高级水平考试中得到3门A的成绩，才能进入该医学院。但为了照顾来自贫困家庭表现欠佳的中学生，如果他们比自己学校的平均分高60%，2门B和1门C的成绩就可被录取。圣乔治医学院负责招生的负责人肯顿·路易斯说，以同样方式对待

---

① 王波. 韩国全纳教育的发展、实施策略及面临问题 [J]. 中国特殊教育，2012（4）.
② 江亚平. 澳大利亚政府拟在高校增招弱势群体学生 [J]. 世界教育信息，2009（4）.

每名学生不公平，考虑到他们所处的环境才是更重要的。再如，伦敦国王学院也采取一项计划，对伦敦和肯特的 50 名来自低收入家庭的中学生降低入学要求，但要求他们在学习主要的医学课程之前，需先补习一年。利兹大学的申请人如果来自大学所在的约克郡入学率较低地区，或者来自只有不到 45% 的学生有 5 门 GCSE 好成绩的地区，这些学生的入校要求将从标准的 3 门 A 的成绩降到 1 门 A、2 门 B－，前提是他们也要通过大学的入门课。为贫困生降低入学分数的计划 2010 年在英国全国推广。英国校长会议发言人杰夫·卢卡说，大学只有根据每名学生的情况作出决定，才能实现公平入学。据支持保守党的《每日邮报》的一项网上调查显示，赞成为贫困生降低入学分数政策的人只有 23%，反对者占 77%[1]。

　　为促进职业教育良性发展，德国联邦教育科研部、经济部、劳动与社会部、联邦就业局与德国工业协会、工商会、手工业协会以及自由职业协会于 2004 年共同签署了《职业培训和技能人才发展国家公约》。该公约的根本目标，是确保德国所有希望接受职业教育并且有能力接受职业教育的青年人都能获得职业教育机会。为此，公约规定了相关政府机构和企业界的相关责任和义务，政府将提供政策及资金支持，而企业界则在公约中承诺了每年所提供职业教育学习岗位的最低数量。至 2010 年公约到期，德国职业教育的参与数、覆盖面和企业提供的职业教育学习岗位都有大幅提高。因而签署公约的各机构一致同意，将该公约继续延长至 2014 年，各州文化部长联席会议（KMK）以及德国联邦移民难民署也作为新成员签署该公约。公约的支持内容也得到进一步拓展，支持的重点向来自移民家庭、经济困难家庭的学生和存在学习障碍、身体残疾等特殊学生群体倾斜。

---

[1]　世界教育信息编辑部. 英国为贫困大学生降低入学门槛［J］. 世界教育信息，2009（9）.

第三章

新兴经济体教育的发展变化
——基于金砖国家的分析①

一、金砖国家的社会经济特征

对于新兴经济体，目前尚没有一个确定的定义，一般是指某一国家或地区经济蓬勃发展，成为新兴的经济实体。英国《经济学家》杂志（The Economist）将新兴经济体分成两个梯队：第一梯队为中国、巴西、印度和俄罗斯，称"金砖四国"；第二梯队包括墨西哥、韩国、南非、波兰、土耳其、哈萨克斯坦、埃及等"新钻"国家。2010 年，"金砖四国"一致商定，吸收南非作为正式成员加入该合作机制，合称"金砖五国"。南非的加入使得金砖国家有更加广泛的代表性，尤其是对广大新兴经济体国家。

作为新兴经济体的代表，金砖国家目前处于工业化进程的不同阶段，其中，印度步入工业化初级阶段，中国进入工业化中期加速阶段，而巴西和俄罗斯已发展到工业化后期阶段。尽管金砖国家所处发展阶段不同，但经济的蓬勃发展是金砖国家显著的共同特征，五国整体对世界经济发展的贡献逐年提升。2007 年，印、俄、巴西 GDP 总量均超过万亿美元大关，晋升世界经

---

① 如无特别注明，本章的数据来源于世界银行开放数据库 http：//databank. worldbank. org/data/views/variableselection/selectvariables. aspx？source = world – development – indicators.

济12强，中国突破2万亿美元，居世界第4位。中国、印度和俄罗斯三国对全球经济增长的贡献超过一半。2009年，当时的"金砖四国"人口占世界总人口的42%，国内生产总值占世界总量的14.6%，贸易额占全球贸易额的12.8%，按购买力平价计算对世界经济增长的贡献率已超过50%①。2010年，金砖国家GDP占世界总量的18%，对世界经济增长的贡献率超过了60%。根据国际货币基金组织的统计，2011年，就GDP占全球比重这一指标来看，金砖国家除南非位列世界184个国家的第25位以外，其他4个成员国均列世界前10强，其中，中国仅次于美国位于世界第2位，印度、俄罗斯、巴西分别位居第3、第6和第7（见图3-1）。包括金砖国家在内的新兴经济体的崛起也表现在外汇储备的变化方面，若将1995年到2010年世界各国外汇储备额度变化进行分析，则会发现，中国、巴西、印度、俄罗斯的外汇储备增量均位列世界外汇储备增量最多十国行列，其中，中国的增量最为显著，总量一跃为世界第一，大量积累的外汇储备将是增强金砖国家抵御未来经济衰退和金融危机的重要保障（见图3-2）。

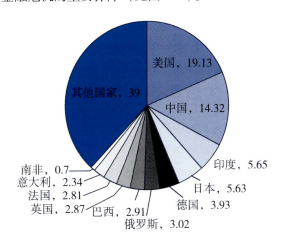

图3-1　2011年金砖国家GDP占全球比重（按购买力平价计算）

注：南非为2010年数据，其他国家均为2011年数据。

【数据来源】国际货币基金组织.GDP占全球比重［EB/OL］.［2013-06-16］. http://imf. org/external/date. htm.

---

① 胡锦涛在"金砖四国"领导人会晤时的讲话（全文）［EB/OL］.（2009-06-17）［2012-12-12］. http://news. xinhuanet. com/world/2009-06/17/content_11553224. htm.

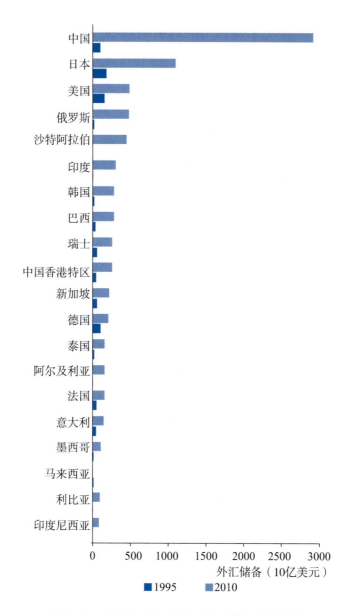

图 3 - 2　**1995 年以来金砖国家外汇储备的增长**①

---

①　UNDP. 2013 年人类发展报告：南方的崛起：多元化世界中的人类进步［R/OL］.［2013 － 06 － 10］. http：//www. un. org/zh//development/hdr/2013/

对于金砖国家的发展前景，早在 2003 年 10 月，美国高盛投资公司在题为"与 BRICS 一起梦想：通往 2050 年的道路"（Dreaming with BRICS：The Path to 2050）的全球经济报告中就已预言：巴西将于 2031 年取代法国的经济位置，俄罗斯将于 2028 年超越德国，印度将在 2032 年超过日本，中国可能会在 2039 年超过美国从而成为世界第一经济大国。据中国社科院以"转型与崛起"为题发布《新兴经济体蓝皮书：金砖国家发展报告（2013）》预计：2013 年，发展中国家和新兴经济体的经济总量将首次超过发达国家。联合国开发计划署报告则称，"到 2020 年，三个主要发展中国家（巴西、中国和印度）的经济总量就足以超过加拿大、法国、德国、意大利、英国和美国的总和"。这种发展趋势意味着发展中国家和新兴经济体的作用越来越重要，对全球经济增长的贡献和世界经济的影响力与日俱增。随着经济实力的增强，金砖国家对现有世界政治格局也产生了重要影响。从 2009 年 6 月 16 日，中国、巴西、俄罗斯和印度"金砖四国"领导人在俄罗斯叶卡捷琳堡举行首次正式会晤。之后，又连续在巴西巴西利亚、中国三亚、印度新德里、南非德班等地进行会晤。可以预见，金砖国家合作将继续向更高水平发展，继续在带动全球经济增长、完善全球经济治理、加强多边主义和国际关系民主化方面发挥建设性作用①。"金砖国家"这一经济概念也已逐步转变为政治外交概念，成为国际关系中重要"驱动力量"。

（一）经济总量快速发展，人均 GDP 落后

在近 20 年间，特别是在 2000—2007 年，金砖国家作为一个整体，其经济表现令世界瞩目，整体 GDP 年均增长率保持在 6.5% 以上，其中，中国 GDP 年增长率保持在 10.6%，印度为 6.8%，俄罗斯为 7.2%，巴西经济虽然波动较大，但也基本保持加速发展的态势，其 GDP 年均增长率平均在 4.3%，高于同期 OECD 国家（约为 2.5%），仅新加入金砖国家的南非

---

① 新华社. 关于金砖国家领导人第五次会晤成果评价［EB/OL］.（2013 – 03 – 28）［2013 – 06 – 17］. http：//news. xinhuanet. com/world/2013 – 03/28/c_ 115197964. htm.

略低，但近 10 年来，南非年均增长率保持在 2.5%，与 OECD 国家不相上下（见图 3 – 3）。

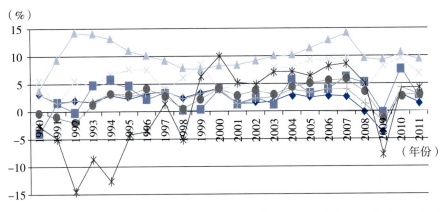

图 3 – 3　近 20 年金砖国家 GDP 年增长变化

2008 年世界金融危机后，面对日趋严峻的全球经济和金融形势，新兴经济体也遭遇到前所未有的挑战，新兴经济体和发展中国家经济增速趋缓，但其增长率仍然远远高于发达国家，2009 年，在全球经济出现超过 2.3% 的负增长，OECD 国家出现近 4% 负增长的情况下，金砖国家中的中国和印度仍然实现了 9.2% 和 8.2% 的高速增长。2010 年，金砖国家 GDP 均实现快速增长，率先复苏并进入快速增长轨道（见表 3 – 1）。

表 3 – 1　金砖国家年度 GDP 增长率（%）

	2005	2006	2007	2008	2009	2010	2011
巴西	3.26	3.96	6.09	5.17	– 0.33	7.53	2.73
中国	11.3	12.7	14.2	9.6	9.2	10.4	9.3
印度	9.28	9.26	9.80	3.89	8.24	9.55	6.86
俄罗斯	6.38	8.15	8.53	5.25	– 7.83	4.3	4.3
南非	5.28	5.608	5.55	3.61	– 1.54	2.89	3.129
世界平均水平	3.469	4.09	3.939	1.33	– 2.25	4.34	2.73
OECD 国家	2.48	2.88	2.58	– 0.03	– 3.94	3.2	1.49

相关数据显示，20 世纪 80 年代，新兴经济体的 GDP 增速已高于发达国家，但人均 GDP 增速则低于发达国家。步入 90 年代以后，金砖国家和发展中国家作为一个整体，不仅在经济总量上缩小了同发达国家的差距，而且在人口基数增加的前提下，其人均 GDP 也实现了快速增长增速。2001—2011 年金砖国家无论是 GDP 总量还是人均 GDP 增速均高于 OECD 国家，其中增速最快的中国这两项指标均比 OECD 国家要高约 8.8% 和 8.9%，增速最慢的南非，其 GDP 增速也要比 OECD 国家高近 2%，人均 GDP 增速则高近 1.4%（见图 3 - 4）。

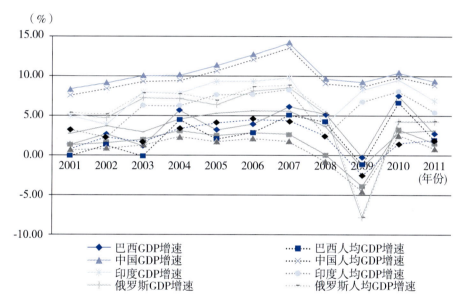

图 3 - 4　金砖国家 GDP 年均增长速度及人均 GDP 年均增长速度变化比较图

对金砖国家近十年来的经济发展速度进行分析发现，在经济发展过程中，除俄罗斯以外，其他各国 GDP 总量增长均领先于人均 GDP 增长。2001—2010 年 10 年间，OECD 国家 GDP 平均增速比人均 GDP 平均增速高 0.71%，金砖国家中，巴西、印度、南非的 GDP 平均增速比人均 GDP 平均增速则分别高 1.12%、1.59%、1.3%，接近或者已经超过世界平均值 1.21%，中国的这一数值相对乐观，为 0.63%，略低于 OECD 国家平均水

平（见图 3 - 5）。

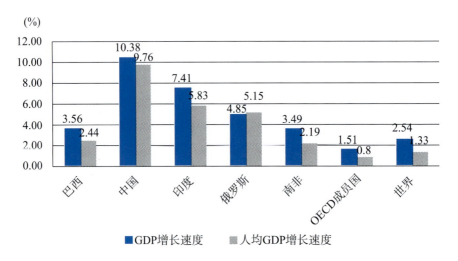

图 3 - 5　金砖国家 GDP 平均增长速度与人均 GDP 平均增长速度比较

从人均 GDP 发展变化情况来看，2006 年前，金砖国家人均 GDP 一直低于世界平均水平。随着经济的快速发展，2006 年，金砖国家中的俄罗斯人均 GDP 超过世界平均水平，2010 年，巴西超过世界平均水平。到 2009 年，除中国和印度这两个超级人口大国外，其他国家人均国民收入都超过 1 万美元。巴西和俄罗斯于 2011 年，人均 GDP 突破 12000 美元，成功跨越中等收入陷阱。尽管经济增速明显，但由于经济基础薄弱，且人口众多，金砖国家人均 GDP 绝对值仍远远低于 OECD 国家。世界银行 2010 年数据显示，金砖国家中，人均 GDP 最高的俄罗斯也仅相当于 OECD 国家人均 GDP 的 35%，最低的印度仅为 OECD 国家的 4%，中国为 OECD 国家的不到 14%，这充分说明了新型经济体国家与发达经济体国家在经济发展方面的巨大差距（见图 3 - 6）。

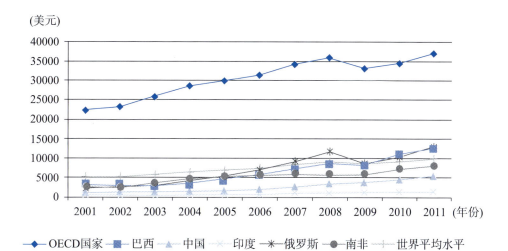

图3-6 金砖国家人均GDP的增长变化

对金砖国家的经济发展情形进行比较发现，中国GDP总量在金砖五国中最多，2009年数值超过4.98万亿美元，但由于人口基数大，人均GDP仅为3743.8美元，位居五国中倒数第二，仅多于印度。同年，印度与俄罗斯的GDP总量比较接近，分别为1.31万亿美元和1.23万亿美元。但俄罗斯人均GDP在五国中最多，达8676.25美元，是印度的7.6倍。2009年，巴西GDP为1.57万亿美元，人均GDP在五国中位居第二位，为8115.5美元。尽管南非GDP总量仅为俄罗斯的23%，在五国中最少，但其人均GDP达5708美元，超过中国、印度（见图3-6）①。

（二）工业发展势头强劲，服务业占比偏低

世界银行2000年到2009年的关于农业、工业和服务业等产值占GDP的比重数据显示，中国工业产值占GDP比重相对稳定在46%左右，农业产值由2000年的15%下降到2009年的10%，而同期服务业则从39%上升到43%；印度三者的比重由2000年的23∶26∶50发展到2009年的17∶28∶55；俄罗斯同期则由6∶38∶56发展为5∶33∶62；巴西经济结构相对

---

① 杨利春. 金砖国家发展的"人口参数"[N]. 中国人口报，2012-04-09.

稳定，2000 年为 6：28：67，到 2009 年为 6：25：69；南非三者的比重约为 3：31：66，近十年来保持相对平稳的水平，总体来看，五国经济结构总体变化并不明显（见图 3－6）。相比发达国家，金砖国家服务业产值占 GDP 比重偏低，世界银行 2009 年数据显示，全球范围服务业产值在 GDP 中的平均比重为 72%，欧盟国家平均水平为 75%，金砖国家中比重最高的巴西为 69%，中国最低，仅为 45%，印度也仅为 55%（见图 3－7）。由此可见，金砖国家第三产业发展相对滞后。

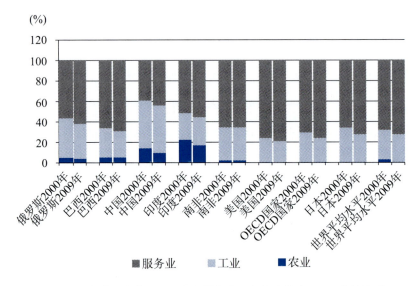

图 3－7　金砖国家农业、工业和服务业三部门产值在 GDP 中的比重

从三部门产业产值在 GDP 中的比重来看，金砖国家间存在一定差别。总体而言，农业在五国产业结构中的所占比重都是最低的，但其比例明显大于发达国家，而且，农业作为重要的基础产业，在金砖国家经济结构中，特别是印度和中国目前依然占据重要地位。

工业是第二产业，是对自然资源以及原材料进行加工或装配的过程，按照国际通行的划分方法，包括采矿业、制造业、电力、燃气及水的生产和供应业及建筑业等，是一个国家或地区国民经济结构中最重要的物质生产部门之一，能够体现一个国家的经济实力和现代化程度。随着知识经济和服务业的快速发展，工业虽然在发达国家的经济中仍占据重要地位，但所占的比重有所下降。在包括金砖四国在内的新兴国家和地区，工业制造业却呈现出强劲的发展态势。在中国，工业产值在 GDP 中的比重较大，对经济的拉动和贡献作用在金砖国家中最高。

印度农业比例是金砖国家中最高的，容纳近 50% 以上的劳动力，但对GDP 总值的贡献率不足 20%，大量的劳动力仍然在一种比较低的劳动效率下工作。印度工业发展缓慢，一直低于农业，21 世纪以后，逐渐超过农业；印度工业结构中，制造业是主导产业，尽管近年来其产值占工业产值的比重明显下降，但依然占据了一半以上，其工业结构中，传统产业在贡献指数和吸纳就业方面依然发挥着重要作用。

近年来，印度以第三产业为主要发展方向，新兴服务业促进了印度的产业结构升级，成为拉动经济的主要力量，但是，总体而言，50% 以上从事第三产业的人口是餐饮和交通运输等附加值非常低的工作，高附加值的工作人口比较少。中国服务产业相对落后，对经济增长的贡献程度明显低于其他金砖国家，2000 年仅占 39%，2009 年提升到 43%，服务业在国民经济中的提升空间比较大。服务业在南非、巴西、俄罗斯经济中占比最大，均超过 60%，但其比例仍然明显低于发达国家水平，甚至低于世界平均水平（见图 3 - 8）。

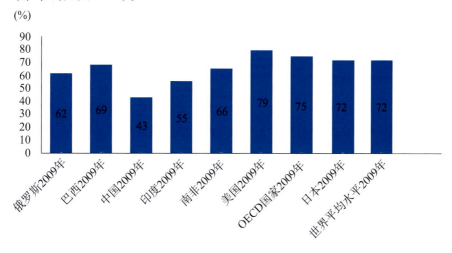

图 3 - 8 金砖国家服务业产值在 GDP 中的比重

（三）技术进步对经济增长贡献度较低

从拥有资源情况看，金砖国家特点显著，普遍国土面积大、人口多。俄罗斯国土面积居世界第一，中国第三，巴西第五，印度和南非国土面积都超过 100 万平方千米。金砖国家经济发展的资源或要素优势明显，其增长动力源泉主要在于要素投入，劳动力和投资要素对金砖国家的经济增长贡献近 70%，生产率提高份额只占 30% 左右[①]，远低于发达国家。

俄罗斯和巴西具有资源优势，俄罗斯被称为"世界加油站"。俄罗斯矿产资源十分丰富，石油探明储量 65 亿吨，占世界探明储量的 12%—13%。天然气已探明蕴藏量为 48 万亿立方米，占世界探明储量的 1/3，居世界第 1 位。俄罗斯经济发展模式可以概括为以丰裕的自然资源（尤其是石油天然气等能源原材料）为比较优势参与全球分工，以出口带动整体经济增长[②]。巴西被称为"世界原料基地"，其矿产资源极为丰富，是拉丁美洲最大和全球 10 大矿产生产国。南非矿藏资源丰富，是世界上 24 种重要矿产品的五大生产国之一。黄金、铂族金属、锰、钒、铬、铝、硅酸盐、萤石的储量都居世界首位。其中黄金储量为 35877 吨，占世界的 35%，有"黄金之国"的美誉。南非是非洲经济最发达的国家，工业以采矿业为重要支柱。中国和印度具有相对的劳动力要素成本优势，先后享受"人口红利"发展阶段，其中，中国是世界上人口最多的国家，20 年来，中国经济的高速增长，主要是由投资和出口驱动的，沿着"投资—生产—出口—再投资"的轨迹运行，由于其出口依赖的特点被称为"世界工厂"。印度因其劳动力成本便宜、英语水平高、计算器操作能力强，成为全球提供"服务外包"业务最多的国家，被称为"世界办公室"。这些称谓本身就体现了五国在全球经济链环中的各自定位和主导优势，同时也显现出金砖国家的经济增长方式存在着一定的相似之处，五国多属资源型或外向型经济大国，其快速增长的主要动力源于要素投入，属于投入扩张的粗放型增长，

---

① 杨利春. 金砖国家发展的"人口参数"[N]. 中国人口报，2012 - 04 - 09.
② 曲文轶. 俄罗斯经济增长模式探析 [J]. 俄罗斯中亚东欧研究. 2006 (3).

技术进步对金砖国家经济增长贡献度较低。

在工业内部结构中，巴西工业系统体现了其资源大国的特点，以矿产资源作为主要驱动因素，带动冶金、航空、制造业、机械电子设备的制造业的发展。俄罗斯工业结构轻重失衡，在近20年的工业发展中，主要以资源产业为核心，石油、天然气稳定地支撑着俄罗斯的第二产业，形成了以石油、天然气开采和出口为基础的经济增长模式；制造业整体在工业产值所占的比重不到50%，轻工业尤其落后。2003年，纺织服装业在制造业中只占2%的比重[①]，远远低于印度、中国和巴西。印度则在发展传统工业的同时，凭借其已有的人才储备，加快了信息产业和制药业的发展，也加速了技术外包服务的发展。改革开放以后，中国廉价劳动力成为经济发展的优势，中国劳动力成本仅为发达国家的2%—4%，从工资水平的国际比较看，大约是马来西亚的1/4，墨西哥的1/3[②]，并以此优势大量引进外资，发展加工制造业。在服务业内部结构方面，五国目前依然都是传统的消费者服务占主导，并未形成新兴的现代服务模式。

金砖国家多属外向型经济，原材料出口在出口总量中占比较高，高科技出口占比较低。2010年，俄罗斯、印度、南非出口高科技产品占制成品出口的比例不足10%，巴西为11%，均明显低于发达国家，也低于世界平均水平。情况最好的是中国，从2000年占比不足19%，低于OECD国家和世界平均水平，近些年迅速提升，中国高科技产品出口占比虽有起伏，基本保持在25%以上，比OECD国家和世界平均水平高10%左右。而巴西和南非这一比例则有所回落，巴西从19%降低到11%；南非从7%降低到4%（见图3–9）。高科技产品出口比重上升与劳动力素质的提升密切相关。这在一定程度说明，中国基础教育普及对经济的发展的作用明显。

---

① 全球纺织网. 俄罗斯纺织服装业［EB/OL］.（2003 – 12 – 9）［2012 – 10 – 19］. http：//www. tnc. com. cn/info/c – 001002 – d – 32203. html.

② 梁达. 中国劳动力仍具有较大成本优势［R/OL］.（2013 – 02 – 05）［2013 – 06 – 16］. ht-tp：//finance. people. com. cn/BIG5/n/2013/0205/c70846 – 20436607. html.

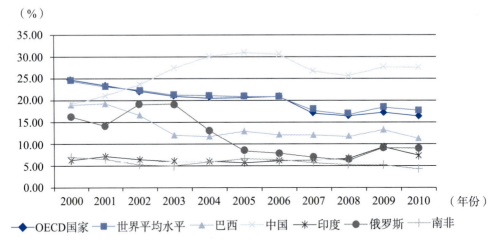

图3-9 高科技出口占制成品出口的百分比

（四）城市化后发优势依存

城市化程度通常是一个国家的经济发达程度和工业化进展的标尺。21世纪的最初10年中，世界人口的城乡结构发生了转折性改变，全世界的城市人口变得多于农村人口。在2008年，全世界城市人口比例首次多于50%，正式改变了人口城乡比的结构。从城市水平来看，金砖国家中，俄罗斯和巴西的城市化水平较高，尤其是巴西，其城市化水平超过了OECD国家的平均水平，中国和印度的农业人口所占比重加大。近20年来，金砖国家城市化进程明显加快，其中，南非于20世纪80年代末期城市化水平超过50%，经过20年发展，于2007年达到60%；中国城市化进程在经历长期缓慢发展，甚至停滞不前后，于1994年，超过30%，进而于2011年超过50%；印度城市化进程相对滞后，长期徘徊在20%左右，直到2008年才突破30%，远远低于世界平均水平（见图3-10）。

按照美国城市地理学家纳瑟姆的理论，城镇化率为30%—70%属于城市化中等水平阶段，也是城市化水平高速攀升时期。这一阶段，由于工业发展具备了吸收大批农业人口的能力，城市人口比重可能在短短的几十年内突破50%而上升到70%[①]。这意味着，金砖国家中的中国、南非和印度城市化方兴未艾，大量农村劳动力将向城市迁移。城市化加速是金砖国家面临的发展挑战之一，也意味着金砖国家工业化与城市化远未结束，后发优势依然存在。

在城市化快速发展过程中，因家庭贫困和失去土地等进入城市并苦苦挣扎是巴西和南非等国家城市化的特点。巴西于20世纪80年代中期，城市化水平突破70%，是发展中国家城市化发展速度最快，也是目前发展中国家中城市化水平最高的国家之一。根据世界银行的统计，1960年，巴西的城市化率为46%，提高到1980年的67.6%，2000年为81.2%，2011年为85%（见图3-10），就城市化水平而言，巴西超过了OECD等经济发达国家，已属于高度城市化国家，但其工业化水平和整个社会经济的发展水平却与发达国家相去甚远，由此可见，巴西城市化相对于工业化和整个社会经济发展水平而言是过度的。过度城市化同时，包括教育在内的公共政策未能及时跟进，使得贫民窟遍及巴西所有的大城市，并已发展到中等城市。大量的贫困人口集于城市中，已使巴西染上了以城市人文、生态环境恶化为特征的"城市病"[②]。金砖国家中，南非的城市化水平明显高于中国和印度，也高于世界平均水平，2011年，已达到62%。与巴西情况类似，南非的快速城市化使城郊地区涌现出大量廉价棚屋，这里往往也是流行病和性病的多发区。中国也存在一定程度"城市病"，如存在棚户区、贫富差距拉大、农民工社会保障等方面的问题。

---

① 简新华，何志扬，黄锟著，中国城镇化与特色城镇化道路［M］. 济南：山东人民出版社，2010.

② 韩俊，崔传义，赵阳. 巴西城市化过程中贫民窟问题及对我国的启示［J］. 中国发展观察，2005（6）.

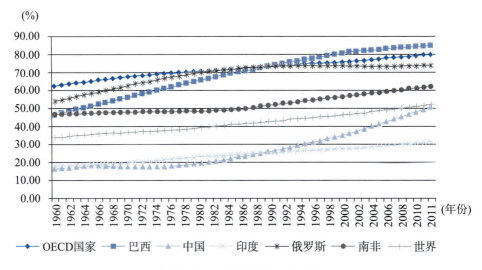

图 3 – 10   金砖国家城市化发展

（五）社会发展滞后于经济发展

金砖国家取得的成绩举世瞩目，但在经济高速增长的同时，不同收入群体间的收入差距逐渐拉大，普遍存在经济的持续增长和严重的贫富两极分化并存的现象。若以最低 10% 收入群体占有收入份额和最高 10% 收入群体占有收入份额进行比较，则会发现，金砖国家的这两个数值的差异显著。其中，差距最明显的是南非，2006 年，南非最低 10% 人口所占收入份额为 1.07%，而最高 10% 收入人口所占收入份额为 57.54%；其次是巴西，分别为 0.69 % 和 45.47%；中国为 1.79% 和 31.97%；俄罗斯为 2.68% 和 28.59%；印度为 3.75% 和 28.26%（见图 3 – 11）。

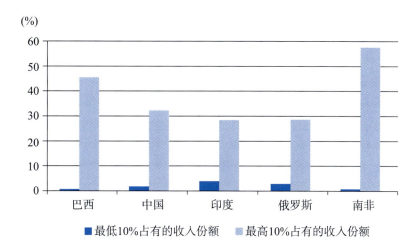

图 3 - 11　**2005 年，金砖国家不同收入群体占有的收入份额**

注：南非为 2006 年数据。

　　基尼系数一般用于收入分配问题的研究，也用于分析其他一切分配问题和均衡程度。它的值在 0 到 1 之间，0 表示无集中，完全均等；1 表示最大集中程度。一般认为，0.4 为集中程度比较严重，如果某一社会状况的基尼系数超过 0.4，则表明集中程度已经很高，即达到了非均衡状态。金砖国家中，南非基尼系数最不乐观，2009 年，这一数值为到 0.63，且未表现出下降趋势。其次为巴西，这一指数 0.55，但巴西连续 10 年基尼系数持续下降，意味着这个国家严重的贫富分化现象得到一定缓解，社会财富分配趋向合理，中低阶层的劳动收入持续得到提高[①]。中国、俄罗斯基尼系数略超 0.4，中国比有记录的 2005 年情况好转，俄罗斯也比其基尼系数最高的 2007 年明显下降。印度为 0.34，在金砖国家中，这一数值是最低的（见图 3 - 12）。

---

① 和静钧. 巴西"静悄悄崛起"令人刮目［EB/OL］.（2010 - 06 - 08）［2012 - 12 - 12］. http：//news. xinhuanet. com/2010 - 06/08/c_ 12197144_ 2. htm.

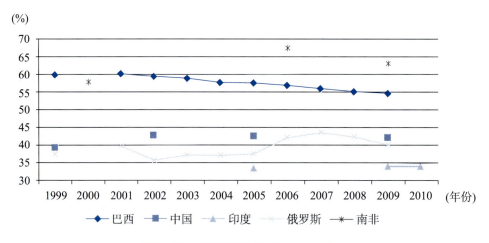

(%)

图 3 – 12　金砖国家基尼系数的发展变化

上述分析显示，金砖国家在经济大发展的同时，不同收入群体间、地区之间以及地区内部在社会福利、经济收入方面的巨大差异没有缩小，表现为经济与社会发展的"双重速度"。这种明显的差异投射在教育上，则体现为教育的非均衡性发展。在群体间，地区间收入差距有所增加的同时，对各国贫困人口占总人口的比例（按国家贫困线衡量的占人口的百分比）这一数据分析显示，经济的发展使金砖国家人口收入整体提升，贫困人口比例明显下降。其中，俄罗斯、南非、巴西降幅显著，2006 年，俄罗斯贫困人口减少到 11%，南非、巴西、印度贫困人口比例仍然在 20% 以上，其中，印度贫困人口比例最高，2010 年仍接近 30%（见图 3 – 13）。

若按每天 1.25 美元衡量贫困人口，中国贫苦人口从 2002 年的 28% 减少到 2009 年的 12%，减幅最明显；南非从 2001 年的 26%，减少到 2009年的 14%；巴西从 2001 年的 12%，减少到了 6%；印度则从 2005 年的42%，减少到 2010 年的 33%（见图 3 – 14）。印度贫困人口比例远远高于其他金砖国家，由此得出，印度在贫富差距相对较小的情况下，存在着普遍贫困现象，形成了极为典型的金字塔形社会。这一现象影响到教育则表现为基础教育普及度低，文盲率长期居高。

社会问题及教育问题直接影响人才外流。对国际迁徙者占人口的百分

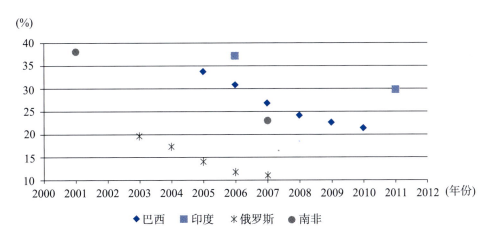

图 3 – 13 金砖国家贫困人口比例（按国家贫困线衡量）

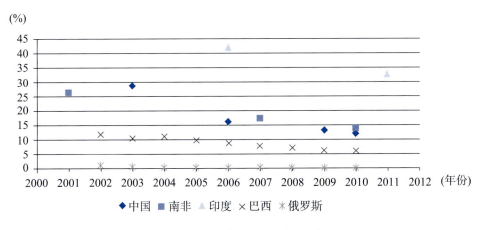

图 3 – 14 金砖国家贫困人口比例

比，即在一国出生并在其他国家居住的人数量进行分析显示，金砖国家的国际迁徙者占总人口的比重整体偏低。其中，最低的是中国，2010 年，仅占 0.05%；巴西为 0.35%，印度为 0.44%，南非为 3.37%，俄罗斯为 8.62%。同期，美国为 13.84%，澳大利亚为 21.35%（见图 3 – 15）。

金砖国家在劳动力人口接受高等教育比例明显偏低，且国际人口迁徙者比例也明显偏低的情况下，金砖国家的接受高等教育人口的移民率，即居住在非出生地经合组织国家且受过至少一年高等教育的 25 岁（含）以

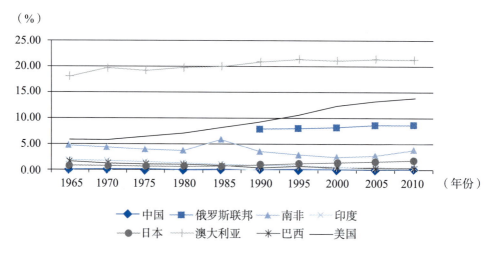

（年份）

◆中国　■俄罗斯联邦　▲南非　✕印度
●日本　＋澳大利亚　✳巴西　——美国

图 3-15　金砖国家国际迁徙者占人口的百分比

上移民群体占 25 岁（含）以上受过高等教育人口的百分比则显著偏高。其中，占比最高的是南非，1990 年，这一比例达到 12%，2000 年情况有所好转，为 7.4%，但仍为金砖国家中最高的国家。中国、印度、巴西这一比例均呈上升趋势，2000 年，印度这一比例为 4.3%，中国为 3.8%，巴西为 2%（见图 3-16）。由此可见，金砖国家的经济迅速发展的同时，其高水平人才流失也相当严重。

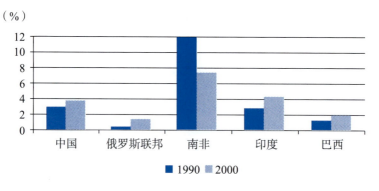

■ 1990　■ 2000

图 3-16　金砖国家接受高等教育人口的移民率

（六）金砖国家人口优势明显

人力资源的发展情况是决定一国创新能力和国际竞争力的关键要素，也是决定国家综合实力的重要因素。金砖国家都是人口规模较大的国家，2011 年，金砖国家全部人口接近 30 亿，占世界总人口的 43%。其中，中国、印度、巴西和俄罗斯人口都在 1 亿以上，均为人口大国。中国、印度作为世界上人口最多的两个国家，居第一梯队，2011 年，中国大陆、印度人口分别为 13.4 亿和 12.4 亿；巴西、俄罗斯位居第二梯队，2011 年，巴西、俄罗斯人口分别为 1.96 亿和 1.4 亿；南非居第三梯队，2009 年，南非人口达 0.5 亿，却是非洲的人口大国（见图 3-17）。人口规模与市场成长潜力大是金砖国家经济高速增长的重要动力。金砖国家中除俄罗斯有劳动力不足问题以外，其余几国均为劳动力丰富国家。

（亿）

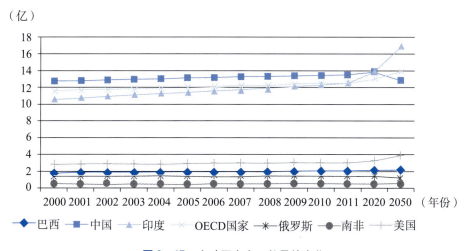

图 3-17　金砖国家人口数量的变化

当世界发达国家，尤其是欧洲一些国家的人口增长停滞，甚至萎缩时，金砖国家除俄罗斯以外的四国，尽管人口出生率都呈现下降的趋势，但人口数量仍处于稳定增长状态。其中，中国人口在未来 20 年里仍将继续增长，但人口增速明显放缓，将低于 OECD 国家和世界平均水平，仅高于俄罗斯。在 2025 年后，中国人口总量逐渐开始减少。印度将持续保持高于世界平均水平的增长速度，到 2030 年预计还将增加 2.3 亿人，而且 1/3 的人口年龄在 14 岁以下。[①] 根据印度《全国人口政策—2000 报告》称，印度每年增加人口 1550 万，到 2045 年将超过中国成为全球人口最多的国家[②]。从 2009 年以后，南非也将保持高于世界平均水平的人口增长速度。巴西的增幅下降非常大，从 2000 年年增幅 1.44%，减少到 2011 年的 0.87%。俄罗斯人口在经历从 1993 年开始连续 17 年的负增长之后，2009 年出现了零增长，并于 2010 年开始止跌回升，增速明显（见图 3 - 18）。从 2004 年以后，尽管俄罗斯出生率有所上升，是金砖国家中唯一的出生率有所上升的国家，但其人口年增长速度仍处于金砖国家中最低水平（见图 3 - 18）。

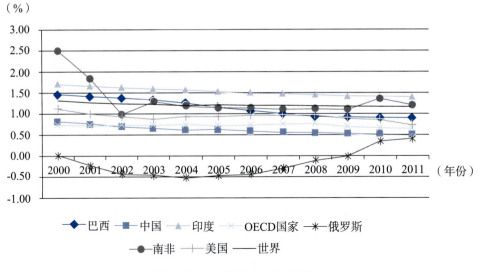

图 3 - 18　金砖国家人口年增长速度

经济发展催生了全世界意义上的老龄化。2009 年，全世界 65 岁以上人口占全世界人口的 7.5%，这意味着全世界范围内的老龄化已经出现。

---

① 杨利春. 金砖国家发展的"人口参数"[N]. 中国人口报，2012 - 04 - 09.

② 印度人口高速增长的警示 [EB/OL]. （2001 - 07 - 06）［2012 - 12 - 25］. http://www.people.com.cn/GB/guoji/20010706/505385.html.

老龄化带来了很多问题，比如老年人口需要更多的社会保障服务，老年人的消费水平下降，市场总体收缩，而且劳动力人口会减少。如何负担日益增加的高龄人口的问题成为许多发达国家将面临的一个严重的问题，在欧盟27国中，目前平均由4个劳动年龄人口负担支持1个退休人口。根据联合国及欧盟的预测，到2050年时，这个比例将降至2∶1①。其他发达国家人口老龄化问题也比较明显，如澳大利亚与美国65岁以上人口，持续维持在12%以上。与这些国家相比，金砖国家除俄罗斯以外，人口优势相对明显。

金砖国家不仅人口规模大，而且年轻，从人口的年龄构成来看，0—14岁人口所占比例高于其他国家，老年人口占总人口的比重低于发达国家，属于年轻型的人口结构，劳动力供应充裕。其中，印度人口结构尤显年轻化，0—14岁人口所占比例高于其他金砖国家，2000—2011年的10年，一直保持在30%以上；劳动适龄人口占总人口的比重逐渐上升；老年人口占总人口的比重低于巴西、中国和俄罗斯，略高于南非，其劳动力供应具有显著优势。南非和巴西的人口结构也具有年轻化的优势，其中，南非的0—14岁人口比例略低于印度，而其65岁以上人口所占比重为金砖国家中最低。巴西0—14岁人口10年间从占比30%，下降到25%，其比例低于印度和南非，但明显高于中国；其65岁以上人口比例高于南非和印度，却明显低于中国（见图3-19和图3-20）。

金砖国家中，俄罗斯人口问题严峻，65岁以上人口所占比重最高，甚至高于发达国家水平。从2008年开始，尽管俄罗斯的情况有所好转，但0—14岁人口所占比例仍最低，不仅远远低于其他金砖国家，也明显低于OECD国家以及发达国家。近年来，中国的0—14岁儿童所占比例明显下降，从2011开始甚至低于美国与澳大利亚；65岁以上人口呈现稳步增长态势，这一年龄段的人口比例明显高于巴西、印度和南非，且呈现稳定增长态势。与印度、南非、巴西相比，中国和俄罗斯人口老龄化问题相对明显，但随着中国出生率的逐渐下降，俄罗斯出生率的恢复，俄罗斯的老龄

① 欧洲经济的下一个威胁：老龄化［N］.参考消息，2013-04-28.

化问题会有所缓解（见图 3 – 19 和图 3 – 20）。

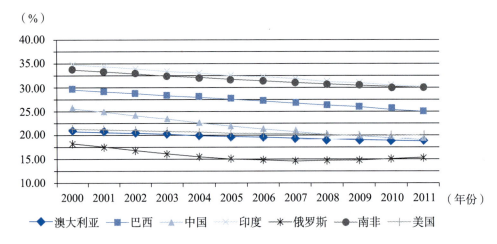

图 3 – 19　金砖国家 0—14 岁人口占人口总数的比例

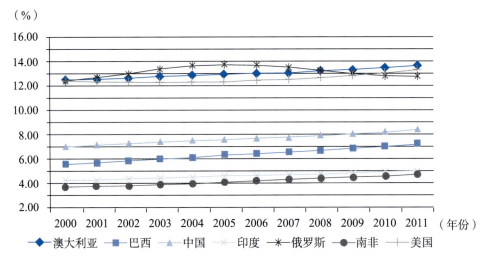

图 3 – 20　金砖国家 65 岁人口占人口总数的比例

　　1990—2012 年间人类发展指数的变化情况显示，这一期间，中国在取得快速经济增长的同时，还成功实行了令全社会普遍受惠的社会政策，尽管整体排名落后，但在减少人类发展指数差距方面的变化显著，显著程度位居世界第三位。巴西由于优先考虑改善人们能力（尤其是健康、教育和营养）方面的政府投资，其总体排名不仅位于金砖国家第二位，而且也排在减少人类发展指数差距方面前 15 位国家行列。印度 1990 年到 2012 年间平均收入增长了接近 5%，但人均收入仍然很低，2012 年约 3400 美元。而且，印度在加快人类发展方面的表现则不如经济发展那样令人印象深刻。在人类发展方面，连经济增长速度比印度慢得多的，且人均收入仅为印度一半的孟加拉国都与印度相差无几，在某些方面甚至更胜一筹（见表 3 - 2)①。

表 3 - 2　人类发展指数差距减小及人均国民收入增长排名较高的发展中国家

国家	人类发展指数			人类发展指数差距减小率		人均国民收入年平均增长率	
	1990	2012		%	排名	%	排名
		分值	位次	1990—2012		1990—2012	
中国	0.495	0.699	101	40.5	3	9.4	1
巴西	0.590	0.730	85	34.1	14	1.7	50
印度（中等）	0.410	0.554	136	24.5	45	4.7	5
南非	0.621	0.629	121	—	—	—	—
俄罗斯	0.730	0.788	55	—	—	—	—

【数据来源】UNDP. 2013 年人类发展报告：南方的崛起：多元化世界中的人类进步 ［R/OL］. ［2013 - 10 - 20］. http：//www. un. org/zh/development/hdr/2013/

二、金砖国家劳动力人口教育水平

劳动力人口泛指有劳动能力和就业要求的劳动适龄人口，国际上一般

---

① UNDP. 2013 年人类发展报告：南方的崛起：多元化世界中的人类进步 ［M］. 纽约：联合国开发计划署，2013.

把15—64岁列为劳动年龄人口，在发达国家15—64岁人口占总人口比例逐渐减少的情况下，除俄罗斯以外，金砖国家其他成员国这一比例均呈现稳步增长态势。随着劳动力人口的增长，劳动力素质对经济结构调整具有非常重要的意义（见图3–21）。主要劳动年龄人口教育层次所占比例是衡量人力资源状况的重要指标，反映了人力资源的发达程度。对金砖国家劳动力人口教育水平考察发展，金砖国家劳动力人口教育程度普遍偏低。

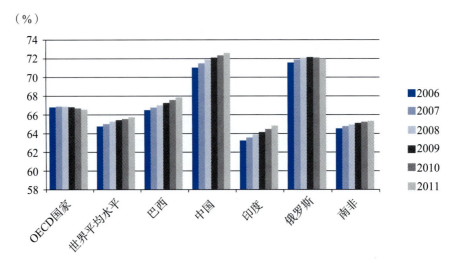

图3–21　金砖国家15—64岁劳动力人口占总人口的比例

（一）接受过高等教育劳动力人口比例明显偏低

若以接受过高等教育劳动年龄人口比例来衡量，2010年，发达国家15—64岁高等教育毕业比例为30%左右。其中，日本15—64岁人口中受过高等教育的比例为33%，澳大利亚为26%。而且，发达国家这一比例增加显著，从1990年起的20年间，日本增加了22%，澳大利亚增加了6%。金砖国家这一数值明显低于发达国家，且近10年来发展速度总体也仍然低于发达国家。据世界银行2010年数据显示，金砖国家中，除俄罗斯以外（其比例最高，接近24%），其他国家均不足10%，其中，南非为9%以上，巴西和印度分别为7%和8%，中国这一比例最低，仅为6%（见图

3－22）。南非和印度实行精英式教育，高学历人口在总人口中所占的比例虽然不高，但大学生人数和中高级科技人员的数量在发展中国家居于前列。

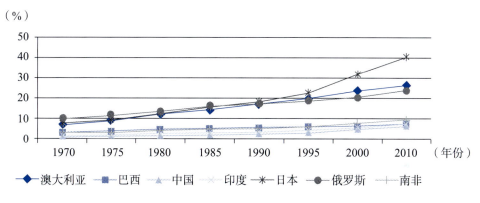

图3－22　金砖国家15—64岁劳动力人口高等教育毕业率

（二）接受过中等教育劳动年龄人口比例偏低

从20世纪80年代到90年代，发达国家在劳动力人口接受高等教育比例快速增加的同时，接受过中等教育的劳动力人口比例呈现降低趋势，日本表现尤为明显，从1990年的59%迅速下降到2010年的50%，这一阶段也是日本高等教育的快速发展时期。除俄罗斯外，金砖国家情形相反，这一人口比例呈现增长态势，近10年发展尤为迅速，除俄罗斯外，巴西、中国、印度、南非都增长了7%左右。尽管如此，金砖国家这一比例仍明显低于发达国家。2010年数据显示：在发达国家中，接受过中等教育的劳动年龄人口所占比例较高。如美国、日本、澳大利亚，15—64岁劳动年龄人口中接受过中等教育的人口比例分别占70%、50%、72%。金砖国家，俄罗斯为74%，巴西为52%、中国为65%、印度为39%、南非为46%（见图3－23）。由此可见，金砖国家正在面临普及中等教育的任务。

（三）接受过初等教育劳动力人口比例偏高

从15—64岁劳动力人口初等教育毕业人数比例来看，无论是发达国家

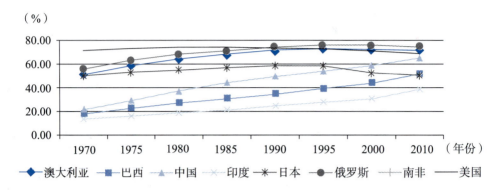

（%）

图 3 - 23　15—64 岁人口中等教育毕业率

还是金砖国家，整体处于下降状态，但金砖国家这一比例整体偏高，发达国家比例极低。2010 年的数据显示，美国为 6%，日本为 9%，澳大利亚为 1%。与发达国家相比，金砖国家这一指标下行趋势只在近 10 年表现明显，2010 年的数据显示，巴西接受过初等教育的劳动力人口为 34%，比2000 年下降近 6%；中国为 24%，比 2000 年下降 5%；南非为 36%，比10 年前下降 4%；印度则从 20 世纪 70 年代起，这一比例一直保持在 22%上下，未见明显变化。金砖国家的俄罗斯这一比例则低于日本和美国，不到 2%，且下行趋势显著（见图 3 - 24）。

（四）未接受教育劳动力人口仍占一定比例

从 15—64 岁劳动年龄人口未接受教育的人口比例来看，美国、日本、澳大利亚比例极低，日本为每万人中 6 人，美国平均每万人中有 2 人，澳大利亚每万人中不足 7 人。与此同时，金砖国家这一比例长期处于稳定下降趋势，但总体仍然远远高于发达国家，其中，巴西为 6%，中国不到4%，南非为 8%，印度这一指标最高，仍为 30% 以上（见图 3 - 25）。

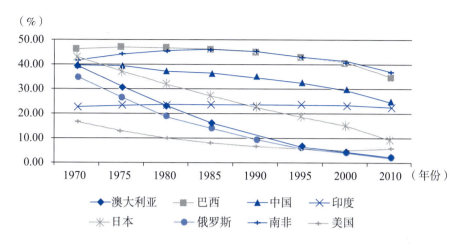

图3-24 15-64岁劳动年龄人口初等教育毕业率

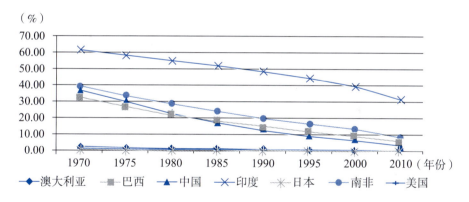

图3-25 15—64岁劳动力人口未接受教育的人口比例

从2010年15—64岁人口接受各级教育的人口比例情况看来，发达国家中，接受过高等教育和中等教育的人口所占比例较高，两者相加，澳大利亚为近99%，美国为94%，日本为91%。金砖国家中，俄罗斯为98%，超过日本和美国，此外，中国为72%，巴西为59%，印度47%，南非55%。与此同时，金砖国家初等教育人口和未接受教育人口明显偏高，两者相加，巴西为40.84%，中国为27.91%，印度为53.39%，南非为44.59%（见图3-26）。

将2000年和2010年，15—64岁劳动年龄人口受教育程度及其变化情

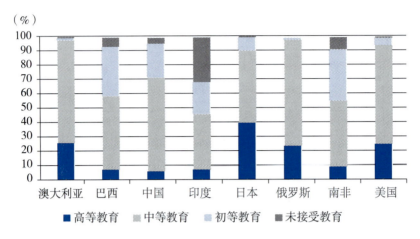

图 3 – 26　15—64 岁人口接受各级教育的人口比例

况进行分析表明，发达经济体国家受过高等教育的劳动年龄人口比例基本在 20% 以上，并呈现稳步上升态势，而金砖国家中，除俄罗斯以外，这一比例却均低于 10%；发达经济体国家受过初等教育的劳动年龄人口所占比例低于 10%，除俄罗斯以外，金砖国家这一比例高于 20%；与此同时，在发达经济体国家每百位劳动年龄人口中未受过教育者几近为零的情况下，除俄罗斯以外，金砖国家中这类劳动力人口却占一定比例，其中比例最高的印度，为 30%（见图 3 – 27）。

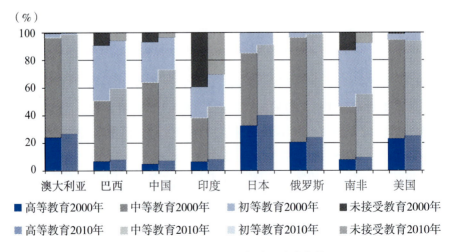

图 3 – 27　15—64 岁人口教育程度变化情况

　　就劳动力人口受教育情况来看，俄罗斯劳动力人口受教育情况基本与发达国家在同一水平，但近些年，发展速度不及发达国家。中国居第二。印度为金砖国家中劳动力人口受教育情况最为严峻的，其次为南非和巴西。

（五）15 岁以上人口平均受教育年限较低

　　从 15 岁以上人口平均受教育年限来看，2010 年，发达国家中，美国平均受教育年限为 13.1 年，日本为 11.6 年，澳大利亚为 12.1 年。金砖国家中，俄罗斯为 11.5 年，巴西为 7.5 年，中国为 8.2 年，南非为 8.6 年，印度最低，仅为 5.13 年。金砖国家这一指标同发达国家相比，差距仍很大（见图 3 - 28）。但应当看到，近 10 年来，金砖国家人均受教育年限增长迅速。其中，增速最快的是巴西和中国，10 年间，增加了 1 年以上，印度和南非也增长了接近 1 年（见图 3 - 29）。

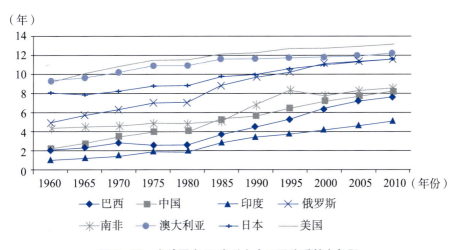

（年）

图 3 - 28　金砖国家 15 岁以上人口平均受教育年限

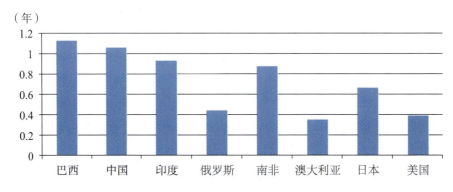

（年）

图 3 – 29　2000—2010 年金砖国家人均受教育年限增幅

（六）金砖国家成人文盲率居高

高文盲率是困扰金砖国家的主要问题之一。早在 1993 年 10 月，联合国教科文组织大会通过了将九个文盲率最高、人口最多的发展中国家，包括巴西、中国、印度列为教科文组织特别优先对象的决议，认为这九个国家在实现全民教育方面取得的进展将使整个国际社会更接近实现宗迪恩全民教育的目标。1993 年 12 月 12 日至 16 日，"九个人口大国全民教育高峰会议"在印度首都新德里召开，期间各国分别制定了各自的全民教育目标，还通过了九国政府对实现全民教育的决心与庄严承诺——《新德里宣言》。此后，教科文组织于 1995 年、1997 年、2000 年又分别召开了三次九国教育部长级会议。

尽管已经付出了很大的努力，金砖国家在扫除成人文盲方面仍然任重道远。迄今为止，世界成人文盲主要集中在 10 个国家，10 国的成人文盲人口占到全球成人文盲总数的 72%，金砖国家的中国、巴西、印度均榜上有名（见图 3 – 30）。印度的识字率虽不断攀升，但仍无法防止成人文盲人数，文盲人口最多，文盲率比较高。据 1985 年印度政府公布的资料，在 1951—1981 年间，小学入学人数的年平均增长率仅为 2.5%，同期高等教育的入学人数年平均增长率高达 9.7%[1]。印度过分重视高等教育而轻视初

---

[1] 曾向东. 印度现代高等教育 [M]. 成都：四川大学出版社，1987：301.

等教育使印度6—14岁儿童只有25%完成初等教育，成为印度文盲过多的一个原因。中国在普及成人扫盲方面始终保持强劲的发展势头，中国文盲人数位居世界第二。巴西从2000—2007年将成人文盲人口减少了280万，但仍然是文盲率最高的国家。根据联合国教科文组织公布的"2006年度全球教育推广调查报告"，在教育质量的排名中，巴西居121个国家中的第71位。巴西尚有文盲1600万人，按照联合国的要求巴西在2015年之前将文盲减少50%。文盲过多，教育发展落后成为阻碍巴西、印度、南非迈向现代化过程中的一个重大问题。

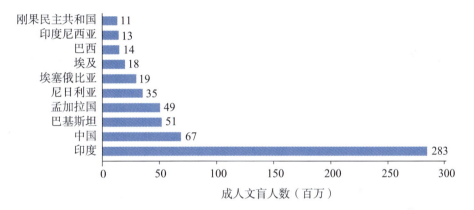

图3-30　2005—2008年，成人文盲生活的主要国家

【数据来源】全民教育全球监测报告2011：潜在危机——武装冲突与教育［M］．巴黎：联合国教科文组织，2011：66.

　　在信息化时代，基于互联网普及，在使用互联网和不使用互联网的人之间存在着"数字鸿沟"，是否使用互联网可以成为社会分层的新维度。联合国开发计划署观察到："网络社会创造着平行的通信系统：一方面，为那些高收入、高教育（字面上的）、高连接性的人提供低成本、高速度的丰富信息；第二方面，那些缺乏连接，被时间、成本、不确定性等门槛因素孤立起来的人只能得到过时的信息。这两个体系中的人们并行生活、相互竞争，显然连接性的优势是无比巨大的。那些早已处于贫困中的人们的问题（低收入、低教育、公共制度的低参与性）更加被人忽视和排斥。"① 互联网的使用在一定程度会使得有知识的人更有知识，知识仍欠缺的人更加欠缺。每百人中互联网使用人数这一指标不仅仅体现一国信息技术和信息产业的发展水平，也体现了国民的教育程度。对这一指标的考察更加凸显出了金砖国家与发达国家在人口教育水平方面的差距。发达国家每百人中互联网使用者人数基本都在70%以上，如美国为78.2%，日本为78.7%，澳大利亚为78.9%，OECD国家为70.6%。金砖国家中，这一比例最高的俄罗斯，也仅为49.3%，其他国家则远远滞后，巴西为45%，中国为38.4%，南非为近21%（见图3－31）。信息技术快速发展的印度，其互联网使用率仅为10.1%，可见科技的发展并未惠及印度大多数人口。但是，应该承认，最近10年，随着经济的快速发展，金砖国家互联网用户快速上升。在Facebook用户最多的五个国家中，巴西和印度榜上有名。

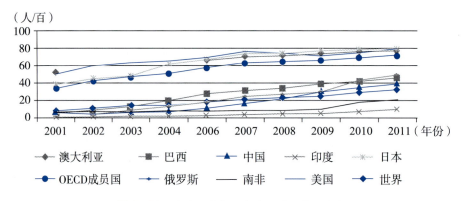

图 3 - 31　金砖国家每百人中互联网使用人数

---

① 汪明峰. 互联网使用与中国城市化——"数字鸿沟"的空间层面［J］. 社会学研究，2005（6）.

三、金砖国家教育发展现状

教育是社会经济发展最为重要和积极的促进因素，这已成为共识，当今世界，教育发展和人力资源开发及国家社会经济可持续发展密切相关。金砖国家正处在发展的关键时期，客观认识其教育发展的现状及问题，将促进其通过提升人力资源实现可持续发展。

（一）教育投入的发展变化

教育投入，是指一个国家或地区，根据教育事业发展的需要，投入教育领域中的人力、物力和财力的总和，一般以公共教育支出占 GDP 的比例来考察。大多数国家教育占公共支出总额的比重呈现递增状态。这一方面是随着国家经济和社会的发展，对各种专门人才和熟练劳动者的需求越来越多，对国民文化水平的要求越来越高，从而要求教育事业与之相适应；另一方面，国民收入总量和人均国民收入量也不断增加，可能承担日益增长的教育投入。

1. 教育投入大幅提升，但总体仍然偏低

根据公共教育支出占 GDP 的比例，世界各国教育投入大体可以分为高投入国家、中等投入国家、低投入国家三种情况。高投入国家的典型代表是北欧国家，如丹麦、冰岛、挪威、瑞典等国公共教育投入居世界前列，大约占 GDP 的 6% 以上；中等投入国家，公共教育投入占 GDP 的比例一般在 4%—6% 之间，如英国、德国、澳大利亚、韩国等国家；低投入国家公共教育支出占 GDP 的比例一般在 4% 以下。

近些年来，随着经济快速增长，及人均收入增加，金砖国家教育投入大幅增加，如印度尼西亚、中国等国家。其中，南非教育投入最高，2009 年和 2010 年已经在 6% 以上，属于高公共教育投入国家；巴西教育投入为 4.8% 左右，属于中等投入国家；俄罗斯波动较大，除 2009 年外，其他年份的教育投入为 4%，或低于 4%，2010 年甚至不到 3%。按照世界银行的标准，中等

偏上收入水平国家的公共教育支出占 GDP 的比例为 4.59%。中国 2010 年人均国内生产总值达到 4400 美元，已经进入中等收入偏上国家的行列，但公共教育支出并未达到中等偏上国家的水平，2012 年有望实现教育支出占 GDP 的比例 4% 的突破，仍然低于世界平均水平（见表 3 – 3）。

世界银行的数据显示，从教育占公共投入的比例来看，2006 年以后，巴西这一比例一直维持在 16%，南非为近 10%，且稳定上升。与此同时，受金融危机影响，2005—2009 年，OECD 国家教育公共支出在总公共支出中所占比例停留在平均 13% 的水平。在此期间，32 个国家中有 19 个的投入下降[①]。金砖国家中的巴西的这一比例超过了大多数经合组织成员国。

表 3 – 3　金砖国家教育投入占 GDP 的比重

	2000	2001	2002	2003	2004	2005	2006	2007	2008	2009	2010
澳大利亚	4.73	4.87	4.95	5	4.89	4.95	4.91	4.7	4.65	5.16	5.84
巴西	3.92	3.96	3.73	4.6	4.5	4.5	4.92	4.41	4.7	4.85	4.97
中国	2.78	3.01	3.15	2.67	2.42	2.43	2.21	2.68	2.87	3.07	3.13
印度	4.29	3.81	3.78	3.51	3.26	3.18	2.79	2.71	2.96	3.22	3.32
日本	3.66	4.09	4.05	4	3.94	4.07	3.87	3.94	3.42	3.73	3.58
俄罗斯	2.93	3.02	3.79	3.65	3.45	3.71	3.85	4.04	4.02	4.79	2.8
南非	5.8	5.77	5.53	5.78	5.83	6.6	4.57	5.24	5.8	6.37	6.28
美国	7.5	7.74	6.21	6.14	6.19	6.09	6.11	6.2	6.48	6.73	

【数据来源】 IMD. Strategic Finance ［EB/OL］. ［2013 – 06 – 16］. http：//www.imd.org/business-school/sf/executive-education-finance.html.

2. 生均教育投入偏低，高等教育投入偏高

金砖国家在 GDP 及人均 GDP 快速增长阶段，其生均教育支出占人均 GDP 比重却并不乐观。从各级教育生均公共教育支出占人均 GDP 比重这一指标来考察，金砖国家这一比例整体偏低。其中，巴西近些年增长明显，从 2000 年的 13%，增长到 2009 年的 20%；俄罗斯这一比例呈小幅增长，

---

① 　中国教育科学研究院. OECD 教育概览 2012 ［M］. 北京：教育科学出版社，2012：285.

2008 年为近 20%；印度则从 2000 年的接近 22% 减少到 2006 年的不足 15%。同一时期，发达经济体中，日本这一比例平稳增长，2010 年达到 23%；美国基本稳定在 21%—22% 之间（见图 3 – 32）。

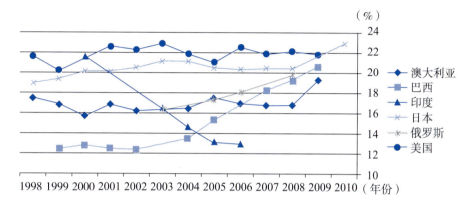

图 3 – 32   各级教育生均公共教育支出占人均 GDP 比重

金砖国家初等教育阶段生均教育支出占人均 GDP 比重偏低。2002 年以后，巴西这一比例增速明显，从不到 10% 迅速增长到 2009 年的 20% 以上；印度这一指标呈现显著下行趋势，从 2000 年的占 15%，迅速下降到 2006 年的不足 9%；2009 年，南非这一指标为 15%。同年，澳大利亚为 20%，美国为 22%（见图 3 – 33）。

从中等教育生均投入占人均 GDP 比例来看，金砖国家中，印度这一比例显著下降，从 2000 年的近 26% 明显下降至 2006 年的不到 16%；南非从 2000 年开始，这一比例基本在 17% 左右，中间呈现波动状态，2010 年陡升至近 20%；巴西这一比例提升显著，从 2000 年的 10%，升至 2009 年的 21%。发达经济体中，日本和美国这一指标基本保持稳定状态，日本基本为 22%，美国为 24%（见图 3 – 34）。

3. 高等教育的支出在教育经费中占比偏高

从高等教育阶段生均公共教育支出占人均 GDP 的比重来看，各国都基本呈现出下行趋势。其中，印度这一比例从 2000 年的接近 99%，降低到 2006 年的不足 56%；巴西则从 2000 年的 56%，降低到 2009 年的 29%；俄罗斯保持在 11%—12% 之间，2012 年略有提升，为 14%。尽管降幅明

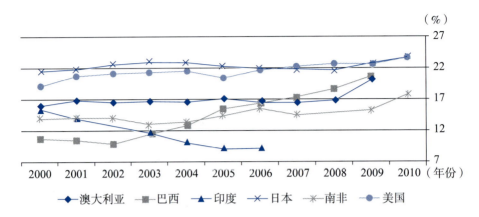

图 3 – 33　初等教育生均公共教育支出占人均 GDP 比重

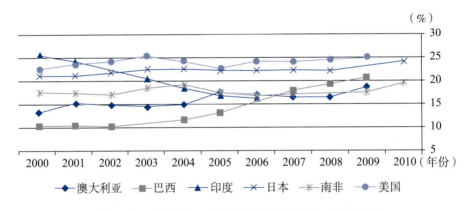

图 3 – 34　中等教育生均公共教育支出占人均 GDP 比重

显，但印度和巴西这一比例仍远远高于其他国家，由此可见，巴西和印度对高等教育的重视程度。近些年来，澳大利亚、日本这一比例基本保持在20% 左右（见图 3 –35）。

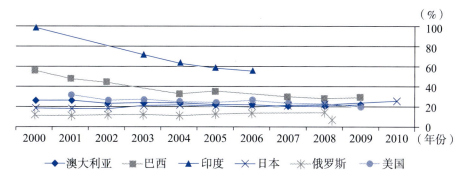

图 3 – 35　高等教育生均公共教育支出占人均 GDP 比重

（二）各级各类教育发展变化

1. 学前教育毛入学率增长迅速，覆盖率总体偏低

2000—2010 年，世界各国学前教育毛入学率均呈增长态势，相比其他国家，金砖国家学前教育毛入学率增速明显，与 2000 年相比，2010 年，南非增长 33%，年均增长 3.3%；印度增长了 31%，年均增长 3.1%；中国增长了 16%，年均增长近 1.6%。发达经济体中，OECD 国家学前教育毛入园率保持较高的水平，2010 年这一比例为近 82%，日本为 88%。同年，中国为 54%，印度为 55%。2009 年，南非为 65%，俄罗斯这一比例为近 90%。2005 年，巴西全国学前教育毛入学率约 69.2%。金砖国家面临提升学前教育覆盖率的任务（见图 3 – 36）。

2. 初等教育稳定迅速，总体不平衡

我们以小学总净入学率，即符合小学官方入学年龄的已入学儿童与该学龄儿童总数的比率来考察小学教育普及情况。2007—2008 学年，小学净入学率的世界平均水平为 89%，与 1999—2000 学年相比，提高了近 6%。OECD 国家保持着较高的水平，在 97% 左右，日本保持在近 100% 的水平。金砖国家保持着良好的发展势头，10 年间，印度这一指标提高了近 13%，平均每年以 1.3% 的增速发展，2000—2001 学年为 79%，2007—2008 学年已达到 92%，取得巨大进步。巴西 2004—2005 学年达到 94%；俄罗斯 2008—2009 学年为 93%；中国小学净入学率一直稳定在 98% 以上，

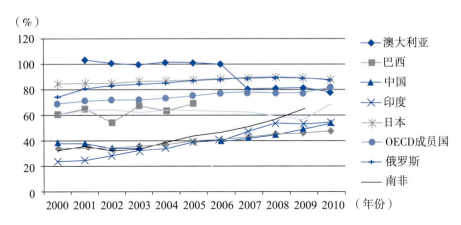

（%）

图例：
◆ 澳大利亚
▪ 巴西
▲ 中国
✕ 印度
✳ 日本
● OECD成员国
✛ 俄罗斯
— 南非

图 3 – 36 金砖国家学前毛入园率

2008—2009 学年达到 99.5%，比世界平均水平高出了 15 个百分点，达到发达国家水平（见图 3 – 37）。

南非情况有所倒退，尽管南非已经结束种族隔离，但种族隔离遗留的影响仍旧深刻，教育发展很不均衡，教学资源严重不足，学生留级和辍学率高。自 1996 年起，南非开始实施九年制义务教育，规定所有 7—15 岁的儿童必须进入学校学习。为使更多的孩子上得起学，南非政府逐步增加了提供免费教育学校的数量，但南非义务教育至今也没有完全实行学费全免。根据南非教育部门 2010 年 5 月发表的年度报告，2010 年有 60% 以上的学校实现了免费教育①，尚有 24% 的学校收取学费。加上课本费、交通费、校服费、考试费等学杂费对贫困家庭来说，仍然是较大的经济负担，从而使得南非小学净入学率不仅没有上升，甚至有所下降，10 年间，这一指标下降了近 5%。

在小学入学率有所提升的同时，金砖国家中个别国家的复读生比例仍然较高，其中，巴西的小学复读生比例虽然下降显著，但仍然占有很大比例，接近小学生总数的 20%，南非小学复读生比例时高时低，最近的统计显示，2004 年这一比例为 7% 以上（见图 3 – 38）。巴西的中学复读生比例

---

① 裴广江. 南非振兴教育：改变低识字率造成经济损失现状 [J]. 人民日报，2010 – 09 – 15.

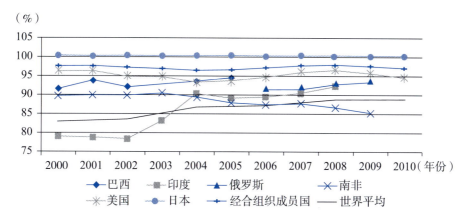

图 3 - 37 部分国家小学净入学率

也是最高的，甚至还略有上升，2006 年超过 21%，南非在 14% 以上，印度持续保持在 5% 左右，一直居高不下。此外，金砖国家的辍学率也较高，巴西每年约有 7% 的小学生辍学，将近 8% 的中学生辍学（见图3 - 39）。

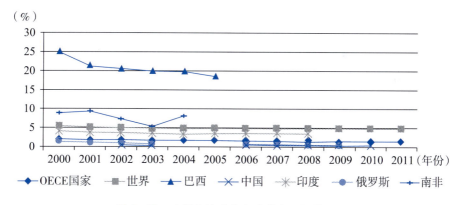

图 3 - 38 小学复读生占入学学生总数的比例

3. 中等教育快速发展，高中阶段明显滞后于发达国家

2008—2009 学年度，世界初中阶段教育毛入学率平均为 80%，多数 OECD 国家初中毛入学率在 100% 以上，日本、美国、澳大利亚均在 100% 以上。近 10 年来，金砖国家这一指标提升显著。10 年间，中国提高了 8% 以上，每年都以 0.8% 的增速发展；印度提高了 20%，每年增速达 2%，

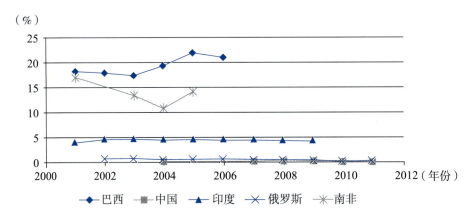

图 3-39　中学复读生占入学学生总数的比例

但仍低于世界平均水平；南非这一指标轻微波动，均值为 97%；俄罗斯轻度回落，下降不到 3%。

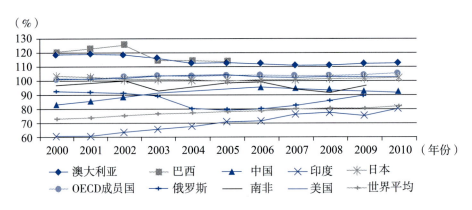

图 3-40　金砖国家初中教育毛入学率

2008—2009 学年度，高中阶段教育毛入学率，世界平均为 57.5%，OECD 国家平均达到近 91%。日本保持在 100% 以上；美国近些年在 90% 上下波动。金砖国家中，中国为 71%，比世界平均水平高出 11 个百分点。10 年间，中国这一指标的年均增长速度接近 1.2%，并于 2006 年开始超过世界平均水平，但总体情况仍低于巴西，南非，仅好于印度。印度这一指标增速最为瞩目，与 1999—2000 学年度相比，2008—2009 学年度提高了

33%，年均增长率为 3.3%，但仍然低于世界平均水平。南非增速也颇为明显，10 年增长了 10%。俄罗斯这一指标回落了近 11%；从已有年度指标看来，金砖国家中，巴西这一指标最高，在 2004 年和 2005 年就已超过了 95%。分析显示，中国已意识到高中普及度明显偏低，从 2002 年开始，着力普及高中阶段教育，并有所成效。

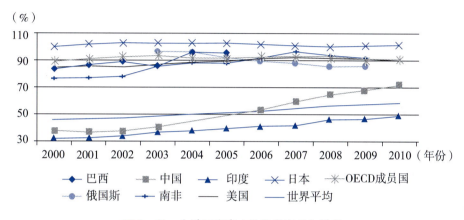

图 3-41　金砖国家高中阶段教育毛入学率

4. 高等教育快速发展，开始进入到大众化阶段

高等教育毛入学率反映一个国家提供高等教育机会的整体水平。近 10 年来，与其他教育层次相比，高等教育毛入学率是普遍增长并且变化明显的指标。2009—2010 学年度，世界高等教育平均毛入学率为 29%，比 10 年前增长了 10%。金砖国家中，俄罗斯增速最为明显，在其他各级教育毛入学率均显下降的情况下，与 1999—2000 学年度相比，2009—2010 学年度这一指标增长了 20%。除俄罗斯以外，其他金砖国家的高等教育发展远远低于发达国家，其中，中国和印度高等教育的发展仍低于世界平均水平。

在巴西、中国高等教育步入大众化阶段的时候，发达经济体国家也在提高高等教育的供给能力。10 年来，美国高等教育毛入学率平均每年以 2.6% 的增速发展，为世界增速最快的国家，2009—2010 学年度美国高等教育毛入学率已近 95%；OECD 国家也以年均增速 1.5% 的速度快速发展，

2009—2010 学年度达到 67%；日本年均增速为 1.1%，几近 60%；澳大利亚这一指标也达到近 80%，年均增速为 1.5%。美国等发达经济体国家高等教育毛入学率超过了 50%，纷纷从大众化阶段进入到普及化阶段。

尽管总体水平不高，但发展速度仍值得肯定。中国的增速较为明显，10 年间增长了 16%，从 1999—2000 学年度的不到 8% 增加到 2009—2010 学年度的近 26%，进入高等教育大众化阶段，并于 2005 年前后，高等教育规模超过了美国，居于世界第一；印度增长了 10%，达到 18%。20 世纪 90 年代以来，巴西政府非常重视高等教育。已有统计数据显示，巴西从 2000 年到 2005 年，这一指标平均每年提高 2%，在 2004 – 2005 学年度，已近 26%，实现了由精英高等教育向大众化高等教育的转型①。

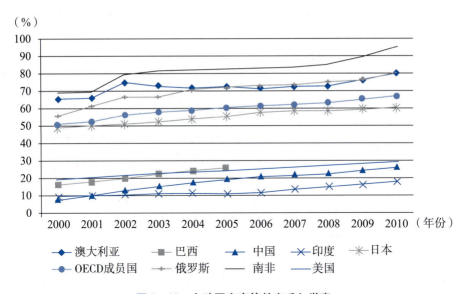

图 3 – 42　金砖国家高等教育毛入学率

金砖国家高等教育的发展与其对高等教育重视程度密切相关。印度早在 1991 年开始实施经济改革的同时，就大力推行以教育为驱动的经济增长方式。为此，印度进行了教育改革，重点发展高等教育。印度高等教育虽然整体偏低，但印度着重投资于世界级高等理工科教育，在 20 世纪 90 年

---

① 杨明，谢卿．论巴西高等教育财政的改革［J］．教育与经济，2003（4）：58.

代的改革后，其投资得到了回报。印度的高等教育系统为国家培养出了仅次于美国的世界第二大能够熟练使用英语的专门人才队伍和长期位列世界前三名的工程技术人员队伍。印度在独立后用40年左右的时间就把印度理工学院建成了世界一流大学，其软件业发展及人才培养取得了举世瞩目的成就，在新兴信息技术产业利用其储备的大量人力资源，使得印度成为发达国家的首选软件外包地。2011年，印度在全球软件外包市场的份额达到58%，高于2010年的55%①。印度的汽车、化工和服务业也在充满活力地参与全球市场。

（三）失学儿童数量居世界前位

据联合国教科文组织的数据统计，在《达喀尔行动纲领》通过以后，世界失学儿童的人数从《纲领》通过之时的约1.06亿减少到2008年的6700万。当前，几乎一半的失学儿童生活在15个国家。其中，金砖国家成员的印度、巴西、南非都位列15国之内（见图3-43）。印度尽管失学儿童数量仍然很高，位居世界第三，占世界失学儿童总数的5.6%。但从2000年到2008年印度小学失学儿童减少了近90%，从2亿减少到230万人，成绩非常显著。2000年到2005年，巴西失学儿童减少了41%。尽管南非的失学儿童占世界失学儿童比例仅为0.7%，但2000—2009年，南非失学儿童不但没有减少，反而增加了60%（见图3-44），这说明南非义务教育情况严峻。

---

① 印度服务外包业国际化特色鲜明 [EB/OL]. (2013-05-22) [2013-06-16]. http://finance. china. com. cn/roll/20130522/1489888. shtml.

图 3 - 43　2008 年世界失学儿童国家分布

【数据来源】联合国教科文组织. 全民教育全球监测报告 2011：潜在危机——武装冲突与教育
[M]. 巴黎：联合国教科文组织，2011.

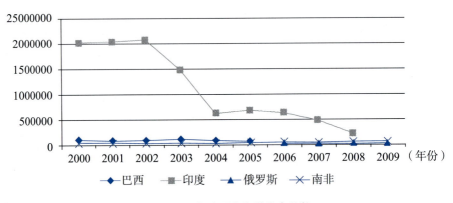

图 3 - 44　金砖国家失学儿童总数

从小学最高年级持续就学率来看，金砖国家中，情况最好的是俄罗斯，其比例低于日本，但高于美国，2008 年为 96% 以上；巴西从 2002 年开始连续下降，从 80% 降至 75%；印度 2005 年为近 66%，比 2000 年增长近6%；南非从2001年到2003年持续减少了近3%。可见，在小学净入学率有所提升的同时，巴西和南非小学最高年级持续就学率则并不乐观，由此决定了复读率和辍学率的上升（见图3-45）。

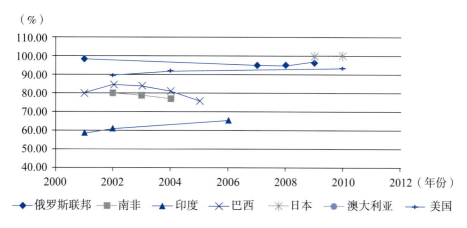

图3-45　小学最高年级持续就学率

南非失学率居高不下有其深刻的社会原因，如贫困、失去父母、艾滋病等，很多学生处于失学边缘。据统计，南非有7%的儿童总是或经常处于饥饿状态；超过17%儿童有时处于饥饿状态。学生缺课、留级、少女怀孕、校园暴力、性骚扰等现象时有发生。此外，南非有520万艾滋病感染者，15—24岁女童和妇女是高危人群，这个群体的感染率在2008年达到27.6%。一些儿童由于父母感染艾滋病而成为孤儿。艾滋病影响了教师健康状况，是造成教师流失的重要因素之一。据统计，南非12.7%教师为艾滋病阳性者，2004年，死于艾滋病的教师占教师总数的1.1%。贫困、饥饿、疾病严重制约着南非教育的发展，加之政府还不能做到为所有适龄儿童提供免费教育，在南非所有小学一年级学生中，只有30%能继续读书获得中学毕业证书，只有5%能进一步接受高等教育①。

---

①　裴广江. 南非振兴教育：改变低识字率造成经济损失现状［J］. 人民日报，2010-09-15.

（四）教育公平面临挑战

基尼系数也可用于分析教育资源分配问题和均衡程度，当前，世界银行根据平均受教育年限得出了衡量各国教育不平等程度的教育基尼系数，该系数被国际上作为衡量教育公平程度的测度指标来使用，已开始应用于跨国比较分析。在对世界银行所作教育基尼系数统计看来，金砖国家的教育基尼系数整体并不令人乐观。

在金砖国家中，俄罗斯受教育年限最高，远远超出其他金砖国家，其教育公平程度也是最高；巴西平均受教育年限较高，但是教育不公平程度比较严重，其教育基尼系数已经接近0.4；中国教育基尼系数为0.37，远远好于印度，稍好于巴西；印度平均受教育年限低于俄罗斯、巴西、中国，印度教育公平程度同样也大大低于上述三国，教育基尼系数为0.56，远远超过0.4的界限；南非情况最不乐观，其平均受教育年限以及教育公平程度均为五国中最低的，其人口平均受教育年限不足2年，教育基尼系数接近0.8，教育公平问题最为严峻（见表3－4）。由此可见，收入分配不均依然随着经济增长存在于金砖国家社会中，并在教育领域产生极为负面影响。南非、印度极低的受教育年限和教育显著不公平是制约社会经济发展的重要因素。

表3－4　金砖国家教育基尼系数

国家	平均受教育年限	教育基尼系数
巴西	8.38	0.39
中国	6.54	0.37
印度	5.03	0.56
俄罗斯	13.70	0.14
南非	1.95	0.79

（五）教育吸引力不足

高等教育学生流入率是指单一年度国际学生人数占一国高等教育入学

总人数的比例，这一指标既体现一国高等教育的国际化水平、对国际学生的容纳力，更体现一国高等教育的吸引力，进而体现一国教育整体的吸引力。从高等教育阶段学生流入率情况看，金砖国家教育国际化程度较低，表现最好的俄罗斯，每100名大学生中，外国留学生人数平均仅为1人，印度为0，中国也仅有0.2人（见图3－46）。

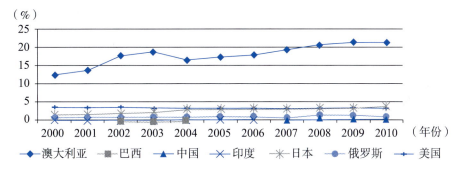

图3－46　高等教育流入率

金砖国家高等教育阶段学生流入率偏低的同时，高等教育的流出率偏高，其中，中国高等教育流出率居首，从2000年到2010年，中国每百名大学生流出率平均为1.84%，远远高于其他国家，印度将近1%，巴西为0.48%，俄罗斯为0.45%，而美国为0.29%（见图3－47）。由于金砖国家人口基数大，从高等教育学生流出人数来看，更是遥遥领先于其他国家，其中，中国和印度国际学生流出数分别居世界第一和第二（见图3－48）。

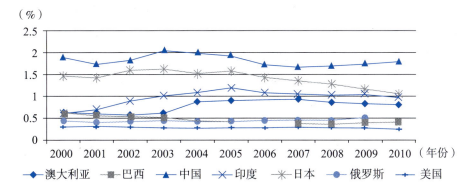

图3－47　高等教育流出率

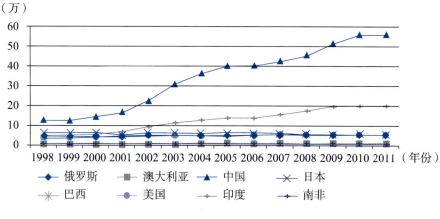

（万）

图 3 - 48　高等教育阶段学生流出数

（六）教育发展失衡

由于历史及经济社会发展的原因，教育发展失衡问题普遍存在于金砖国家，首先表现为不同层次教育发展比例失衡。高等教育在金砖国家仍然是少数人的特权，高等教育投入比例偏高是金砖国家教育投资的共同特点。在资金紧缺的情况下，高等教育的过度投入挤压了基础教育的发展空间，劳动力人口受教育水平普遍偏低制约着金砖国家经济的转型和可持续发展。

印度高等教育与初等教育之间的发展比例严重失调。据1985年印度政府公布的资料，在1951—1981年间，小学入学人数的年平均增长率仅为2.5%，同期高等教育的入学人数年平均增长率高达9.7%。而且，从第二个五年计划开始，印度初等教育的经费一直维持在国家教育经费总量的33%左右，1966—1969年期间降到24%，而同期的高等普通教育和高等技术教育的经费比例占国家教育总经费的49%。印度过分重视高等教育而轻视初等教育使印度6—14岁儿童初等教育的完成长期偏低，成为导致印度文盲过多的一个原因。一方面相当大一批成年人（大多数是老年人）没有接受过教育，另一方面，高等教育快速发展，输出一批接受过良好高等教育的青年劳动力①。

金砖国家教育的不平衡还表现在群体间的不平衡。由于经济落后，传统习俗、观念的影响，印度种姓和部落的受教育机会很有限，辍学率极高。教育的层次和水平越高，种姓和部落学生所占的比例就越少。此外，印度初等教育中女童教育存在的最大问题是：女童入学率低，辍学率高，女童教育远远落后于男童教育的发展水平。近年来，基础教育人口数量以及接受过良好教育的人口数量显著提高（印度近期经济增长的关键原因），但是，没有接受过教育成年人口比例的下降速度却较为缓慢。一部分是因为教育程度较低，特别是妇女教育水平不高②。

拉美是世界上两极分化较为严重的地区之一，巴西则是联合国统计的174个国家中收入最为集中的国家之一。巴西的经济中心在南部，特别是东南部，而北部特别是东北部是该国经济最落后的农村地区。尽管已成为世界第八大经济体，但严重的收入分配不均依然伴随着经济增长存在于巴西社会中，并影响到教育。巴西教育经费从中央到地方的比例相当不均，城乡间差距极大。经济发达的东南部地区生均经费的总体水平要比经济落后的东北部地区高出4—5倍。占全国将近1/3的市立小学经费极度缺乏，将近2/3的州立小学经费相当缺乏。另外，巴西高等教育长期占用大量的教育投入，尽管近年来比例有所下降，2000年，高等教育投入仍占教育投入的56%。

南非政府用在教育上的投资位列非洲第一，也位列金砖国家第一，南非法律规定，适龄儿童必须要接受教育。而南非的义务教育中，只要是南非公民就可以到公立学校读书，公立学校的学生基本上都是国家补贴，但教育质量较差。而私立学校学费贵，教学质量好。有钱的白人的孩子都在私立学校就读。公立和私立学校的教育条件、师资及教育质量的差距悬殊。

---

① 易红郡，王晨曦．印度高等教育发展中的问题、对策及启示［M］．清华大学教育研究，2002（5）．

② UNDP．2013年人类发展报告：南方的崛起：多元化世界中的人类进步［EB/OL］．［2013 -06 -16］．http：//www．un．org/zh/development/hdr/2013/

四、金砖国家促进教育发展的主要举措

金砖国家经济增长率高于发达国家，其快速增长的主要动力源于要素投入，暴露出经济的脆弱性和低可持续性，增长模式和质量堪忧。俄罗斯经济发展模式在国际要素价格持续攀升的过程中，在参与全球产生价值链分工中具有明显的比较优势，也的确为俄罗斯带来了持续快速的经济增长，但同时也隐藏着不利于长期发展的结构性风险，"经济原料化和对外依赖趋势加重，这两种趋势还导致经济改革（产业结构调整和制度变革）的拖延以及投资增长乏力等后果"[①]；巴西经济过度依赖于矿产品出口，在其现代化进程中先后执行了初级产品出口型发展战略、内向型进口替代工业化发展战略、外向型进口替代工业化发展战略和新自由主义出口导向型发展战略，效果时好时坏；中国经济的高速增长，主要是由投资和出口驱动的，沿着"投资—生产—出口—再投资"的轨迹运行，出口依赖明显。由此可见，金砖国家的经济快速发展对资源依赖明显，科技创新能力不足。调整发展战略思路和产业结构，变短期高增长为长期持续增长是金砖国家必须面对的挑战。

对社会经济发展以及与教育发展变化的分析说明，教育为新兴经济体经济的快速发展提供了强有力的支持，这在金砖国家中也得到印证。印度理工学院培养了大批科学家、技术专家和企业管理人才，为印度信息技术发展储备了庞大后备军，这是印度在空间技术、卫星通信、计算机软件和其他领域取得瞩目成绩的原因所在，也为提升印度的创新能力，进而提升印度的国家竞争力创造了条件。在 2012—2013 年度《全球竞争力排名》中，中国竞争力在金砖国家中排名最高（第 29 名），比排名第二的巴西（第 48 名）领先 20 名，其中中国健康与基础教育和高等教育入学率为提升国家竞争力的重要因素。俄罗斯的教育长期以来都是国家竞争力的重要

---

① 曲文轶. 俄罗斯经济增长模式探析 [J]. 俄罗斯中亚东欧研究，2006（03）：38 – 44.

支持，其大量接受过高等教育的人力资源，以及仅次于美国的位居世界第二的研发人员是俄罗斯渡过各种政治经济危机的重要支撑。

金砖国家经济在享用教育发展带来的"红利"的同时，也因教育问题而受到困扰。居高不下的文盲率、劳动力人口受教育水平不足对社会经济的发展产生了负面影响，南非斯泰伦布什大学的最新研究结果显示，南非民众的低识字率每年给国家造成5500亿兰特（约合770亿美元）的经济损失，如果南非的教育真正达到中等收入国家的水平，其国内生产总值将比目前高23%—30%①。在南非，大量的青少年辍学导致暴力、犯罪等不安定因素的存在，从而严重影响南非国家竞争力环境。巴西《圣保罗周报》援引世界银行发表的题为"危机状况下的巴西青少年"的调查报告指出，巴西教育现状直接影响到国民经济的发展，巴西青少年的辍学和学历低下导致巴西GDP每年减少0.5%，40年来损失GDP达16%，损失金额高达3000亿雷亚尔。报告还指出，巴西教育现状不仅给经济增长带来负面影响，而且与失业、犯罪、艾滋病、滥用药物、未成年人怀孕等社会问题也有关联。教育落后已成为巴西加快经济发展，跻身世界最发达国家之列的一大绊脚石，是巴西新发现的国家实力的一大短板②。金砖国家中普遍存在着教育发展群体、地区间不平衡的问题，这一问题既是社会不平等现象在教育领域的折射，也是教育不平等的延续。

经济快速发展同时，除俄罗斯以外，金砖国家的教育发展相对滞后。比较而言，俄罗斯在人力资源方面有明显优势，如在劳动力人口中接受过高等教育的比例及15岁以上人口平均受教育年限、学前教育的覆盖率等方面，都超过或接近发达国家。但是这些优势在逐渐消失，如其教育基尼系数处于不断上升状态，而从每百人互联网使用率来看，俄罗斯也远远落后于发达国家。

为提升本国人力资源质量，针对教育领域存在的问题，金砖国家已制定并实施了一系列保证教育优先发展的计划。为了恢复俄罗斯教育所具有

---

① 裴广江. 南非振兴教育 改变低识字率造成经济损失现状 [N]. 人民日报, 2010 – 09 – 15.

② 王英斌. 巴西教育现状影响国民经济发展 [J]. 世界文化, 2007 (9): 34.

的比较优势，教育成为国家发展战略的优先发展领域。《俄罗斯2020年前社会经济发展战略》提出要优先发展教育，恢复俄罗斯教育在世界的领先地位，保持其既有的比较优势。为保证教育的优先发展位置，推动教育事业在新的历史起点上科学发展。中国制定了《国家中长期教育改革和发展规划纲要（2010—2020年）》，提出加快从教育大国向教育强国、从人力资源大国向人力资源强国迈进。巴西从2003年起大幅提高教育投入，2010年其公共教育投入占GDP近5%。印度总理瓦杰帕伊在印度独立50周年纪念大会上指出："到2010年，印度要成为信息科技大国、核大国和生物技术大国，并力争到2020年成为世界第四经济大国。"重视科技离不开人才，而人才培养依赖于教育，发展教育成为目前印度经济和社会发展的重要战略[1]。

（一）促进教育公平与包容

教育能够提高人类能力、确保人类自由选择权利，从而成为实现平等、促进人类发展的一项最有力的工具。教育帮助人们树立自信心，找到更好的工作，参与到公共事务辩论、向政府表达自己在医疗卫生、社会保障和其他权利的需求。教育在提高健康水平、降低死亡率方面发挥着不容小觑的作用[2]。20世纪80年代初，世界银行曾对44个处于不同经济发展阶段国家各级教育的社会收益率进行计算，结果表明，教育公平可以促进和提高教育效率，而且在发展中国家效率最高。发展中国家在初等教育阶段加大投入，不仅有利于实现教育公平，而且对整个国家和社会来说，这项投入的效率也是最好的[3]。

充分认识到教育公平对一国经济发展和消除社会贫富差距的巨大作用，金砖国家致力于大力发展基础教育，采取各种措施努力消除基础教育

---

① 徐辉. 印度普及高中教育政策及其价值取向 ［J］. 中国教育学刊, 2007 (5): 13 - 16.

② UNDP. 2013年人类发展报告：南方的崛起：多元化世界中的人类进步 ［EB/OL］. ［2013 - 06 - 16］http://un. org/zh/development/hdr/2013/.

③ 褚宏启. 教育公平与教育效率：教育改革与发展的双重目标 ［J］. 教育研究, 2008 (6): 9.

不平衡，在推进教育公平方面作出不懈努力。

1. 提供助学补助金

中国早在 1986 年 4 月 12 日，第六届全国人民代表大会第四次会议就审议通过了《中华人民共和国义务教育法》，提出向所有儿童提供九年制义务教育。2006 年 6 月 29 日，新《中华人民共和国义务教育法》（以下简称为《义务教育法》）由第十届全国人民代表大会常务委员会第二十二次会议修订通过。该法规定，国家实行九年义务教育制度。义务教育是国家统一实施的所有适龄儿童、少年必须接受的教育，是国家必须予以保障的公益性事业。实施义务教育，不收学费、杂费。国家建立义务教育经费保障机制，保证义务教育制度实施。自 2006 年起，全面免除了农村义务教育阶段学生的学杂费、书本费，补助家庭经济困难寄宿学生生活费。针对高校贫困学生实施了"普通高校国家助学金、国家励志奖学金和国家奖学金制度"、"（逐步实行）中等职业教育免费制度"，从而实现了各级各类教育国家助学体系全覆盖。2010 年 5 月 5 日审议通过的《国家中长期教育改革和发展规划纲要（2010—2020 年）》里已经明确提出"把促进公平作为国家基本教育政策"，提出教育公平"关键是机会公平，基本要求是保障公民依法享有受教育的权利，重点是促进义务教育均衡发展和扶持困难群体，根本措施是合理配置教育资源，向农村地区、边远贫困地区和民族地区倾斜，加快缩小教育差距。"其中包括加大中央政府对基础教育经费的投入，针对基础教育投入比例低的现状，自新《义务教育法》颁布以后，中国政府会逐步加大中央政府对基础教育的投入经费，促进各地区间基础教育的均衡发展，积极出台专门政策，如中国"国家贫困地区义务教育工程"，通过一系列政策，大大提高义务教育阶段的普及率。从 1986 年正式施行义务教育到 2009 年九年义务教育普及率达到 95% 以上。南非政府利用"均衡分配公式"（Equitable Shares Formula，ESF）、"学校拨款国家规范和标准"（National Norms and Standards for School Funding）等机制，使得国家收入在各省之间和省内部公平分配。"均衡分配公式"根据各省学龄人口规模、公立学校学生入学数量和资金需求等变量在各省之间对全国收入进行分配，促进了各省之间教育经费均衡。1999 年开始在全国范围内实行的"学校拨款国家规范和标准"旨在公平分配省教育财政非人事支出，一个省 60% 的非人事支出用于公立学校 40% 最穷的学生；20% 最穷的学生得到 35% 的非人事支出，而 20% 最富的学生仅得到 5%①。从 2003—2004 财年，南非开始启动"提高全民免费和高质量基础教育入学行动计划"（Plan of Action：Improving Access to Free and Quality Basic Education for All），学校贫困程度分级由国家级五分位（national quintile）替代省级五分位，确保全国范围内贫困程度相似的学生都能够获得相同的贫困倾斜投入。规定全国统一的生均公用经费拨款标准，降低学校收费标准，纠正教育投入的地区不平衡，教育资源向占学生总数 40% 的贫穷学校倾斜。南非政府通过向贫困学校增加政府补助，来保证 720 万贫困生完成九年义务教育。每年公布一批免费的公立学校（no-free school），由政府加以补贴。仅 2007 年，就有 500 万学生享受了免费学校教育。2010 年，南非公立学校 68.27% 学生享受免费义务教育，免费学校达到 19933 所②。

在巴西，联邦政府长时间在基础教育领域功能的缺失，以及教育资源分配不均导致基础教育长期存在阶层差距、地域差距和城乡差距。为解决这些问题，从 1995 年起巴西在基础教育阶段启动"助学补助金计划"，也称作"有条件的现金转移支付计划"，就是政府向贫困儿童的母亲发放一定数额的现金补助，条件是保证孩子在学校就学，不得辍学。1998 年，巴西全国有 60 多个地方性的"助学补助金计划"，覆盖约 20 万个家庭。2003 年起，包括学校补助金计划、食品补助金计划和食品券计划等合并成家庭补助金计划，对贫困家庭中 7 岁至 15 岁的孩子进行补贴。2007 年的"全国教育发展计划"将家庭补助金的发放范围延长到 17 岁，将补贴金额提高了 18.25%，只要贫困家庭保证让 7 岁至 17 岁的孩子上学，且出勤率在 85% 以上，就可以得到政府一定数额的补贴③。这一计划的核心是"以金钱换行动"，政府和贫困家

---

① 牛长松，陈曾敏. 南非教育千年发展目标：进展、举措与挑战 [J]. 外国教育研究，2010（12）：56-60.

② 牛长松，陈曾敏. 南非教育千年发展目标：进展、举措与挑战 [J]. 外国教育研究，2010（12）：56-60.

③ 宋霞. 拉丁美洲的教育融入政策——历史与现状 [EB/OL].［2012-12-12］. http：//ilas. cass. cn/u/songxia/%7B08684C99-8E7A-4926-B5C0-16DBB3F88D1A%7D. pdf.

庭订立"社会契约",通过收入激励,保障弱势群体获得必要的教育和健康服务。政府放弃传统的食品补贴等形式,转而直接发放现金,要领到补助金,先决条件就是必须保证让家里的孩子上学,并定期接受健康检查,改善子女的饮食结构。目前全国已有1240万个贫困家庭享受这种政府补贴,惠及巴西全国人口的26%①。该计划实施十多年以后,巴西贫困人口和贫富差距明显下降,儿童的营养结构得到改善,儿童入学率和出勤率大幅提高,从而对普及基础教育发挥了重要作用。

2. 开展营养计划

为提高贫困儿童的营养,应对营养不良问题,提高儿童积极学习的能力,并改善学校的出勤率,南非在小学开展"全国学校营养计划"(National School Nutrition Programme),为那些来自贫困社区的儿童每天提供一顿午餐。从2004年4月1日开始,营养计划的责任从卫生部转移到了教育局。2004—2005年度,南非为此项目和艾滋病项目共投入了96.08亿兰特,这些资金为1.5万所学校的500万名学生提供膳食。2007年,该项目资金投入达到10.98亿兰特。通过该项目,学校出勤率得以保证,也提高了学生成绩。为了更好地推进学校营养计划,2007年,财政部追加2亿兰特用于改善学校食堂设施,购买菜园用具和餐具。学校也多方筹集资金来支持计划的开展,同时,越来越多的学校开始在校园里种植蔬菜,以提高学校营养餐的营养价值。该项计划特点是由政府和当地社区、学校共同分担,从而保证有效克服一些组织方面的问题②。

印度在1995年8月开始实施"全国初等教育营养资助计划",即"免费午餐计划",或称为"学校膳食计划",该计划是中央政府对各邦政府的最大支持项目,其主要目的是为小学生提供必需的营养,进而提高小学生的入学率、保持率和出勤率。具体做法是要为全国所有1—5年级小学生每天提供有营养价值的100克免费熟食。2006年政府为此拨款增长了

---

① 巴西缩小贫富差距 低收入者"零饥饿"[EB/OL]. (2010－01－10)[2012－12－12]. http: //www. news. cn/world/2010－06－10.

② 牛长松,陈曾敏. 南非教育千年发展目标:进展、举措与挑战[J]. 外国教育研究,2010 (12):56－60.

80%，达到 301 亿卢比，为各邦学生的正常入学创造了良好的条件。为进一步改善印度中小学生的营养状况，提高入学率及降低辍学率，印度最高法院于 2001 年 11 月 28 日通过了一项关于免费午餐计划的过渡性法令，通常称为"食物权利法案"。该法案具有划时代意义。根据该法案最高法院要求各邦及中央联盟区政府"为所有在公立及政府资助的小学的在校生提供一顿至少含有 300 卡路里热量和最少 8—12 克蛋白质的热午餐，每年最少提供 200 天"。这项过渡性法令使得印度的公立及政府资助小学的学生都被赋予享有免费午餐的法定权利。免费午餐几乎为所有的初级小学及高级小学阶段的学生提供。不仅包括公立小学，也包括政府资助的（私立）小学，各种教育担保学校及选择与创新教育计划中心校及教学点①。

巴西实行"全国校餐计划"的基本目的是给公共教育机构中的学前教育和初等教育学生提供营养资助，以改善学生的身体素质，增强学生的学习能力。根据 2004 年巴西教育部发布的公共政策，该计划于当年惠及日托班、幼儿园、基础教育阶段和原住民学校共 3740 万学生。教育部共投入 12.5 亿雷亚尔为学生每日提供一顿午餐。2006 年连任的卢拉政府继续把全国学校供餐计划作为其社会政策的重要核心。

为保证中小学生的营养和健康，俄罗斯有针对性地向中小学生提供饮食补助。按照《俄罗斯联邦教育法》的规定，联邦主体权力机构有责任提供补充资金保证国立中小学校组织学生餐，由此可见，向学生提供免费的或者优惠午餐的费用由联邦主体及市政一级财政承担。目前，俄罗斯几乎在所有地区都在为来自保障不利家庭、多子家庭等几类家庭的学生提供饮食补助，补助额度为每个孩子一天 8 卢布（城市早餐平均价格为 10 卢布，午饭为 20—25 卢布），获得这一补助的学生人数占学生总数的 40%—50%②。

2011 年，针对城乡经济社会发展不平衡、农村中小学生营养不良问题，为增强学生体质，提高教育质量，中国政府颁布并开始实施《农村义

---

① 沈有禄. 印度小学免费午餐计划及其启示 [J]. 比较教育研究，2011（6）：76 – 80.

② 姜晓燕. 俄罗斯：全国竞赛促学生餐改革 [N]. 中国教育报，2011 – 06 – 07.

务教育学生营养改善计划》。2011 年 11 月，该计划正式启动。计划覆盖了 680 个集中连片贫困地区的约 2300 万义务教育阶段中小学生。中央财政为学生提供营养膳食补助，标准为每生每天 3 元（全年按照学生在校时间 200 天计算），所需资金全部由中央财政承担。从 2011 年秋季学期起，将补助家庭经济困难寄宿学生生活费标准每生每天提高 1 元，达到每生每天小学 4 元、初中 5 元。中央财政对中西部地区落实基本标准所需资金按照 50% 的比例给予奖励性补助。

3. 实行校车计划

为保证学生出勤率，在入学交通方面，南非省级教育厅自 1994 年便展开了各项计划，以应对上学交通问题。如开通校车、提供自行车等；同时教育局为那些离学校远的学生提供交通补贴。2005 年，教育局对南非中小学学生交通状况开展调查。调查结果显示，截至 2006 年，此项投入达到 4.4 亿兰特，受益学生超过 20 万人[①]。

巴西早在 1993 年就在巴西全国实施校车计划，目的是帮助地方政府为偏远农村地区的学生提供交通工具，以保证学生更高的出勤率以完成初等教育。2007 年，鉴于很多地区由于缺乏交通工具，学生不去上学，从而影响了教育的普及。巴西总统卢拉宣布正式启动名为"学校之路"的校车计划，政府计划斥巨资为偏远地区公立学校的学生提供交通工具。根据计划，巴西国家经济和社会发展银行将提供约 1.5 亿美元资金用于为各州、市和联邦区的学校购买 2500 辆（艘）校车或船只。"学校之路"计划将由国家教育发展基金会具体负责实施，涉及地区可以免税购买车辆或船只[②]。

为保证居住在偏远地区的学生到具有现代教学设施和师资队伍的学校接受教育，享有优质教育资源，俄罗斯开始实施"农村校车计划"，该计划由联邦政府与联邦主体（共和国、边疆区和州级行政区）共同投资。按照该计划，从 2006 年开始，每年从联邦政府预算中划拨 10 亿卢布（1 卢

---

① 牛长松，陈曾敏. 南非教育千年发展目标：进展、举措与挑战［J］，外国教育研究，2010（12）：56－60.

② 巴西斥巨资启动校车计划［EB/OL］．（2007－08－16）［2012－12－10］. http://news. xinhuanet. com/mrdx/2007－08/16/content_ 6542418. htm.

布约合人民币 0.2 元）用于购置新车、更换旧车，与此同时联邦主体预算需划拨配套资金用于购置相应数量的校车。从 2006 年至 2008 年，联邦政府预算为实施"农村校车计划"已投入 30 亿卢布，购置了 4800 辆校车，从联邦主体预算中划拨的配套资金共购置 5000 辆校车。所有在《国家优先发展规划》框架内购置的校车都归联邦主体所有，由联邦主体自主分配到各个学校。"农村校车计划"的落实已使 13.6 万以上的农村学生受益[①]。

4. 采取高等教育倾斜政策

因为高等教育仍被视为精英教育，除俄罗斯以外，金砖国家普遍都面临如何更公平对待贫穷、底层、残疾和移民等弱势群体的高等教育问题。中国从给少数民族加分，到对中西部地区的对口支援，通过政策倾斜，促进高等教育机会公平。《国家中长期教育改革和发展规划纲要（2010—2020 年)》也明确提出"新增招生计划向中西部高等教育资源短缺地区倾斜，扩大东部高校在中西部地区招生规模，加大东部高校对西部高校对口支援力度"。2008 年，中国开始实施"支援中西部地区招生协作计划"（以下简称"协作计划"），即每年从全国普通高校招生计划中专门拿出一部分安排给高等教育资源丰富的省份，由其所属公办高校承担，专门面向中西部高等教育资源缺乏、升学压力大的省份招生。2008—2012 年，"协作计划"从 3.5 万人扩大到 17 万人，惠及 8 个中西部省（区)[②]。2013 年 5 月，国务院常务会议决定提高重点高校招收农村学生比例。会议强调面向集中连片特困地区的定向招生计划将由去年的 1 万名增至 3 万名。此外，全国高校招生计划中专门安排 18.5 万个名额，由东部高校招收中西部考生[③]。

为了将传统受排斥特定群体主要是祖籍为非洲的巴西人纳入正规高等教育体系，目前巴西高等教育领域正在实行一项重要政策，即"为特定群体保留大学名额"的政策，它起初并不是一项全国性政策。2000 年，里约

---

① 姜晓燕. 俄罗斯：校车经费中央地方分担［N］. 中国教育报，2011 - 12 - 01.

② 支援中西部地区招生协作计划［EB/OL］.（2012 - 09 - 03）［2013 - 06 - 12］. http://www. moe. gov. cn/publicfiles/business/htmlfiles/moe/s6811/201209/141512. html.

③ 促进教育公平，高校招生计划向中西部农村倾斜［EB/OL］.（2013 - 06 - 04）［2013 - 09 - 09］. http://news. youth. cn/gn/201306/t20130604_ 3317704. htm.

热内卢州立大学第一个实行配额政策。2003 年，配额制在巴伊亚和里约热内卢的大学进行试点，2004 年巴西又制定了全民大学计划。该计划是巴西教育史上规模最大的奖学金计划，规定私立大学必须为低收入家庭的学生提供免费上学的奖学金，才能享受税收减免。非营利性的私立大学必须留出 10% 的名额给低收入家庭的学生、非裔黑人。巴西卢拉政府重视非裔黑人、土著居民及弱势族群学生的权益，要求所有公立大学必须为少数族群学生保留一定名额，以提高这部分学生就读公立大学的比例。2007 年，卢拉政府制定的《教育发展规划》，将配额制肯定行动推广到所有公立大学，要求公立大学保留 50% 学习名额给公立中学毕业生，其中非裔和土著学生的学习名额将依照他们在各州人口中所占比例而定。

印度独立后，印度废除了不可接触的阶层，实施"预留政策"，设定预留名额。"预留政策"即在教育机构和教育行业中留有一些职位给社会弱势群体，主要是指在中央和地方政府机构、国有企业和教育机构（主要是重点大学和中小学）内预留名额。这种职位的预留，最初只想实行 10 年，却一直实施到现在，只是不同时期名额有所变化。"种姓配额"为印度实现高等教育公平作出很大努力。2005 年 12 月，印度"第 93 次宪法修正案"决定在中央院校和私立高等教育机构中单独为"落后阶级"保留 27%，使得预留总额达到 49.5%。尽管该修正案引起高等种姓阶层的强烈反对，但印度政府在"十一五规划"中，还是将实现教育机会平等作为一项重要的任务指标，希望通过实施特殊政策，缩小地区之间的差异，确保高等教育的更大的全纳性。另外，还提出对实施全纳教育的各邦实施经济补偿，并以设立新高校激励各邦①。

南非为改变教育领域的族群不平等现象，1995—1997 年发表的一系列教育改革文件和法令中都明确提出学校在教学语言使用方面要按照学生的需要来安排，提出对语言的使用尤其要求保护学生语言使用的平等权利。从 1998 年初，英语不再是十二年级学生大学入学考试的必修科目，曾经以

---

① 施晓光. 走向 2020 年的印度高等教育——基于印度"国家中长期发展规划"的考察[J]. 中国高教研究，2011（6）：73－75.

英语和阿非利卡语作为教学语言的大学必须要在课堂上满足使用其他语种学生的需要。新的语言政策使得很多不使用白人语言的学生可以进入传统的白人高校就学，扩大了他们选择高校的余地。

为了消除大学录取中的主观因素，使不同社会阶层、不同地区的学生具有均等的大学入学机会，俄罗斯改变了长期以来学校单独招生的大学录取制度，从 2009 年开始施行国家统一考试，俄罗斯教育科学部统计表明，国家统一考试有利于消除地区间的不平衡。在试点实行国家统一考试的地区，农村学生上大学的比例开始提高，逐步与农村人口占全国人口的比例持平。在大学和中等技术学校一年级就读的学生中，来自 10 万人口以下地区的学生比例增加了 10%[①]。

（二）普及教育向纵深推进

近年来，随着金砖国家经济形势的好转，基于对教育优先发展作用的认识，金砖国家政府普遍认识到学前教育覆盖率偏低，高中阶段教育发展明显滞后于发达国家、15 岁以上人口受教育偏低等问题对社会经济发展的制约作用，推进普及教育向纵深发展是金砖国家一项重要的教育政策。

1. 扩大学前教育的覆盖面

中国《国家中长期教育改革和发展规划纲要（2010—2020 年）》提出，学前教育对幼儿身心健康、习惯养成、智力发展具有重要意义。遵循幼儿身心发展规律，坚持科学保教方法，保障幼儿快乐健康成长。积极发展学前教育，到 2020 年，普及学前一年教育，基本普及学前两年教育，有条件的地区普及学前三年教育。重视 0 至 3 岁婴幼儿教育。

俄罗斯还通过实施专项计划的方式支持学前教育。2007 年 3 月，联邦政府推出了"俄罗斯儿童"2007—2010 联邦专项计划。该计划由"健康一代"、"天才儿童"和"儿童与家庭"3 个子项目组成。项目以为俄罗斯儿童的生活和综合发展创造良好环境、为生活困难的儿童提供国家援助为目标。整个项目计划耗资 478.459 亿卢布（按 2007 年年初汇率约合 18.06 亿美金），

---

① 姜晓燕. 俄罗斯全国统一"高考"在争议中举行［N］. 中国教育报，2009 – 06 – 02.

并为 25.2% 的残疾儿童家庭提供专业化的康复服务。2012 年 12 月颁布的新《俄罗斯联邦教育法》将学前教育作为普通教育的一个层次确定下来，以促进学前教育的优质发展，提高对儿童和学前教育关注度。

为保障学前教育的发展，印度政府在宪法中承诺"向所有 14 岁以下儿童提供免费和强制的义务教育"，在 2002 年的宪法修正案中规定，接受义务教育是 6—14 岁儿童的基本权利，并提出"国家应竭尽所能为所有 6 岁以下儿童提供早期儿童保育和教育"。在宪章精神的鼓舞下，2003 年，印度通过了《国家儿童宪章》，2005 年印度出台《国家儿童行动计划》，这些法律法规为印度学前教育补偿教育项目的发展提供了良好的政策法律环境。与此同时，印度中央政府不断加大对学前教育的投入，从第八个五年计划开始就增加对"儿童综合发展服务计划"的投入，不断增加学龄前儿童的教育覆盖面。在第十一个五年计划期间（2007—2012 年间），对该计划的投入依然会不断加大，是第十个五年计划的三倍多[①]。

南非深入推行的儿童早期发展计划（Early Childhood Development）是一项涵盖儿童从出生到 9 岁并有家长和看护人广泛参与的综合项目。南非政府正逐步将儿童早期发展计划纳入义务教育的范畴，使儿童早期教育机构规范化，开发出有关课程、幼教师资培训、营养、身体发育、特殊儿童、艾滋病家庭儿童等系列项目，通过国家资助的办法，其中期目标是到 2010 年让所有 5—6 岁儿童都能获得接受早期教育的机会。

2007 年出台的巴西"全民教育发展计划"强化了巴西联邦政府在基础教育领域的作用，联邦政府通过直接资助的方式提高公立中小学校质量，缩小基础教育发展的地域差别，并将政府拨款范围由原来的一年级至八年级延伸到学前和高中教育，力图扩展学前教育和高中教育的覆盖面[②]。

2. 提升普及教育层次

在普及初等义务教育目标接近实现的情况下，2005 年 6 月，印度中央教育咨询委员会发表《中等教育普及化》报告书（以下简称《报告》），

---

① 余海军. 印度发展学前补偿教育项目的经验及启示［J］. 比较教育，2012（7）：10 - 14.
② 宋霞. 拉丁美洲的教育融入政策——历史与现状［EB/OL］.［2012 - 12 - 12］. http：//il-as. cass. cn/u/songxia/%7B08684C99 - 8E7A - 4926 - B5C0 - 16DBB3F88D1A%7D. pdf.

对中等教育的性质与范围、规划与管理、未来愿景等做出全面的阐述。该《报告》首次明确提出普及中等教育的发展目标：到 2015 年使高质量中等教育延伸到所有 16 岁的青少年儿童，2020 年进一步使高质量中等教育延伸到所有 18 岁的青少年儿童。2009 年 1 月，经过五年的酝酿和准备，印度"内阁经济事务委员会"正式批准了"普及中等教育计划"，该计划于 2009 年 3 月正式启动。而"十一五"（2007—2012 年）计划提出要致力于把最低水平阶段的教育逐步地提高到高中或者是 10 年级的水平。

2010 年初，中国《国家中长期教育改革和发展规划纲要（2010—2020 年）》对于高中阶段教育性质做了重新定位，即"高中阶段教育是学生个性形成、自主发展的关键时期，对于提高国民素质和培养创新人才具有特殊意义"，提出要加快普及高中阶段教育，到 2020 年，普及高中阶段教育，满足初中毕业生接受高中阶段教育需求。

（三）提升高等教育质量

早在 2000 年，世界银行就在《发展中国家的高等教育：危机与出路》的报告中提出：高等教育不再是奢侈品，而是现代世界的"基础教育"。没有更多更高质量的高等教育，发展中国家将会发现自身越来越难以从全球性知识经济中受益。金砖国家在经济快速发展的过程中，普遍认识到需要培养科学家和工程师的优秀大学来帮助国家保持发展势头，高等教育投入占比较高，但质量却令人质疑，因此，需要清晰的政策和明确计划推动高等教育的质量提升。

1. 建设一流大学

高水平大学建设，是中国在 20 世纪末高等教育进入大众化发展阶段后对提高教育质量的诉求，也是全球一体化背景下，中国现代化历史进程对高等教育内涵式发展提出的要求。自 20 世纪 70 年代末起，中国政府就已认识到全面建设高等教育系统的重要性，并以政府主导、自上而下为典型特征实施一系列政策措施支持重点大学建设。通过"211 工程"和"985 工程"的建设，大学整体实力明显增强，人才培养质量不断提高，取得了一批具有世界先进水平的科研成果，若干学科已跻身世界前沿。为进一步提升大学世界影响力，胡锦涛总书记在庆祝清华大学建校 100 周年大会上的重要讲话中强调指出："建设若干所世界一流大学和一批高水平大学，是我们建设人才强国和创新型国家的重大战略举措。"这为我们进一步明确了世界一流大学和高水平大学建设在国家发展中的战略地位，指明了今后一流大学建设的战略思路和方向①。

印度高水平大学建设始于 1971 年，当时被称为"科萨利委员会"的印度教育委员会提出，如果条件允许，即同时具备了师资、学术及所需的设备和环境，实现建立一流研究生教育和研究工作的目标……要建立 5 至 6 所重点大学，它们应该与世界同类机构中最好的那些一致。然而，最终该提议由于其表现出的精英主义倾向与公正、平等原则相违背而遭到国会和大学校长会议的否决。时隔多年，2009 年初，印度政府宣布在未来 5 年创建 30 所世界一流大学②。

《俄罗斯 2020 年前国家教育发展计划》中明确提出在 2020 年前有 5 所进入世界百强，2013 年前 7 月，俄罗斯教育通过竞争性选拔，确定重点支持 15 所大学进入世界大学排行榜。中国虽未明确提出数量目标，但也提出要"建成一批国际知名、有特色高水平高等学校，若干所大学达到或接近世界一流大学水平"。

2. 加强高校评估与认证

提高高等教育质量，培养创新人才是金砖国家教育领域的政策重点。印度国家评估与认证委员会（National Accreditation and Assessment Council, NAAC）负责对全国的高等院校进行评估与认证，一直以来都是以改进质量作为其评估制度的主要目标。历经十余年的发展，NAAC 完成了对全国 1/3 的大学和 1/5 的专科学校的质量评估和认证③，在高等院校评估与认证方面积累了丰富的经验，为提升印度高等教育质量做了大量工作。

---

① "大力推进一流大学建设——六论学习胡锦涛总书记在庆祝清华大学建校一百周年大会上的重要讲话"［N］. 中国教育报，2011 - 05 - 03.

② 王茜，李硕豪. 发展中国家高水平大学建设研究——以中国和印度为例［J］. 研究生教育，2011（8）：15 - 19.

③ 施晓光. 走向 2020 年的印度高等教育——基于印度"国家中长期发展规划"的考察［J］. 中国高教研究，2011（6）：73 - 75.

俄罗斯高等教育改革与发展的主要目标是要恢复俄罗斯高等教育的质量和国际影响力。2006 年，俄调整结构以来，形成了众多一般综合性大学 + 29 所研究型大学 + 9 所联邦级大学 + 顶级的莫斯科大学、圣彼得堡大学的金字塔形结构，以保证梯次培养高质量人才。为提升高等教育质量，提出要确保学习成绩优秀的学生享有公费学习的机会；建议重点大学吸收俄罗斯科学院和国际专家审核学校教学计划；加大高校的监督管理工作力度。从 2012 年开始，俄罗斯教育部每年对高等学校活动进行定期监测和评估。

3. 落实成人教育计划

成年人受教育水平低是困扰除俄罗斯以外金砖国家的一个重要问题。为提高成人受教育水平，降低成人文盲率，2003 年推行的"文化巴西"（Literate Brazll，PBA）项目发挥了动员社会促进文盲学文化的作用，希望确保青年和成人接受最初阶段的读写教育，使他们能够接受完整的基础教育。这一计划包括联邦、州和市三级政府以及大学、私人企业、非政府组织、国际组织以及其他机构联合开展扫盲教学和培训活动。到 2006 年为止，该项目已惠及巴西 15 岁及以上 1600 万文盲。文盲的扫盲教育一直是巴西教育重要的一部分。到 2008 年为止，全国 15 岁及以上年龄人口中识字率达 91%。

同样，巴西也实施了"创设一所学校"（Making a school）项目，旨在为贫困地区大多数没有完成初等教育的青年和成人提供成人教育。2004 年以来，该项目和"文化巴西"两个项目密切联系。由教育部为各州、市政府提供财和技术援助，以使青年和成人不间断地完成初等教育第一阶段。2004 年"创设一所学校"市一级项目中有 179 万成人参与，其中约 1.4 万学生在 2003 年参了"文化巴西"项目后已能读写。2003 年，该项目在 23 个州投入超过 3.87 亿雷亚尔的经费，服务了总计 2015 个自治市的 154.9 万成人学生。2004 年，有 23 个州 22 个自治市得到资助，经费投入达 4.2 亿雷亚尔，192.1 万成人学生受益。

南非 2008 年开始在成年人中开展名为"让我们学习"的扫除文盲计划，希望在 5 年内使 470 万人脱盲。2012 年，"南非中学后教育与培训绿皮书"还提出要成立一些新型的机构，如社区教育和培训中心来满足那些辍学的青年以及成人教育的需求。扩展继续教育和培训学院的规模，使其在培养经济发展所急需的手艺人和中级技工方面发挥核心作用[1]。

印度政府在 1988 年成立专门指导成人教育的国家教育机构——国家扫盲教育委员会，统一协调和组织各项扫盲计划。国家采取直接拨款的方法，大力支持扫盲教育，扫盲教育经费逐年递增，在"十五"期间，就为扫盲教育拨款 124.150 亿卢比。"十一五"计划则提出要创建一个有效的继续教育模式，为 35 岁以上的人群制定新的自我学习的机制和方案，计划在"十一五"计划结束时，成人识字率达到 85%[2]。

在当今全球化背景下，所有国家都将置身于全球化进程并参与激烈的国际竞争，一个国家或地区的发展比人类历史上任何时期都更依赖于人力资源，教育对于国家和个体发展的重要意义已为越来越多的人所认可。金砖国家在提高人口受教育水平方面已经并正在付出努力，但是，上述研究表明，在经济快速发展同时，除俄罗斯以外，金砖国家的人力资源及教育发展相对滞后已是不争的事实。世界银行 2002 年的报告已经敲响了警钟。报告指出，发展中国家和经济转型国家的教育尚未能给知识创新作好充分准备，在高度竞争的世界经济中"正处于被进一步边缘化的危险中"。当前，在国际竞争日趋激烈，经济结构和发展方式亟待调整，城市化进程方兴未艾，社会问题凸显的情况下，教育因其所具有的促进个体社会化、推动经济增长、激发创新潜能、维护社会稳定的功能，而日益受到金砖国家政府关注。鉴于教育领域存在的各种问题，以及经济社会发展提出的新的动向，教育发展仍然任重道远。对金砖国家经济、社会发展面临的挑战，以及教育和人力资源现状及问题的客观分析，对调整和完善教育政策具有建设性意义。

---

[1]　李学华. 南非发布"中学后教育与培训绿皮书"［N］. 科技日报, 2012 - 01 - 14.

[2]　张玉秀. 印度:"十一五"教育发展战略（2007—2012）　［J］. 基础教育参考, 2008（1）.

第四章

发展中国家的教育变化

一、发展中国家的社会经济特征

发展中国家是世界国家群体中人口数量最大、地域最广、经济水平最为落后的国家群体，国与国之间在政治、经济、文化等各方面差距甚大。本研究依世界银行对发展中国家所在地区的划分，集中研究世界六大地区的发展中国家。就其经济状况而言，发展中国家人均 GDP 均低于世界平均水平，且国与国之间也差距很大，产业结构落后，依附、受制于发达国家，城镇化进程普遍缓慢。受国际金融危机的影响，发展中国家经济增长呈现脆弱性和波动性，出现了失业率上升，政治动荡和社会危机丛生等现象。

（一）发展中国家的定义及本研究的样本选择

关于发展中国家（developing country）的概念，国际上并无公认的明确定义。从历史上看，发展中国家是曾经受过殖民统治和剥削，在国际政治经济中处于被动无权和受剥削的地位，在地域上大多数位于南半球，也被称为第三世界、南方国家、亚非拉国家、民族独立国家、不发达国家。一般而言，作为一个与发达国家相对的概念，主要是经济、社会发展程度欠发达的国家，通常指亚非拉地区及其他地区的 130 多个国家，包括金砖四国和新兴经济体国家。由于金砖四国前面已经有专门研究，这里不再涉及。不同国家组织关注的发展中国家样本不同，2013 年联合国开发计划署报告中涉及发展中国家样本为 139 个。世界银行 2012 年发展经济体国家共144 个，其中包括国际复兴开发银行援助对象 63 个。联合国开发计划署的"人类发展指数"（Human Developing Index，HDI）包括寿命、教育程度和对体面生活所需的资源的控制权三个基本维度。根据 HDI 四分位数对国家分为极高人类发展组、高人类发展组、中等人类发展组和低人类发展组四类，不在极高人类发展组的国家为发展中国家，HDI 值介于 0 — 0.75之间①。

世界银行为便于操作和分析，根据人均国民总收入（GNI）对世界各经济体进行分类，将低收入和中等收入经济体称为发展中经济体。2012 年人均 GNI 对各经济体的划分标准为：低收入经济体为 1025 美元或以下者；下中等收入经济体在 1026—4035 美元之间；上中等收入经济体在 4036—12475 美元之间；高收入经济体为 12476 美元或以上者。据此，2010 年GNI 在 12475 美元及以下的国家为发展中经济体。在联合国所有成员国和其他人口超过 30000 的共 214 个经济体中，发展中经济体共有 144 个。从人均 GDP 来看，发展中经济体接近 2/3，而高收入国家在 33% 左右（见图4-1）。从地理分布上来看，发展中经济体主要集中在南半球，而撒哈拉以南非洲地区和拉美地区占一半以上（见图 4-2，见表 4-1）。

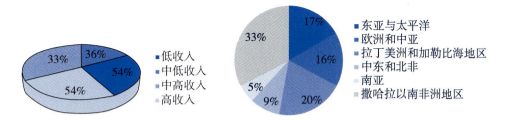

图 4-1 发展中国家收入分布图　　图 4-2 发展中国家地区分布图

① 本章若无特别说明，正文中和图中的数据均来自世界银行网站，以下不再注明。

　　鉴于发展中国家发展实情、数据可获得性和可行性，本研究点面结合，主要根据世界银行关于发展中国家所划分的六大地区和重点国家进行研究（见表4-1）。本章中除特别说明之外，这六个地区都仅限于发展中国家。本研究将在数据分析的基础上，重点研究六大地区的发展中国家当前社会经济特征，金融危机对其经济发展的冲击，发展中国家的人力资源现状和教育发展变化以及教育政策举措。

表4-1　世界银行发展中地区国家名单

地区	数量	国家名称
东亚和太平洋	24	东帝汶、汤加、中国、泰国、印度尼西亚、瓦努阿图、图瓦卢、缅甸、基里巴斯、美属萨摩亚、密克罗尼西亚联邦、老挝、巴布亚新几内亚、菲律宾、帕劳、萨摩亚、所罗门群岛、蒙古、斐济、越南、朝鲜、马来西亚、柬埔寨、马绍尔群岛
欧洲和中亚	23	乌克兰、摩尔多瓦、乌兹别克斯坦、格鲁吉亚、亚美尼亚、波斯尼亚和黑塞哥维那、俄罗斯、白俄罗斯、保加利亚、科索沃、吉尔吉斯斯坦、立陶宛、哈萨克斯坦、罗马尼亚、土库曼斯坦、阿塞拜疆、土耳其、阿尔巴尼亚、塔吉克斯坦、马其顿、塞尔维亚、黑山、拉脱维亚
拉丁美洲和加勒比海地区	29	乌拉圭、尼加拉瓜、伯利兹、巴拉圭、危地马拉、巴拿马、厄瓜多尔、巴西、古巴、智利、哥伦比亚、格林纳达、哥斯达黎加、洪都拉斯、圣卢西亚、海地、圣文森特和格林纳丁斯、牙买加、圭亚那、玻利维亚、墨西哥、秘鲁、多米尼克、苏里南、多米尼加、萨尔瓦多、委内瑞拉、阿根廷、安提瓜和巴布达
中东和北非	13	也门共和国、约旦、伊拉克、约旦河西岸和加沙、伊朗、阿尔及利亚、利比亚、叙利亚、吉布提、埃及、摩洛哥、黎巴嫩、突尼斯
南亚	8	不丹、巴基斯坦、印度、斯里兰卡、孟加拉国、阿富汗、尼泊尔、马尔代夫

续表

地区	数量	国家名称
撒哈拉以南非洲地区	47	中非、多哥、乌干达、安哥拉、乍得、尼日利亚、佛得角、尼日尔、冈比亚、布基纳法索、几内亚、布隆迪、几内亚比绍共和国、斯威士兰、刚果（布）、毛里塔尼亚、刚果（金）、毛里求斯、利比里亚、津巴布韦、加纳、科摩罗、加蓬、科特迪瓦、南苏丹、索马里、南非、纳米比亚、博茨瓦纳、肯尼亚、卢旺达、苏丹、厄立特里亚、莫桑比克、喀麦隆、莱索托、圣多美和普林西比、贝宁、坦桑尼亚、赞比亚、埃塞俄比亚、马拉维、塞内加尔、马达加斯加、塞拉利昂、马里、塞舌尔

（二）发展中国家的社会经济特征

1. 国家之间经济、文化差异很大人均 GDP 低于世界平均水平

对比亚非拉地区发展中国家与世界平均水平之间的差距，可以看出，发展中国家所在的世界六大地区的人均 GDP 都远远低于世界平均水平（见图 4 - 3）。

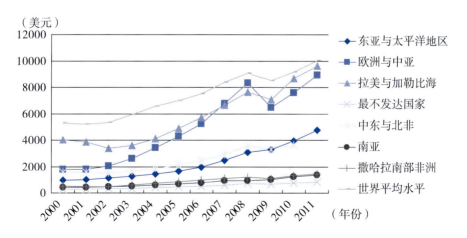

图 4 - 3 世界各地区发展中国家人均 GDP 变化趋势

另外，发展中国家之间经济发展并不均衡，毗邻北美地区的拉美与加

勒比海地区的发展中国家，与毗邻北欧发达地区的欧洲与中亚地区的发展中国家，其人均 GDP 接近于世界平均水平，而且其变化趋势也与世界平均水平一致，在进入 21 世纪后迅速攀升。但受 2008 年金融危机影响较为显著，人均 GDP 在 2009 年有所下降。亚洲与太平洋地区和中东与北非地区发展中国家，其人均 GDP 在进入 21 世纪以来也是迅速增长。但南亚地区、撒哈拉南部非洲国家，与联合国组织所划分的"最不发达国家"（Least Developed Country，LDC）处于最穷国行列，其人均 GDP 远远低于世界平均水平。而且，因其经济结构较为落后，发展中国家的 GDP 增长并未如同发达国家那样，受全球金融危机影响那样波动明显。但长期徘徊在极端贫困线上，对其国内公共事业尤其是教育将会不可避免地产生影响，这在后文论及发展中国家所在地区，尤其是撒哈拉南部非洲在教育各方面的指标之际，尤其明显。

2. 产业结构落后，依附、受制于发达国家

发展中国家当前仍然以较为原始的农业生产与工厂加工为主，其在国民生产总值中所占比率也是最高的。

我们可从"农业就业人员"所占就业总数百分比这一指标来看发展中国家农业结构在国民经济结构中所占的分量。

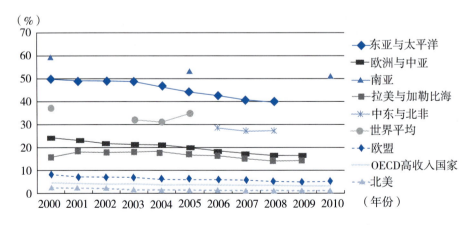

图 4-4　不同经济水平国家农业就业人员占就业总数百分比

发达国家如欧盟、北美、OECD 高收入国家，其农业从业人口所占就

业总数比率均在 10% 以下，而发展中国家均在 10% 以上，有些发展中国家，如东亚与太平洋地区发展中国家甚至高达 40%。由此可见相应的农业产值也占据了发展中国家产业结构的很大比例。相应地，第二、三产业所占比率相对于发达国家而言大大降低（见图 4 – 4）。

而且就农业、工业、服务业三产增加值而言，发展中国家所在地区的农业、工业增加值在三产结构中所占比重均高于世界平均水平，而服务业则远远低于世界平均水平，与发达国家相比，这一差别更为显著（见图 4 – 5）。众所周知，长期享受"世界工厂"之称的部分发展中国家，因其廉价劳动力，处于世界经济体系的"末端"，经济结构上依附、受制于发达国家，由此也难免在教育制度方面依附于欧美发达国家，由此，阿特巴赫的"教育依附论"，在总结分析发展中国家发展特征方面仍有一定的借鉴意义。

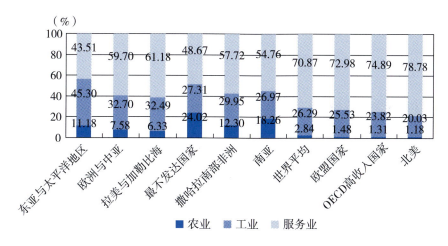

图 4 – 5　2010 年发展中地区国家与发达地区国家农业、工业、
服务业增加值占 GDP 百分比

3. 城镇化进程缓慢

对于长期以农业为主的发展中国家而言，城镇化进程亦是衡量其经济发展水平的一个重要标志。进入 21 世纪的 10 余年来，发展中国家城镇人口缓慢增长，除东亚与太平洋地区和拉美与加勒比海地区城镇化人口增长

较快之外，其他国家均低于世界平均水平。对于发展中国家而言，城市教育水平高于农村教育水平是一个不争的事实。对于实现教育现代化而言，一国城镇化进程的缓慢，在一定程度上也会阻碍其整体教育水平的提升（见图4-6）。

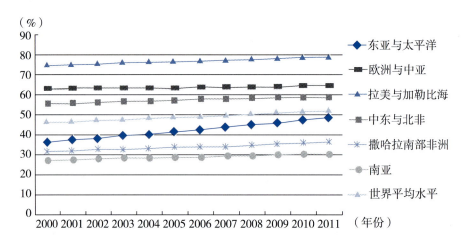

图4-6 发展中国家所在地区城镇人口占比变化趋势

（三）金融危机对发展中国家经济状况的影响

席卷全球的金融危机不仅使首当其冲的发达国家经济增长放缓，失业率加剧，也使本来脆弱的非洲经济雪上加霜。在经济全球化的时代背景下，新的金融海啸，引起了西方发达国家经济集体减速，进而导致非洲发展的国际经济环境日趋恶化。肯尼亚总理奥廷加形象地比喻道："当美国打喷嚏时，欧洲就感冒，亚洲得肺炎，而非洲的肺结核开始恶化。"由此也形象道出了西方发达国家特别是以美国为主导的世界经济体系中，发达国家、新兴经济体国家以及发展经济体国家之间彼此之间的相互依赖性，以及因欠发达国家在经济体制方面依附于发达国家而带来的后果。

1. 加剧了发展中国家经济增长的脆弱性和波动性

尽管许多发展中国家（如撒哈拉南部非洲等）的金融业不发达，因此受全球金融海啸冲击的范围和力度相对于其他地区有限。然而受全球性金融危机影响，发展中国家出口行业产品价格下跌，出口收入急剧下降。许多投资于发展经济体地区的国际资本如欧美一些发达国家，抽回投资，用于拯救其国内危机；包括其用于对最不发达国家的经济援助，也有所减少，如美国原计划 2009—2014 年向撒哈拉以南 10 个非洲国家提供总额 39 亿美元的援助，但 2010 年后的援助，美国政府已表态将重新核定。外资与外援的减少，导致国际资本向非洲的流动明显减缓，发展计划受阻。

金融危机也使长期以来依靠低端商品之"出口外向型"经济的广大发展中国家经济受创。以撒哈拉南部非洲国家为例，进入 21 世纪以来，在经济全球化深入发展的背景下，世界市场上加快了对作为"世界工厂"的广大发展中国家的需求。撒哈拉南部非洲国家的 GDP 也在不断增长，由 2000 年的人均 GDP 1543 美元增长到 2008 年的 1912 美元。2008 年全球性金融危机的爆发，加上每年 2.4% 的人口增长速率，使撒哈拉南部非洲国家的 GDP 增长速率陡然降至 2009 年的 1.2%，降幅高达 1.3%。金融危机使高度依赖国际贸易的非洲经济变得更加脆弱。在 2008—2009 年，许多非洲国家经历了经济增长的停滞。尽管在"非洲经济共同体"（African Economic Community，AEC）框架的鼓动下，通过地区间互助合作的方式渡过难关，然而依然有许多国家的经济体系依赖于同其他非地区成员的国家，外资的撤离，也使其经济雪上加霜①。

2. 失业率上升

由于发达国家较为健全的社会保障制度，因金融危机而导致的失业率急剧上升，并未导致太大的社会波动。然而对于经济体系脆弱，社会保障制度不健全的发展中国家而言，金融危机所引发的失业率与通货膨胀，很有可能引起社会骚乱甚或动荡，诸如近年来发生在北非、埃及的一系列"颜色革命"等。

再以撒哈拉南部非洲国家为例，国与国内部差别很大，也成为该地区的一个迫切的问题。以失业问题最为严重的南非、纳米比亚与博茨瓦纳为

---

① UNESCO. Financing Education in Sub – Saharan Africa：Meeting the Challenges of Expansion，Equity and Quality ［M］．Montreal：UNESCO Institute for Statistics，2011：19.

例，在 21 世纪第一个 10 年中期前后，其失业率就分别高达 27%、25%、20%。而到了 2007 年，南非青年人（人口年龄在 15—25 岁之间）失业率已攀升至 47%。在金融危机的影响下，工厂关闭，外资减少，只会带来失业率的进一步增长，从而也不利于社会稳定。

3. 经济上的波动引发政治与社会危机

不仅如此，国际金融危机还提升了一些发展中国家的政治风险。非洲国家独立后的历史表明，政治的不稳定与经济的不景气密不可分①。2008年国际金融危机引发上半年国际市场粮食、原油价格飞涨，至少 18 个非洲国家被推向政治经济动荡的"临界点"。莫桑比克、喀麦隆、尼日尔、毛里塔尼亚、布基纳法索等国家都因此而引发骚乱。此外，金融危机向非洲的蔓延，导致一些非洲国家失业人口增加，犯罪和抢劫活动更加频繁，社会治安状况恶化。例如，索马里海盗的日益猖獗，与国际金融危机导致的索马里经济衰退、侨汇减少、人民生活费用增加和贫困状况加剧等不无因果关系。

二、发展中国家教育发展现状分析

相对于发达国家与新兴经济体国家，发展中国家国民总体受教育程度偏低，国与国之间教育水平发展不均衡，具体表现在教育普及程度，特别是中等教育普及程度差异悬殊，男女受教育机会、程度不均衡，高等教育与基础教育之间发展不协调，且普遍出现人才外流的现象。就其健康教育而言，发展中国家，特别是撒哈拉南部非洲国家医疗卫生知识匮乏，健康教育任重道远。

（一）国民总体受教育程度偏低且发展不均衡

从总体上看，发展中国家劳动力国民受教育程度不均衡，与欧美发达

① 姚桂梅. 金融危机对非洲发展的影响［J］. 亚非纵横，2009（4）.

国家的差距较大。国民预期受教育年限是国民受教育水平的重要体现。从总体上看，发展中国家劳动力国民受教育程度不均衡，与欧美发达国家的差距较大。根据联合国教科文组织统计数据，从地区分布来看，在发展中国家集中的地区中，2011 年撒哈拉以南地区的国民预期受教育年限为最低，为 9.31 年；拉美地区平均受教育程度较高，为 13.82 年，远低于欧美国家（见图 4 - 7）。从国家层面来看，发展中国家教育发展多极分化。其中，国民受教育程度较高的发展中国家已经接近或达到发到国家的教育发展水平。比如，拉美地区的古巴、智利等国的国民预期受教育年限已经超过 15 年，与许多发达国家比肩，如澳大利亚为 15.59 年、匈牙利为 15.36 年，接近芬兰（17.04 年）、法国、瑞士和瑞典等发达国家；东亚与太平洋地区的蒙古国和中东地区的黎巴嫩等国家国民预期受教育年限也超过 14 年，印度尼西亚达到 13.16 年。然而，最不发达国家的国民预期受教育年限远低于世界平均水平，特别是撒哈拉以南非洲地区的尼日尔只有 5.26 年，中东和北非的吉布提只有 5.75 年，南亚的巴基斯坦只有 7.49 年。

图 4 - 7 2011 年国民预期受教育年限

成人识字率是一个国家 15 岁以上成年人能够读写文字的人口占总人口的比率，能够反映一个国家的教育普及程度和发展水平。成人文盲率偏高，长期得不到改善。既是历史遗留通病，也严重阻碍了产业结构的更新换代，这也是经济发展水平偏低，GDP 所占份额偏低的重要原因之一。据世界银行于 2010 年统计指标：15 岁以上人口识字率，东亚与太平洋地区发展中国家为 93.77%，欧洲与中亚地区发展中国家平均占比为 97.93%，拉美与加勒比海地区发展中国家为 93.37%，中东与北非地区发展中国家为 75.72%，撒哈拉南部非洲发展中国家为 62.56%，南亚地区发展中国家为 61.57%，而世界上最不发达国家仅为 59.70%。相比较而言，欧盟为 99.03%，而世界平均为 84.07%。

发展中国家成人识字率低于 OECD 成员国均值，欧洲和中亚、东亚和太平洋、拉美和加勒比海地区的发展中国家成人识字率都在 90% 以上，高于世界平均，接近 OECD 国家均值。但是，撒哈拉以南非洲地区的发展中国家和最不发达国家的成人识字率都在 60% 左右，显著低于世界平均值和 OECD 国家（见图 4 - 8）。

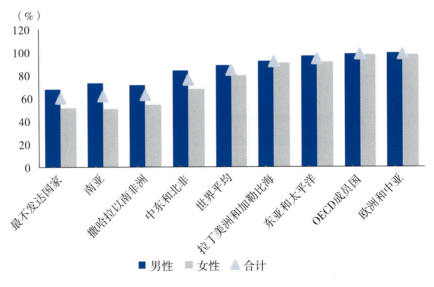

图 4 - 8　15 岁以上人口成人识字率

男性成年人受教育程度高于女性，而且总体上在越不发达的地区差异越显著。比如，南亚地区和最不发达地区的总体成人识字率最低，男女之间的差异也是最大。其中，南亚地区发展中国家女性成人识字率只有男性的 68.68%，两者的成人识字率绝对值相差 22.93%，此外，撒哈拉以南非洲、中东和北非地区的成人识字率男女之间的绝对差异也在 16% 以上。拉丁美洲和加勒比海、东亚和太平洋与欧洲和中亚地区发展中国家成人识字率的男女差异较小，接近发达国家，高于世界平均值（见图4-9）。

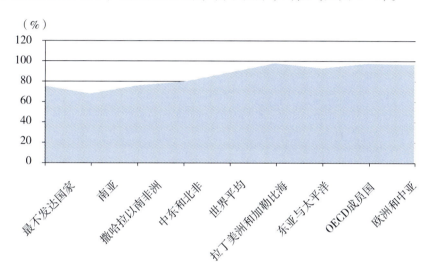

图4-9 世界发展中地区成人识字率性别占比（女/男）

（二）初等教育基本普及

经过多年发展，发展中国家初等教育基本普及，然而不同地区之间的初等教育净入学率存在一定差距。世界银行统计数据显示，2010年东亚与太平洋地区发展中国家为94.77%，欧洲与中亚地区发展中国家平均占比为93.08%，拉美与加勒比海地区发展中国家为93.97%，中东与北非地区发展中国家为92.42%，撒哈拉南部非洲发展中国家为75.26%，南亚地区发展中国家为88.14%，而世界上最不发达国家仅为78.60%。相比较而言，欧盟为97.56%。而世界平均为88.81%（见图4-10）。

（三）中等教育普及程度两极分化，普高和职高差异明显

中等教育普及程度两极分化，普高和职高发展差距明显。首先，从中等教育普及化程度来看，2010年东亚与太平洋地区发展中国家为71.76%，欧洲与中亚地区发展中国家平均占比为82.46%，拉美与加勒比海地区发

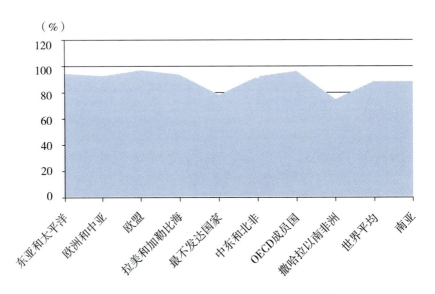

图 4 – 10 **2010 年发展中地区初等教育净入学率**

展中国家为 73.55%，中东与北非地区发展中国家为 92.42%，而世界上最不发达国家仅为 32.28%。相比较而言，欧盟为 91.73%，OECD 成员国平均为 87.69，而世界平均为 62.53%（见图 4 – 11）。

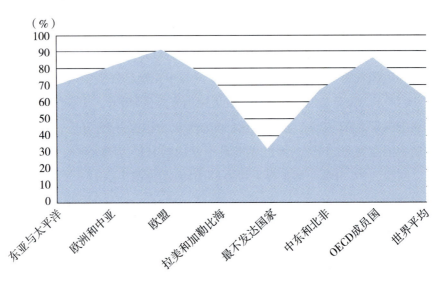

图 4 – 11 **2010 年发展中地区中等教育净入学率**

随着中高等职业教育和普通中学教育的发展，中等技术人才培养规模的日渐扩大。然而，对于占世界上庞大数量与规模的发展中国家而言，发展中国家职业教育长期不受到重视，随着2000年世界加快推进全民教育的步伐，世界各国特别是发展中国家基础教育规模迅速扩张，然而相应的职业教育却普遍未得到重视。在可获得数据的样本国家中，普通高中招生规模远远大于职业与技术高中招生规模，中等职业教育培养后备人才的有限，限制了发展中国家中等技术人才队伍发展（见图4-12）。

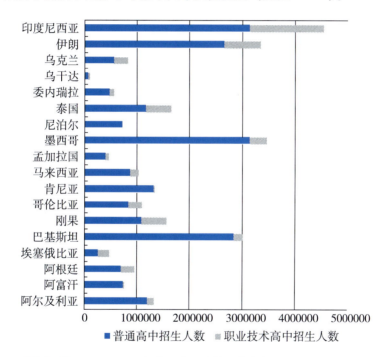

图4-12　2008—2011年发展中国家普通高中与职业高中招生状况

注：其中，阿尔及利亚、阿富汗、埃塞俄比亚、巴基斯坦、哥伦比亚、孟加拉国、墨西哥、泰国、委内瑞拉、伊朗、印度尼西亚为2011年数据，阿根廷、刚果、马来西亚为2010年数据，肯尼亚为2009年数据，尼泊尔、乌干达为2008年数据。

（四）高等教育发展不均，人才流失严重

受全球化和知识经济的影响，世界各国生存和发展方式发生巨大变化，国际竞争加剧，世界多极化格局形成，科学技术日新月异，导致各国

对科技发展的依赖和对拔尖创新人才的需求更加强烈。人才是国家竞争力的关键，高端人才成为国际竞争的焦点。

近年来，虽然发展中国家高等教育规模发展步伐加快，但是，发展中国家依然面临着高端人才储备不足，培养能力欠佳，流失严重等困境。发展中国家高端人才储备和培养能力不足。仅从高等教育毛入学率来看，发展中国家高端人才培养规模远低于 OECD 国家平均，且地区之间的差距较大。首先，各地区均值除了欧洲和中亚地区接近 OECD 均值以外，其他地区都与 OECD 均值有较大差距，从相差 10% 到 60% 不等（见图 4 – 13）。不同地区的发展中国家之间的差距较大。其中撒哈拉以南地区发展中国家平均尚未进入大众化阶段，欧洲和中亚地区进入普及化阶段，其他地区处于大众化阶段。

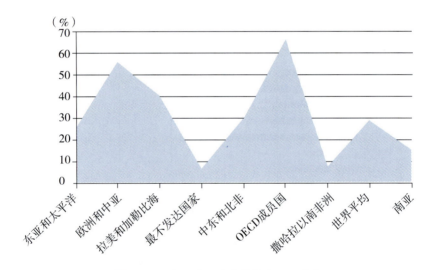

图 4 – 13　发展中国家高等教育毛入学率

此外，发展中国家人才流失严重。联合国开发署曾经统计认为，发展中国家和地区专业人才以每年 10 万人的速度外流到发达国家，特别是美国[①]。知识经济时代的到来，世界各国加剧了对人才的竞争，随着交通、

---

① 夏雪. 人力资本全球流动与一般发展中国家的困顿［J］. 济南大学学报（社会科学版），2012（1）：83.

资讯的便捷，国与国之间工作环境、生活条件鸿沟的进一步加剧，发展中国家人才外流形势只会进一步加剧。

联合国2010年世界移民报告指出，2005—2010年，全球人口流动数量超过2.1亿，其中，60%以上移入欧洲和美洲，移入欧洲的人口占同期全世界移民总量的36%（见表4-2）。

表4-2　**2005—2010年移（入）民增长率：移民量及其占2010年本地区总人口数比例**

地区	移（入）民人口（亿）	占本地区人口总数比例（%）
美洲	0.575	6.1
欧洲	0.771	8.7
非洲	0.190	2.0
中东	0.268	12.0
亚洲	0.275	0.7
大洋洲	0.060	16.8

【数据来源】World Migration Report 2010：The Future of Migration：Building Capacities for Change，International Organization for Migration［EB/OL］．［2012-10-25］．http：//www.iom.int/jahia/jsp/index.jsp.

（五）医疗卫生知识匮乏，健康教育任重道远

总体来说，发展中国家，尤其是最不发达国家，卫生保健条件相对落后，社会保障覆盖不足，传染疾病肆虐，对教育事业的发展产生重大冲击，从而使医疗、卫生、健康教育成为国家发展的重要基础。

由于医疗设施和卫生保健条件相对滞后，一些传染性疾病仍在威胁着很多地区人口的生命和健康，使教育事业的发展受到严重冲击。比如，艾滋病在非洲已经造成了灾难性的后果，对教育发展产生重大冲击。由于大人得了艾滋病或死去，许多儿童成为一家之长或是孤儿，为生存和偿还债务沦为童工、小贩、小偷以及妓女。非洲大陆2006年有2540万艾滋病人和艾滋病病毒感染者，仅在2004年新增的艾滋病病毒感染者就有310万，艾滋病的蔓延已使非洲9个国家的预期寿命降到了40岁以下。据美国有关部门最新调查，2004年非洲有超过4900万14岁以下的童工，这个数据比

2000 年前增加了 1300 万。

联合国艾滋病防治署顾问马哈林葛指出，针对非洲目前的艾滋病疫情必须有针对性、有重点地采取行动。马哈林葛同时表示，影响非洲艾滋病的因素非常复杂，主要有五大因素：第一，资源和能力，非洲在对付艾滋病问题上需要更多的资源；第二，团结和统一行动，非洲大陆一些根深蒂固的问题只有通过合作才能解决；第三，知识的运用，加大非洲防治艾滋病工作力度也应该加强普及艾滋病防治知识；第四，领导能力的加强，不仅非洲大陆的各个国家都要加强在抗击艾滋病方面的领导力，其实对一个家庭来说也是如此，家庭应该给妇女平等的权利，让女童也能上学；第五，信念和价值观，非洲大陆有不同的文化，如何适应各种文化，从而使艾滋病预防和治疗开展得更顺利，这是一个严肃的课题。加强相关知识教育刻不容缓，控制艾滋病的蔓延，将能挽救数百万人的生命。

三、发展中国家教育发展变化

在联合国教科文组织"全民教育"的倡导和推动下，进入 21 世纪以来，发展中国家基础教育投入均有所增长，受国际金融危机的冲击，部分国家削减了教育开支，但总体上仍然保持了增长。尽管如此，教育经费短缺、各级教育投入之间不合理仍然是发展中国家教育财政的共性。进入 21 世纪以来，发展中国家各级各类教育入学率均有了大幅度增长，相比较于世纪之交，经过了十年发展，发展中国家人口平均受教育年限大大提升。尽管如此，教育质量问题、师资水平、学校设施、教育性别均衡问题依然堪忧。发展中国家的高等教育入学率有了大幅度提升，在其中，以东亚与太平洋地区发展中国家最为显著。

（一）教育投入的变化

1. 教育投入不稳定，教育经费短缺
在可获得数据的样本国家中，发展中国家教育公共支出占政府支出比

率均呈现变化不定的态势，国与国之间差别甚大。在 2008 年金融危机到来之际，许多发展中国家未必像发达国家那样普遍削减公共支出特别是教育经费支出。而且，在发展中国家国与国之间，在政府公共开支中，投向教育的经费也是差距甚大（见图 4－14）。

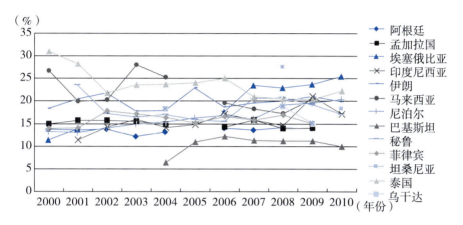

（％）

图例：
- 阿根廷
- 孟加拉国
- 埃塞俄比亚
- 印度尼西亚
- 伊朗
- 马来西亚
- 尼泊尔
- 巴基斯坦
- 秘鲁
- 菲律宾
- 坦桑尼亚
- 泰国
- 乌干达

（年份）

图 4－14　发展中国家公共教育支出占政府支出比率的变化

发达国家与发展中国家在教育投入方面差距明显，据联合国教科文组织《全球教育概览（2012）》，美国政府花费在 5—25 岁青少年群体上的教育投资相当于六个国家和地区的总和：阿拉伯地区、中东欧、中亚、拉美、加勒比海、西亚、南亚以及撒哈拉以南非洲。而与之形成鲜明对比的是，撒哈拉以南非洲国家的政府在占世界 15% 的入学适龄人口上的教育花费，只占世界教育花费的 2.4%。

尽管发展中国家与发达国家教育投入差距如此之大，全民教育的步伐却未停止，为了实现"达喀尔行动宣言"中的"EFA 计划"，撒哈拉以南非洲各国均加强了相应的投入。在 21 世纪第一个十年里，撒哈拉南部非洲在教育上的投入，平均年增长达到了 6%[①]。

受世界金融危机的冲击，国际上对发展中国家教育的援助有所降低，欧美各国在撤回在发展中国家投资的同时，也减少了对拉美与非洲国家的

---

① UNESCO. Financing Education in Sub－Saharan Africa：Meeting the Challenges of Expansion，Equity and Quality［M］. Montreal：UNESCO Institute for Statistics，2011：19.

援助。因此，EFA 目标在 21 世纪第一个十年的后半期出现了减缓趋势。

2. 教育投入结构不合理

教育投入不足是发展中国家教育发展长期滞后的重要原因。通过教育公共开支占 GDP 比重这一指标，对比发展中国家与发达国家（如图 4 - 15 所示）不难看出，发展中国家所在地区（除中东与北非之外）教育公共开支普遍低于世界平均水平。相对而言，OECD 国家、欧盟、北美等发达国家所在地区所占比率均超过世界平均水平。

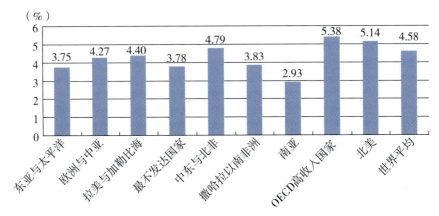

图 4 - 15　2008 年不同经济水平国家教育公共开支占 GDP 比重

联系前述发展中国家人均 GDP 与世界平均水平之间的差距，可以推断，就国家教育公共开支的绝对值比较，发展中国家在教育开支方面是远远落后于发达国家的，资金上的短缺，成为制约发展中国家各级各类教育发展的瓶颈。况且，发展中国家初等教育、中等教育以及高等教育三级教育结构间投入不合理。现以小学、中学、大学生均支出占人均 GDP 百分比为例说明（见图 4 - 16）。

首先，发达国家如欧美各国，其三级教育生均支出占人均 GDP 比重分布较为合理，彼此之间差距不大。有的地区，如北美，中学、小学教育生均支出要高于其大学生均支出。相对而言，发展中国家和地区在三级教育生均经费支出方面差异很大，大多数发展中国家的高等教育投入远远高于中小学教育投入。由此直接导致发展中国家基础教育与高等教育之间发展的不均衡。

其次，如秘鲁、印度尼西亚、孟加拉国等发展中国家，不但其三级教育生均支出占人均GDP比重总和低于发达国家，而且教育投入内部分配结构也不合理。尼泊尔、乌干达、摩洛哥、墨西哥、马来西亚、印度尼西亚、孟加拉国的大学生人均支出远高于中小学生均支出。由此一方面反映出这些国家高等教育仍处于"精英教育"，同时，也可由此推断，这些国家高等教育，往往还是"贵族的权利"。

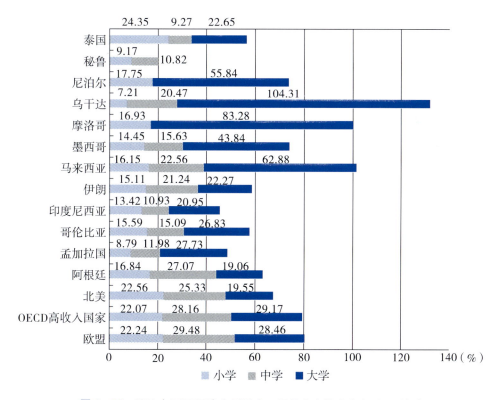

图4-16　2009年不同经济水平国家三级教育人均支出占GDP比重

3. 生均年度平均支出偏低

发达国家生均教育支出所占比率最高，如美国5岁至25岁群体占世界适龄人口的比率仅为4%，而此年龄阶段人口却占了世界教育支出的1/4。即使和新兴经济体国家相比，在初、中、高等教育方面的差距也逐渐加大。

（二）各级各类教育发展的发展与变化

进入 21 世纪以来，发展中国家各级各类教育的发展，随其经济的改善而有所推进。通过 UNESCO、世界银行等国际组织在世界范围内对教育普及的推动，尤其是自 2000 年以来"全民教育（EFA）"持续不断推进的背景下，发展中国家的基础教育、扫盲率以及教育性别差距均有了明显的改善。但是无论相对于当下教育指标的世界平均水平，还是全民教育本身的目的而言，发展中国家，尤其是撒哈拉南部非洲地区国家的教育发展现状，仍然存在明显的差距。

1. 学前教育普及率低

学前教育在一些国家并不属于义务教育范畴，因此在普及率方面不及义务教育。但在近几年，无论发展中国家，还是发达国家，学前班入学率在世界范围内呈逐渐上升趋势，发展中国家群体中最穷困的地区，如中东与北非地区、撒哈拉南部非洲与联合国所分类的最不发达国家，学前班入学率长期远远低于世界平均水平，亚太地区发展中国家学前班入学率的变化幅度与世界平均水平趋同。其他国家，尤其是欧美发达国家则远远高于世界平均水平（见图 4 - 17）。

就增长幅度而言，除欧洲与中亚地区发展中国家之外，其他地区发展中国家的学前班入学率增长幅度较为迟缓，推究其原因，或许与许多发展中国家并未将学前教育纳入义务教育范畴有关。《全球教育概览（2012）》指出，世界上大多数国家义务教育开始的年龄始于 6 岁与 7 岁。在可获得数据的 193 个国家中，将 3 岁、4 岁儿童纳入义务教育范畴的国家分别仅占 1%、2%，这些仅存在于拉美与加勒比海地区的一些国家。将 5 岁儿童纳入义务教育范畴的国家占 19%。大多数国家的义务教育起始年龄段还是在 6 岁与 7 岁，这些国家所占比率分别为 60% 与 19%[①]。

---

① UNESCO. Global Education Digest（2012）：Opportunities lost：The impact of grade repetition and early school leaving ［M］. Montreal：UNESCO Institute for Statistics，2012：12.

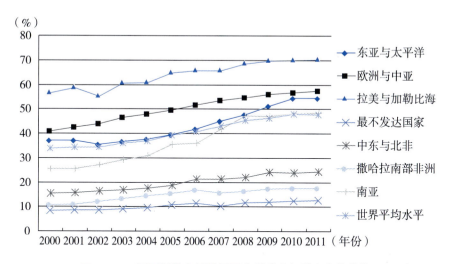

（%）

图中图例：
- 东亚与太平洋
- 欧洲与中亚
- 拉美与加勒比海
- 最不发达国家
- 中东与北非
- 撒哈拉南部非洲
- 南亚
- 世界平均水平

图 4 - 17　不同经济水平地区国家学前班入学率变化趋势

2. 许多发展中国家基础教育发展水平仍低于世界平均水平

《达喀尔 EFA 行动框架》与《联合国千年宣言》发布之后，国际社会开始持续不断地关注发展中国家的教育普及程度，全球基础教育普及率大大提升。从 1999 年到 2009 年的 10 余年间，基础教育普及率从原来的 84% 上升到了 2009 年的 90%。据《全球教育概览（2011）》，在 1999 年，全世界初等教育阶段 81% 的学生圆满完成了其学业，而到了 2009 年，这一比例达到 88%，主要得力于撒哈拉以南非洲以及西南亚国家发展教育的举措。随着教育投入的增长，撒哈拉南部非洲国家的教育获得了巨大发展。2000 年以来，小学入学率增长速度最快者，是撒哈拉南部非洲国家与最不发达国家。在 2000—2008 年期间，增长了大约 20%。受金融危机的影响，2008 年，部分非洲国家基础教育投资放缓，入学率自 2008 年以来止步不前，甚至略微出现了"不升反降"的现象。就当前而言，最不发达国家与撒哈拉南部非洲国家小学入学率仍然远低于世界平均水平。而其他发展中地区或国家的小学入学率则高于世界平均水平，并且发展已趋于稳定（见图 4 - 18）。

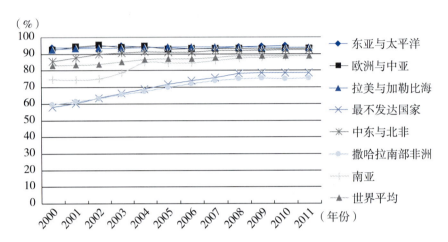

图 4 - 18　世界各地区发展中国家小学入学率（净百分比）变化趋势

注："中学入学率（净百分比）"，是指符合中学官方入学年龄的中学入学人数与该年龄人口总数的比率。

在小学教育迅速发展的基础上，中学教育也随之有所发展，从世界范围内来说，大部分发展中国家和地区的中学入学率有所提升。拉美与加勒比海地区、南亚地区、撒哈拉南部非洲与最不发达国家均有明显提升。在广大发展中国家的带动下，中学入学率的世界平均水平也随之有所提升，由原来的51.9%提升到了2011年的62.3%。然而，在这一过程中，并非所有的发展中国家中学入学率均有所提升，如南亚地区的孟加拉国，在很长一段时间内始终在45%上下徘徊，甚至有所下降，而且始终未能达到世界平均水平（见图4 - 19）。

无论从入学率的世界平均水平，还是就最穷国的增长幅度而言，中学入学率均不及小学入学率发展水平。这其中，资金投入不足是其重要原因；另外一个潜在的影响原因便是基础教育在扩大规模的同时，由于资金与配套设施难以及时跟上，从而难以注重其质量的提升，致使辍学率与学生留级复读率持续占很大比重。据最新数据显示：撒哈拉南部非洲国家，有近50%的儿童无法完成初等教育阶段的学习。约3200万初等教育适龄

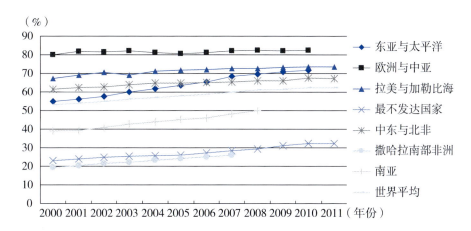

图4-19 世界各地区发展中国家中学入学率（净百分比）变化趋势

儿童无法入学①。随着小学入学率的提升，小学毕业率也随之有所提升，然而提升幅度却远远不及小学入学率（就世界平均水平而言）的提升幅度。以撒哈拉南部非洲国家和世界最穷国家为例，小学毕业率幅度虽有大幅度提升，然而仍然远低于世界平均水平（见图4-20）。由此，对于最落后的发展中国家而言，巩固教育成果的任务依然任重而道远。

从全球范围来说，升学率的提升，与义务教育年限的扩展不无关系。许多国家开始将初中教育纳入义务教育范畴，并通过立法的手段强制执行，从全球范围来说，2000年，世界义务教育平均年限为8.5年，而到了2010年，世界义务教育平均年限增长至8.9年。世界各地区国家义务教育平均年限均有了不同程度的提升（见表4-3）。

---

① UNESCO. Financing Education in Sub - Saharan Africa：Meeting the Challenges of Expansion，Equity and Quality ［M］. Montreal：UNESCO Institute for Statistics，2011：19.

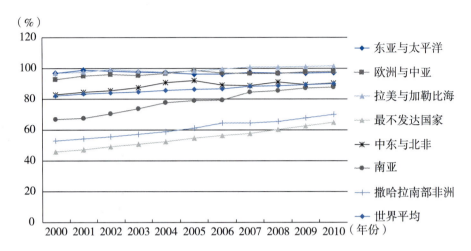

图4-20 世界各地区发展中国家小学总毕业率变化趋势

表4-3 世界不同地区义务教育平均年限

地区 / 年份	西南亚	撒哈拉南部非洲	东亚与太平洋	阿拉伯地区	中东欧	中亚	拉美与加勒比海	北美与东欧
2000	5.0	7.0	8.0	7.5	8.8	9.4	9.9	10.5
2010	5.7	7.7	8.3	8.5	9.2	9.9	10.3	10.6

尽管如此，在许多国家并未取得应有的效果。例如，在西南亚国家，尽管初中教育对绝大多数孩子来说是属于义务教育，但该地区只有4%的国家初中毛入学率超过了90%。尤其是，如印度、阿富汗等国家的初中教育入学率尚未达到81%。对于撒哈拉南部非洲国家来说，情况更不容乐观，在17个将初中教育纳入义务教育范畴的国家中，有12个国家初中入学率长期徘徊不前。例如，在布基纳法索、乍得、厄立特里亚、几内亚、马拉维、尼日利亚、卢旺达诸国，初中教育入学率仅仅在25%—50%之间徘徊。

3. 在基础教育规模快速扩充的同时，辍学率有所下降，但教育质量问题日益突出

从2000年至2008年，初等教育阶段的儿童在学率提升到了48%，从

8700 万增长至 1. 29 亿①。从 1999 到 2009 年，初中教育阶段入学率从 72%
提升到了 80%，这同样归功于阿拉伯地区、南亚以及撒哈拉南部非洲地区
的广大发展中国家近些年基础教育的快速发展，然而，尽管有如此提高，
在撒哈拉以南非洲地区，这一比例仍然很低，仅占 43%。除此之外，世界
大约有 1/3 的儿童居住在农村地区，在那里初中教育虽被纳入义务教育的
范畴，但至今却仍未兑现，尤其是在南部和西部的非洲地区。

1999 年，全球约有 1. 01 亿初中辍学生，到 2010 年，这一数目降至
7100 万。相比较而言，初中辍学基数仍然十分庞大，其中，西南亚国家所
占份额最大，为 3100 万，其次是撒哈拉南部非洲，为 2200 万，再次是东
亚与太平洋地区，为 1000 万。

在减少小学阶段儿童辍学率方面，自 2005 年以来开始放缓，而从
2008 年开始甚或出现了停滞，全世界范围内约有 6100 万适龄儿童不能进
入学校学习。而且，部分地区辍学现象严重，以撒哈拉南部非洲为例，这
一比率从 2008 年的 2900 万，骤然提升至 2010 年的 3100 万，是世界上儿
童辍学率最高的地区，而这一点主要是由于教育的扩张跟不上这一地区因
人口的激增所导致的适龄儿童的快速增长造成的。

相比较而言，西南亚发展中国家在过去一段时间以来取得了较大的进
步。辍学儿童从 1999 年的 4000 万降至 2010 年的 1300 万，降幅约为 2/3，
而这一成就的取得很大程度上得益于印度义务教育所取得的进步。当前西
南亚地区的儿童辍学率降至 7%。

从世界范围来说，辍学儿童中大约有 47% 将不可能再次进入学校学
习，约有 26% 的儿童曾参加过学校学习但后来辍学，剩余 27% 的辍学儿童
在未来将有可能再次踏入校门。在发展中国家所在地区之间，差异很大。
在阿拉伯、中亚、西南亚以及撒哈拉南部非洲地区，大约有 1/2 的辍学儿
童难以再次踏入校门。在中东欧、拉美与加勒比海地区，大多数辍学儿童
在不远的将来会重新踏入校门。而东亚与太平洋地区以及西南亚的早期辍

① UNESCO. Financing Education in Sub – Saharan Africa：Meeting the Challenges of Expansion，
Equity and Quality ［M］. Montreal：UNESCO Institute for Statistics，2011：19.

学儿童占比也很大。

世界上约有 1/3 的儿童面临这样的境况，初中教育在其所在国家是属于义务教育范畴的，然而就初中毛入学率来说，这一比例这些国家尚未达到 90%[①]。

《世界教育概览（2012）》指出：2010 年，全世界每年有 32200 万名学生在初等教育阶段复读，有 31200 万名学生在该学段毕业之前辍学。其中，有如下现象：相对所在年级年龄偏大的孩子，因其入学晚与家庭贫寒等原因，更容易早期辍学；女童较男童入学难度大，而男童较女童容易留级与辍学。那些很少有机会入学的孩子，主要原因还在于家境贫寒与相伴而来的不利因素，更容易留级与辍学。这些短板，意味着孩子丧失了入学的机会，尤其对于那些贫寒的孩子来说，同时也意味着家庭与政府在教育投资方面的不合理。在其背后，所付出的代价是潜在的，一方面是孩子发展机会与改变自身命运机遇的丧失，另一方面，是投放在这些孩子们身上教育资源的浪费。

自 2000 年以来，印度尼西亚、伊朗等国家无论是小学，还是初中，辍学率均呈现逐步下降的趋势。然而，近年来，特别是 2008 年金融危机爆发以来，有不少国家，如巴基斯坦、肯尼亚、哥伦比亚的小学辍学率，委内瑞拉、乌兹别克斯坦等国的初中辍学率出现了不降反升的趋势。况且，许多国家如埃塞俄比亚、巴基斯坦、摩洛哥、印度尼西亚等国，初中辍学率下降程度不及小学辍学率下降程度，年级越高，辍学现象越严重（见图 4 － 21）。

随着小学入学率与中学入学率的攀升，广大发展中国家所面临的问题，一方面在继续普及教育的同时，也逐渐注重提高教育质量，早期辍学现象严重，以及很高的留级复读率、超龄儿童率以及较低的学习成就，将会为发展中国家基础教育的发展带来进一步的挑战，也会在相当一段历史时期内成为发展中国家所共同面对的任务。

[①] UNESCO. Global Education Digest（2012）：Opportunities lost：The impact of grade repetition and early school leaving ［M］. Montreal：UNESCO Institute for Statistics，2012：9.

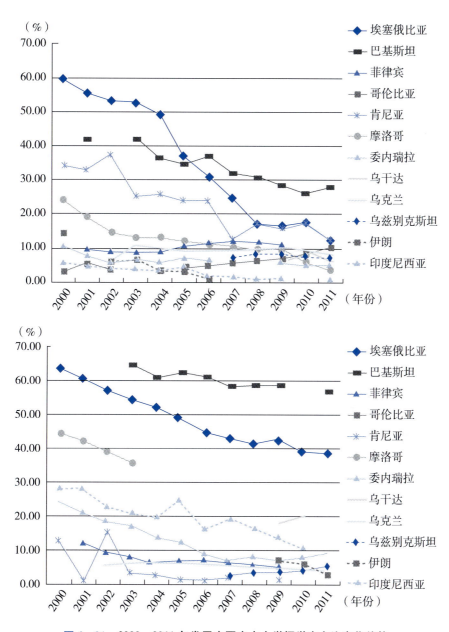

图 4 – 21　2000—2011 年发展中国家中小学辍学率占比变化趋势

2010 年，根据世界上可获得数据的 156 个国家报告显示，有 34 个国家宣称，其国内各年级超龄儿童在 15% 以上。这其中，有一多半国家分布在撒哈拉南部非洲地区。就本研究所选择的样本国家中，根据可获得的数据，在 2009 年，有一半以上的国家超龄儿童占比在 10% 以上，有些国家如哥伦比亚、肯尼亚、乌干达等国，超龄儿童占比甚至将近 1/3，分别为 27.08%、29.41% 与 28.73%。而且，自 2000 年以来，各国超龄儿童所占比率变化趋势也不一致，有的上升，有的下降，有的起伏不定，并不像前述辍学率那样，绝大多数国家依次递减（见图 4-22）。由此不难推断，发展中国家庞大的学校超龄儿童群体的存在，并不像提高入学率那样可以迅速解决，而是关涉提高教育质量的问题。

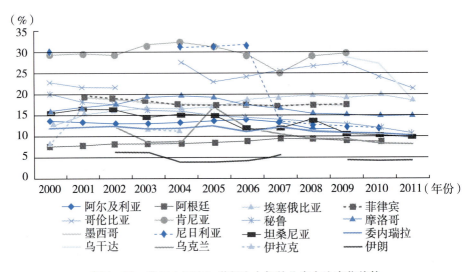

图 4-22　发展中国家入学新生中超龄儿童占比变化趋势

在中小学复读生方面，具体到单个发展中国家来说，近些年来的变化趋势也未必如升学率与辍学率那样呈现明显的或升或降的趋势，与超龄儿童占比变化趋势一样，也呈现变化不定的态势。如埃塞俄比亚、巴基斯坦、坦桑尼亚、伊拉克等国的小学复读生占比近年来有上升的趋势，而对于中学复读生而言，尽管样本国家中有几例近年呈现下降趋势，但依然不如入学率那样明显（见图 4-23）。

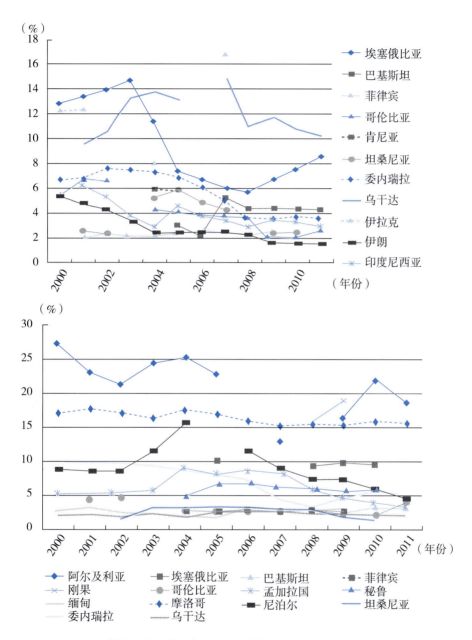

图 4 – 23　发展中国家中小学复读生占比变化趋势

　　注：UNESCO 所采用的"复读生占比"（percentage of repeaters）这一概念，是在每一学年开始之际，每一年级的复读生占该年级所有学生的份额，可用来作为衡量教育质量以及教育系统内部效率的指标。在该图中的"中学复读生"是包括初高中生（"lower secondary"与"upper secondary"）在内，统一计算的比率。

再来看世界各地中学复读生占比变化趋势，情况更是如此。如图 4 - 24 所示，就初中复读生而言，各地区所占比率呈下降趋势，而就高中复读生占比来说，则下降趋势并不明显，有些国家，如撒哈拉南部非洲、中东欧地区等却出现了不升反降的趋势。

自从 2008 年开始，广大发展中国家逐渐参与到对小学早期儿童阅读能力方面的国际性测试中来。早期阅读能力测试（Early Grade Reading Assessments，EGRA）是发展中国家近年来广泛参与的调查之一。联合国教科文组织于 2008—2012 年在撒哈拉南部非洲、东亚与太平洋地区以及南亚等发展中国家所在地区开展了小学年级阅读能力测试调查，调查结果显示：经历两年甚至四年的小学学习之后，仍然有将近一半的儿童甚至连简单的单词拼写都不会。更有甚者，如在非洲的马拉维、马里与赞比亚，几乎所有的小学生都缺乏基本的阅读技能，在二年级阶段，90% 以上的孩子不会简单的单词拼写。同样的低水平阅读能力在世界其他地区与国家也存在，如巴基斯坦，约有91% 的小学二年级学生，对课文中出现的简单的单词不会拼写①。

而且，一些发展中国家的国际教育组织如南部和东部非洲教育质量监测联合会（The Southern and Eastern Africa Consortium for Monitoring Educational Quality，SACMEQ）、非洲法语国家联盟教育系统分析项目（The Programme d'analyse des systèmes éducatifs des États et gouvernements membres de la CONFEMEN，PASEC）与拉丁美洲"教育质量评估实验室"（The Laboratorio Latinoamericano de Evaluación de la Calidad de la Educación，LLECE），在近年来针对发展中国家基础教育而开展的测试，其调查结果也不容乐观。

据 SACMEQ 于 2007 年开展的一项关于撒哈拉南部非洲 14 个国家的抽样调查显示，几乎有一半的学生在小学毕业之际，在阅读能力方面表现极差。在马拉维与赞比亚，几乎有 3/4 的受测学生甚至连阅读最基本的要求

---

① UNESCO. Global Education Digest（2012）：Opportunities lost：The impact of grade repetition and early school leaving ［M］. Montreal：UNESCO Institute for Statistics，2012：47.

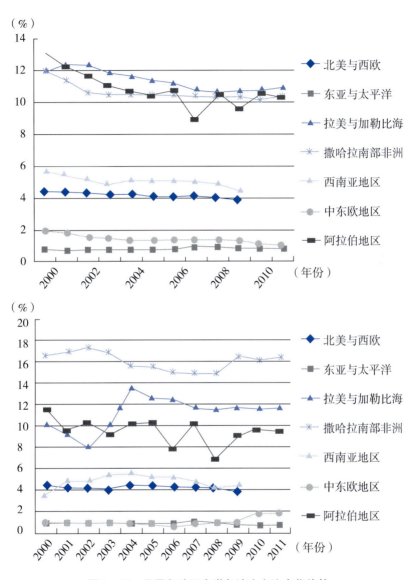

图 4 – 24   世界各地区中学复读生占比变化趋势

都难以达到。

在非洲法语国家，根据最近 PASEC 于 2009 年开展的一项调查显示，多于一半的学生在法语阅读方面表现极差。而且，留级复读、针对女童而来的性别歧视、庞大的班级规模以及偏远的乡村学校环境等，均对小学生学习带来不利影响。

在拉丁美洲，LLECE 的一项关于学生学习成就的调查显示，在 1/4 的国家中，约有 1/3 的学生连最低要求的阅读能力也尚未达到。

诸如上述 LLECE，PASEC 与 SACMEQ 的调查显示，在亚非拉国家的教育系统中，低水平的学生表现随处可见，那些来自于农村，以及存在经济与其他方面困难的学生，往往难以开展最基本的文本阅读，因此，他们更容易倾向于留级复读，或干脆辍学。

在不发达国家，有数以百万计的儿童在其早期学龄阶段难以习得相应的学习技能，简而言之，许许多多的儿童在学校日复一日地度过学习生涯，但并未习得最基本的阅读技能。

4. 基础教育教师数量有所增长，但师资水平不高，部分地区师资紧张，教学设施落后

生师比是衡量学校师资规模与教育水平的一个重要指标，就广大发展中国家而言，随着小学入学率的提升，生师比并未随之提高。而在经济水平较高的地区，如东亚与太平洋、欧洲与中亚、拉美与加勒比海地区的发展中国家，进入 21 世纪以来，生师比持续下降；在南亚、撒哈拉南部非洲地区与最不发达国家，小学生师比长期以来高于前三者与世界平均水准，且居高不下，这也反映出其教育发展程度的缓慢。

世界银行采用"培训后初等教育教师占比"这一指标来衡量各国基础教育阶段师资水平，从图 4－26 可以看出，各发展中国家基础教育师资水平差距明显，如乌克兰、阿尔及利亚、墨西哥、肯尼亚的专业教师数量占比较高，东亚与太平洋地区国家缅甸、尼泊尔，以及非洲国家尼日利亚、乌干达攀升速度较快；而诸如埃塞俄比亚，随着小学入学率的攀升，急需大批的教师来充实师资队伍，许多教师未经培训便走上了讲台，特别是在 2008 年以后，如刚果、埃塞俄比亚等非洲国家，培训后教师占比一度急剧下降。由此也说明，在基础教育扩张的同时，并未注重教育质量的提升，发展中国家师资队伍建设亟待加强。

不仅如此，对于广大发展中国家而言，教育设施的落后也触目惊心。仅举 UIS 关于非洲地区小学的水电设施而言，就本研究所援引数据中，所

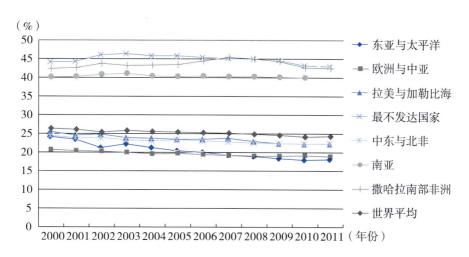

图 4-25 世界各地区发展中国家小学生师比变化趋势

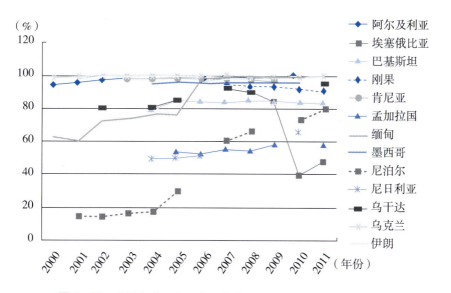

图 4-26 世界各地区发展中国家培训后小学教师占比变化趋势

涉非洲发展中国家小学的电力设施与清洁用水供应，大多数国家合格率尚未超过一半。有些国家诸如乌干达、几内亚、乍得、尼日尔、马达加斯加诸国，电力设施齐全的公立学校所占百分点甚至仅停留在个位数水平（见图 4-27）。

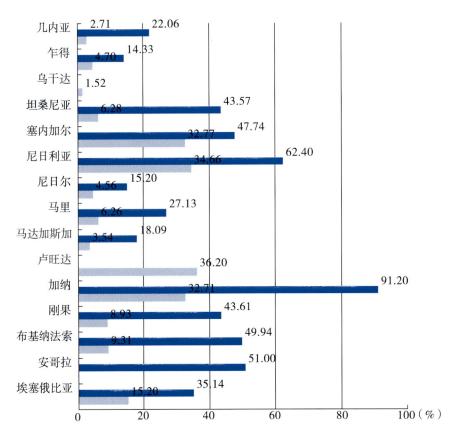

图 4 – 27　**2008—2011 年非洲发展中国家公立小学水电设施状况**

注：所选国家均为人口超过 3000 万以上的发展中国家。其中除安哥拉、塞内加尔、坦桑尼亚数据为 2010 年，尼日利亚为 2008 年数据之外，其余国家均为 2011 年数据。

5. 教育中性别歧视现象依然严峻，虽有所改善，但女童教育仍不容乐观

　　基础教育中的性别差距是"全民教育"所重点关注的内容，就世界平均水平而言，中小学女生绝对数量也低于男生绝对数量。《世界教育概览（2011）》指出：中学教育入学公平是当前教育所面临的另一个重要挑战。从 1999 到 2009 年，全球初级中学女童入学率从 69% 上升到了 79%，高级中学女童入学率从 43% 上升到了 55%。然而，阿拉伯地区和撒哈拉以南非洲地区仍然面临着严重的性别不平等，尤其是从初级中学阶段就开始了；

　　与此同时，在南亚、西亚以及撒哈拉以南非洲的性别歧视更为严重。

　　UNESCO 采用"性别平衡指数"①，以此来判断发展中国家基础教育中的性别差距状况。GPI 对世界各国各级各类教育中所涉及的男女性别平衡均有所涉及，在此，列出中小学入学率性别平衡指数（见图4－28）。

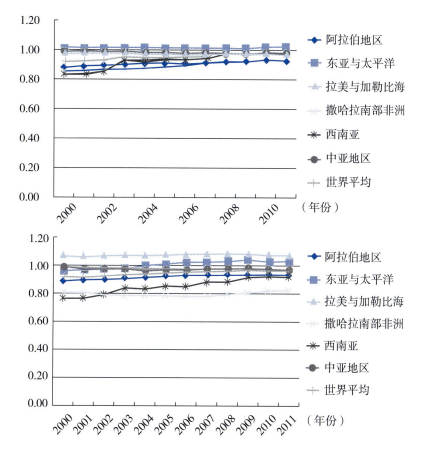

图4－28　发展中国家所在地区中、小学毛入学率性别平衡指数变化趋势

---

　　① 性别平衡指数（Gender Parity Index，GPI），是国际教育比较中用来评估教育指标中男女生差异的通用参数。它是根据某一教育衡量指标，将该衡量指标在女童生群体的赋值，除以该指标在男生群体的赋值得来的。如果某一教育指标的 GPI 为1，意味着该教育指标在男女生之间没有差别，男女实现绝对均衡。如果小于1，则意味着女生在该教育指标方面要弱于男生，反之，则意味着强于男生。UNESCO2003 年通用标准将误差范围在 0.97—1.03 之间的 GPI，视为取得男女生均等的标志。

从图4-28中可以看出，阿拉伯地区、西南亚地区以及撒哈拉南部非洲地区，中小学入学率性别平衡指数均低于世界平均水平，尽管这些年来持续有所改善，如西南亚地区的小学与中学入学情况，女童入学比率不断提升，小学性别平衡指数甚或后来追赶上世界平均水平。然而撒哈拉南部非洲与阿拉伯地区国家，在女童教育入学方面，仍然难以达标。

再来看男女童入学比率，长期以来，发展中国家男女童入学比率并未有显著改观。而且，随着年级越高，女童占比越少，尤其是在撒哈拉南部非洲一带（见表4-4）。

表4-4　2010年世界发展中国家所在地区中小学女生与男生入学比率（女/男）

	东亚与太平洋地区	欧洲与中亚	拉美与加勒比海	最不发达国家	中东与北非	南亚	撒哈拉南部非洲	世界平均
小学	101.67	99.17	96.74	93.72	93.42	97.79	92.81	97.46
中学	103.64	96.47	107.76	84.25	91.61	91.25	82.04	96.91

就中小学女生与男生比率，除了伊朗外，撒哈拉南部非洲国家与最不发达国家的平均水平，以及样本剩余各国，均低于世界平均水平（见表4-4）。与之相对应，对于广大发展中国家而言，初等教育阶段小学女生辍学率却远远高于男生（见图4-29）。

就小学阶段辍学率而言，女童辍学率略低于男童辍学率的国家，如乌干达，男女童辍学率均低于10%；而对于那些女童辍学率高于男童辍学率的国家如埃及、巴基斯坦、尼日利亚等，男女童辍学率均不容乐观，而且女童辍学率一般要高出男童辍学率许多。然而，值得一提的是，就世界范围内来说，小学超龄儿童中男童所占比率要远高于女童，大概高出15%[1]。

不仅如此，基础教育中的性别不平等，在中小学教师队伍中亦可见一斑。在可获数据的样本国家中，就小学教师队伍来说，除菲律宾、哥伦比亚、乌兹别克斯坦，以及后来居上的孟加拉国、摩洛哥与尼日利亚。其余

---

① UNESCO. Global Education Digest（2012）：Opportunities lost：The impact of grade repetition and early school leaving［M］. Montreal：UNESCO Institute for Statistics，2012：9.

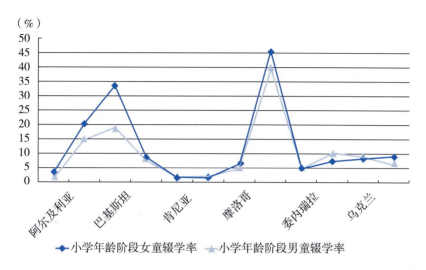

图 4－29　**2010 年发展中国家小学阶段辍学率性别差异**

国家小学女教师占比均远低于50%的水平。而就中学教师队伍而言，这一差距更为明显，仍然除东亚与太平洋地区的菲律宾、尼泊尔以及中亚地区的乌兹别克斯坦之外，其余国家中学女教师占比升幅较为落后，远低于50%的水平（见图 4－30）。

另外，据可获得数据，以 2011 年"公立学校新招聘女性教师占比"为例，公立小学新招聘女性教师中，马里为 31.20%，塞内加尔为 29.98%。公立初中新招聘女性教师中，马达加斯加为 45.23%，马里为 12.49%，塞内加尔为 19.86%；而公立高中新招聘女性教师所占比率更低：马达加斯加为 12.36%，马里为 12.49%，塞内加尔为 19.86%。

6. 高等教育发展不均衡

（1）高等教育规模发展不均衡

根据马丁·特罗的观点，将高等教育发展分为三个阶段，即精英化、大众化以及普及化。相对于发达国家已经进入普及化阶段的境况，发展中国家高等教育也迅速膨胀，从世界范围来看，经过最近十几年的发展，世界高等教育平均已进入大众化发展阶段。《世界教育概览（2009）》重点分析了一段历史时期以来高校在校生数量的扩展，尤其是自 2000 年以来，全

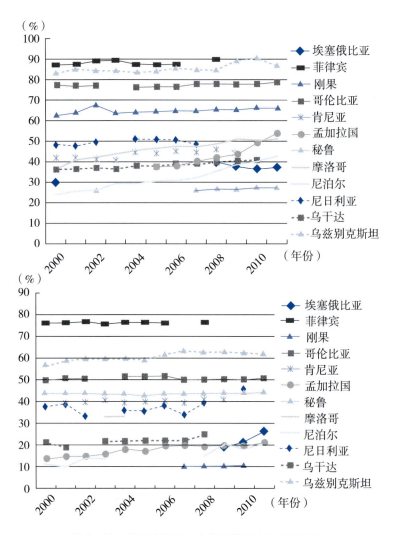

图 4 – 30　发展中国家中小学女教师占比变化趋势

球高等教育学生数量快速增长，至 2007 年已达 1.5 亿。设若 2000 年为 100 名高校生，到了 2007 年则为 150 名。这其中大部分是由于亚洲高校扩招的原因。东亚与太平洋地区、拉美与加勒比海地区、欧洲与中亚地区的发展中国家高等教育扩招幅度最大，增长也最为迅速（见图 4 – 31）。就发展中国家收入水平而言，在高收入国家，受高等教育人群占总人口比率最高，在中低收入国家也出现了越来越多的大学生。然而，发展中国家之间差距仍然很大。

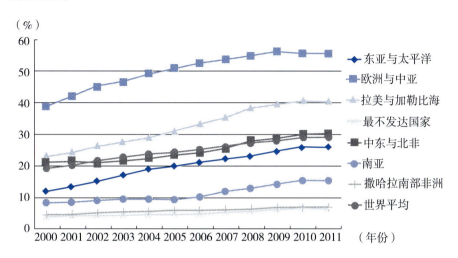

图 4-31　世界各地区发展中国家高校入学率变化趋势

从国际比较的视角来看，许多发展中国家在发展高等教育的过程中往往被动跟随发达国家，"发展中国家对西方发达国家发展模式的简单移植，包括教育的发展，在'失真'的全球化和国际化的指引下，实质上造成了模式上的西方化和实践中的单向度"①，从而难以摆脱西方发达国家的影响。尽管如此，国际组织与发展中国家也已开始认识到高等教育对于促进可持续发展以及国民经济发展中所起到的重要作用。联合国教科文组织 2012 年的报告中提及："高等教育在促进社会经济与人类发展方面所发挥的重要作用越来越得到广泛的认可"，国际组织，如 UNESCO，世界银行，欧盟以及非洲联盟（African Union）等均认识到，如果没有一个足够强的高等教育体系，对任何发展中国家而言，无论是非洲还是其他发展中国家，都难以获得可持续发展②。

经济全球化带动了高等教育的国际化，发展中国家也积极参与进来，

---

① 张力奎，李庆豪. 全球化时代发展中国家的高等教育 [J]. 山西财经大学学报，2007（12）.

② UNESCO Institute for Statistics. New Patterns in Student Mobility in the Southern Africa Development Community [J]. UIS IMFORMATION BULLETIN. 2012（7）.

以拉美国家为例，一些经济发展迟缓的拉美国家，结合本国的文化与社会经济发展状况，致力于发展传统的国际教育合作活动，希望通过别国的援助、交流与合作，来协助本国教育的大发展。比如，秘鲁、厄瓜多尔、玻利维亚，主张同北美发达国家开展学术合作，发展合作教育仍然是其主要动力。由于意识形态的差异，古巴强调国际教育的团结与合作的作用。智利、墨西哥与哥伦比亚积极发展国际合作办学，教育贸易获得的经济利益成为它们国际化最近的发展动力。

就撒哈拉南部非洲国家的高等教育而言，近年来也在积极参与高等教育国际化，然而近年来由于人才的大量外流，加上政治、经济的不景气，高等教育面临着最突出的质量问题。"非洲大学在科研、评估、教学、信息传递和技术发展方面对于社会进步和经济增长所起的作用至关重要。但是，由于学校招生人数增加引起资源减少，因此大学教育质量面临大幅滑坡。导致这种滑坡的因素有：国家经济不景气，管理结构不合理，政治干预，内部管理不善以及校园能力有限"①。

（2）部分发展中国家性别差距不均衡

性别差距在发展中国家高校内部也存在不公平现象。对于撒哈拉南部非洲和中东与北非地区的发展中国家来说，高校性别比率长期失调，高等教育女生占比远远低于男生占比（见图4－32）。

然而，就世界平均水平而言，高等教育男女生性别比率是趋于均衡的。早在20世纪70年代，世界上许多国家高等教育在性别平衡方面，已开始从关注高等教育中的女生入学，转向了女生逐渐占优势地位。从图4－32中也可看出，高等教育性别比率，自进入21世纪以来略有缓慢上升，高等教育中，女生绝对数量已呈现超过男生的趋势。在图中所列发展中国家所在地区中，欧洲与中亚、拉美与加勒比海地区的发展中国家的高校，女生平均数量要高于男生数量。亚洲与太平洋地区发展中国家，在2006年之前女生占比要低于男生占比的，然而此后有所上升，也已经超越

---

① 戴维·查普曼 安·奥斯汀. 发展中国家的高等教育：环境变迁与大学的回应［M］. 范怡红，主译. 北京：北京大学出版社，2009：112.

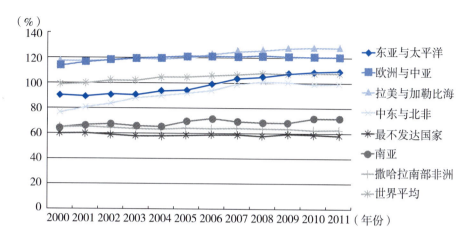

图4－32　世界各地区发展中国家高校性别比率变化趋势

了男生所占数量。

就当下而言，世界上已有2/3的国家，在高等教育系统中的女生数量要多于男生数量，这背后的原因，或许在于男生在中学教育阶段结束之后就直接转向工作，或是出国从事其他教育等①。

总之，对于世界上所有发展中国家而言，其内部政治、经济系统包罗万象，其教育系统内部各级各类教育之间亦千差万别。金融危机对发展中国家的影响是潜在的，然而并未对发展中国家所有各级各类教育均造成太大的冲击。就基础教育发展而言，发展中国家共同面临着提高、巩固升学率，提高教育质量，降低辍学率与复读率，缩小性别差距的共同任务，这也是全民教育所关注的目标。对于高等教育而言，世界范围内入学率普遍提升，发展中国家也不例外，而且有的国家已然开始迈向高等教育大众化阶段。就性别平衡而言，在世界范围内，女生数量多于男生已然成为趋势，但对于少数地区如撒哈拉南部非洲与阿拉伯地区却例外，它们依然面临着提高高等教育女生入学率，实现两性平等的任务。

在实现全民教育的过程中，依然有很长的路要走。特别是对于那些最

---

① UNESCO. Global Education Digest（2010）：Comparing Education Statistics Across the World［M］. Montreal：UNESCO Institute for Statistics，2010，17.

不发达国家，在全球化背景下，发展中国家与发达国家贫富两极分化更为严重，教育系统所体现的矛盾也逐渐凸显，发展中国家的教育发展，无疑面临着更加繁重的任务。

四、发展中国家为促进教育发展所采取的举措

日趋激烈的国际竞争，归根结底是人才的竞争，教育的竞争。发展中国家同样也认识到了这一点。在基础教育方面，发展中国家借助"全民教育"的倡导与推动，继续推进基础教育就学率的维持与教育质量的改进。注重保障女童受教育权利，推进教育公平。注重提升师资水平，完善教育评价机制。与此同时，致力于通过教育的手段，普及中等教育，发展职业教育，提高青年和成人的生活技能，也以此来达到脱贫的目的。

（一）深受国际组织及发达国家影响，重视全民教育，通过制定规划谋求教育发展

发展中国家在制定教育政策时，受到联合国教科文组织等国际组织的重要影响，特别是教科文组织提出的"全民教育"理念，通过制定教育规划为以全民教育为基础的教育发展描绘愿景和蓝图。1990年，教科文组织在世界全民教育大会上提出了"全民教育"的概念，其基本内涵是扫除成人文盲、普及初等教育以及消除男女受教育差别。2000年，教科文组织世界教育论坛通过了《达喀尔纲领》，确认了为每个公民和社会实现全民教育的六项目标（扫盲、发展幼儿教育、普及初等教育、促进男女教育机会平等、生活技能培训、全面提高教育质量），其中有三项（扫盲、普及初等教育、男女教育机会平等）已列入联合国大会通过的"千年发展目标"，核心内容是在2015年以前实现全民免费初等义务教育。

发展中国家由于经济文化相对落后，虽然教育普及已取得显著进步，但仍存在很多问题，因此尤为重视全民教育的实施，制定教育政策和规划时也都把实现全民教育目标作为重中之重的任务。

肯尼亚的《国家教育部门支持计划》就明确提出：到 2005 年普及初等教育，2015 年实现全民教育目标。埃塞俄比亚《教育部门发展规划》阐述了国家教育发展愿景：2015 年使所有学龄儿童能够接受有质量的初等教育，实现创造各级训练有素且技能熟练的人力资源的目标，这些人力资源将成为促进国家民主及发展的推动力。阿富汗的教育发展战略提出了长期、中期和短期的目标，长期目标是使所有学龄儿童和青年拥有平等的接受有质量教育的机会，发展其知识、技能、价值观以及态度，中期目标是到 2020 年所有儿童将要完成小学教育，短期目标是 2010 年男童和女童的小学净入学率至少分别达到 75％ 和 60％，所有初中实施新的课程，女教师增加 50％，70％的阿富汗教师通过能力测试，评估学习成就的体系，如国家学生测试体系准备到位。

发展中国家的教育规划常常是在一些国际组织及西方发达国家的援助下制定的，因此在很大程度上受到了外来的影响。针对发展中国家来自外部的支援往往从项目或计划的制订，到技术和财政资金的援助，以及项目的实施与评估等环节，都有国际组织和一些国家（主要是西方发达国家）参与其中，这些参与援助的组织或国家被称为发展伙伴（development partners）。其援助的形式一是项目援助（project assistance），即通过政府或与之平行的金融管理机构，提供针对协议项目指定用途的特别经费，二是预算支持（budget support），包括普通预算支持和部门预算支持，前者经费的使用和管理遵循受援方的公共财政管理程序，后者则包含条件，通常要求受援方和资助方就部门政策达成协议。

非洲中部的乌干达接受的外来援助占其公共支出的一半，它是第一个受到债务减免的高负债贫穷国（HIPC），也是世界银行减贫支持信贷（PRSC）的第一个接受国。1998 年，它获得国外提供的普通预算支持（GBS），并得到债务减免，该计划通过乌干达政府的财政预算优先用于减贫战略，并被指定用于教育和卫生领域的部门计划。亚洲的柬埔寨从 20 世纪 80 年代起就得到来自瑞典政府国际发展署和联合国儿童基金会（以下简称"儿基会"）的援助，其三方合作的机制是瑞典政府提供资金支持，儿基会提供战略规划方面的指导和援助，柬埔寨政府则负责总体战略规划的实施。瑞典政府和儿基会提供的援助和指导涉及教育改革的各个方面，如确立政策、加强政府部门能力、推进模式创新以改善初等教育质量，并对柬埔寨 24 个省当中的 6 个省提供了周到细致的教育服务支援。

（二）致力于摆脱贫困，多渠道增加教育投入，加强基础设施建设

发展中国家的教育落后在很大程度上是由于贫困而导致的教育经费不足所造成的。以非洲的加纳为例，其 31.4% 的人口处于贫困线以下，教育经费占 GDP 的 3.5%，然而其中 80% 以上都用于支付工资，用于基础设施的经费极少。1996 年加纳开始在义务教育阶段取消学费，而新增基础设施、教科书和教学材料需要大量的资金，培养足够数量的教师同样需要政府注入足够数量的资金，免费义务教育给中央财政带来了巨大的压力和挑战①。

经过各国的不懈努力，目前发展中国家在摆脱贫困、增加教育经费投入上已取得了显著的进步。2000 年达喀尔会议以来各国政府的教育支出总额稳步增加，特别是低收入国家的支出增长最大，自 1999 年以来平均每年增长 7.2%，撒哈拉以南非洲年增长率为 5%。在有可比数据的中低收入国家，过去 10 年教育支出占国民收入的比例提高了 63%。坦桑尼亚教育支出占国民收入的比重翻了两倍，小学净入学率翻了一倍；塞内加尔教育支出占国民生产总值的比例从 3.2% 增至 5.7%，小学入学率显著增长，并消除了性别差距②。大多数国家通过大幅增加教育支出加快了实现全民教育的进程。埃塞俄比亚政府在第二期（2002—2004）教育部门发展计划（ESDP）期间，计划新建 1405 所低年级（1—4 年级）小学、795 所高年级（5—8 年级）小学和 76 所完全小学（1—8 年级），重建 887 所学校，为 1437 所小学提供必需的设备，为 2247 所小学提供课桌椅，建设 10 所寄

---

① 孙美玉，杨军. 加纳义务教育发展困境的原因探析［J］. 外国教育研究，2011（5）.

② 联合国教科文组织. 全民教育全球监测报告 2012——青年与技能：拉近教育和就业的距离（中文版摘要）［EB/OL］.（2012 - 11 - 20）［2013 - 05 - 31］http：//unesdoc. unesco. org/images/0021/002175/217509c. pdf.

宿制小学，并在农村地区配建教师住宅①。这些设施建设的开展，有赖于政府教育投入的增加和保障。

虽然很多发展中国家的教育经费支出有所增加，但由于经济社会发展基础薄弱，部分发展中国家的教育支出还维持在较低水平，实现全民教育仍然任重道远。中非共和国、几内亚和巴基斯坦等国的公共教育支出不到国民生产总值的3%，巴基斯坦失学儿童人数为510万，位列世界第二，但过去10年教育支出占国民生产总值的比例却从2.6%减至2.3%②。总体来看，贫困和经费投入不足依然是发展中国家教育发展的主要瓶颈，如何摆脱贫困、增加教育投入是促进其教育发展的一项关键任务。

发展中国家为摆脱贫困、增加教育投入而采取的措施和途径是多方面的。第一，通过经济增长解决贫穷问题是根本的途径。2001年，非洲国家共同提出了旨在促进社会协调发展、实现经济全面振兴的《非洲发展新伙伴计划》（New Partnership for Africa's Development，NEPAD）。该计划涉及政治、经济、社会、文化和科技等领域，确定了非洲发展目标：到2015年，非洲国家国内生产总值年均增长率达到7%以上；通过实施可持续发展战略，扭转自然环境被破坏的状况；将绝对贫困人口的总数减半，婴儿死亡率和产妇死亡率分别下降2/3和3/4，争取所有学龄儿童都能接受教育；遏制艾滋病和其他传染病的蔓延③。该计划具有鲜明的时代特点，强调充分利用非洲自身的自然资源和人力资源，谋求自主发展，并以各地区的一体化组织为依托推进发展计划的实施，共同应对全球化的挑战；重视调整与发达国家和国际组织间的关系，广泛争取国际社会的支持，而不是单纯依赖西方发达国家的援助和债务减免，将重点转向改善投资环境以吸引外资方面。

---

① 纪春梅，等.埃塞俄比亚教育部门发展计划——ESDP 计划评述［J］.外国教育研究，2013（3）.

② 联合国教科文组织.全民教育全球监测报告 2012——青年与技能：拉近教育和就业的距离（中文版摘要）［EB/OL］.（2012 – 10 – 26）［2013 – 05 – 31］. http：//unesdoc. unesco. org/ images/0021/002175/217509c. pdf.

③ 姚桂梅.非洲经济发展的主要特征述评［EB/OL］.（2007 – 03 – 03）［2013 – 05 – 31］. http：//www. ide. go. jp/Japanese/Publish/Download/Kidou/pdf/2007_ 03_ 03_ 1_ yao_ c. pdf.

　　第二，利用丰富的自然资源来增加经济收入，并把增收的一部分用来发展教育，这是发展中国家摆脱贫困、增加教育投入的一个重要措施。联合国教科文组织2012年度的全民教育全球监测报告显示，有17个发展中国家由于资源丰富，或者即将开始出口石油、天然气和矿物质，它们有可能增加教育支出，如果这些国家的不可再生自然资源收入达到最高水平，并有20%的资金用于教育，则每年可为教育部门提供50亿美元以上的投资，这笔资金可以为这些国家1200万失学儿童中的86%及900万失学青少年中的42%提供学校教育资金。如能充分利用自然资源带来的经济收入增长，加纳、几内亚、老挝人民民主共和国、乌干达和赞比亚等国家可以在无须更多援助的情况下实现普及初等教育。

　　第三，充分利用民间资金。埃塞俄比亚从1997年开始实施的教育部门发展计划（Education Sector Development Program，ESDP），其经费来源除了政府投入以外，还鼓励私人兴办教育，通过社会参与增加教育经费。在第二期教育部门发展计划（2002—2004年）中，学前教育经费筹措主要依靠吸引私营部门和非政府组织进行投资，以及依靠家长付费予以承担，政府则在制定政策和标准、批准机构设置以及实施监督等方面发挥主导作用。

　　第四，争取国际组织与伙伴国家的经济援助。根据巴基斯坦2004年修订的《教育部门改革：行动计划2001/02—2005/06》，其全民教育预算为4300亿巴基斯坦卢比，其中1780亿卢比由本国资源承担，其余2520亿卢比由国外发展合作伙伴提供，国外资助所占比例达到58.6%。从教育投资的这一比例可以看到，巴基斯坦的教育发展在很大程度上依赖于国际援助。它得到的援助主要来自美英等发达国家以及世界银行等国际组织，而发达国家也通过向巴基斯坦提供资金援助而对其教育改革施加很大的影响。

　　为增强教育国际援助、推进全民教育目标的实现，世界银行、联合国儿童基金会、联合国教科文组织等于2002年共同倡导了"全民教育快车道倡议"（Education for All Fast Track Initiative，FTI）。这是一个国际多边教育援助框架，旨在建立捐助方与受援国之间的伙伴关系，推进国家主导的发展战略，提高援助有效性，实现到 2015 年普及初等教育的目标。此后的"巴黎宣言"体现了援助方与受援国之间达成的原则和共同承诺，包括：强调发展中国家主导其发展政策和战略的主体性；优化资源，更好地服务于受援国的优先需要；协调捐赠国简化捐赠程序，进行信息分享，增加透明度，避免重复捐赠；双方共同为发展结果承担责任等①。2006 年该倡议制订了一个整体方案，帮助受援国的教育部门提高执行力，并通过下设的教育计划发展基金来实施这一能力建设援助计划。

然而，根据联合国教科文组织 2012 年度全民教育全球监测报告提供的数据，目前的教育援助额无法弥补低收入国家面临的 160 亿美元筹资缺口。2009—2010 年的援助增加主要集中在阿富汗和孟加拉国，而对 19 个低收入国家的援助额却有所减少。过去 10 年尽管援助有所增加，但捐助者未能履行 2005 年格伦伊格尔斯 8 国集团首脑会议上作出的 2010 年之前援助增加 500 亿美元的承诺，撒哈拉以南非洲仅获得向其承诺的援助增长额的一半。要保障发展中国家的教育经费投入，一方面需要受援国加强能力建设，提高自身的信用度和对外资的吸引力；另一方面也需要援助国切实履行承诺，把对受援方的资助落到实处。

（三）保障不利群体的受教育机会，推进教育公平，促进性别平等

在联合国教科文组织的倡导和推动下，发展中国家的全民教育，特别是普及初等教育有了显著的进展。1999 年以来的小学学龄儿童失学人数从 1.08 亿减至 6100 万，但世界各区域的进展情况很不均衡。1999—2008 年，南亚和西亚的失学儿童人数减少了 2900 万，而撒哈拉以南非洲的这一数字却不过 1100 万，2008—2010 年，撒哈拉以南非洲的失学人数增加了 160 万，而南亚和西亚却减少了 60 万②。

---

① 郑崧，郑超."全民教育快车道倡议"对有效援助原则的践行及其启示［J］.外国教育研究，2012（10）.

② 联合国教科文组织.全民教育全球监测报告 2012——青年与技能：拉近教育和就业的距离（中文版摘要）［EB/OL］.（2012－10－26）［2013－05－31］.http：//unesdoc. unesco. org/images/0021/002175/217509c. pdf.

有数据显示，处于经济贫困等不利处境的儿童比其他儿童更容易失学。在哥伦比亚，42%来自最贫困家庭的儿童上学年龄要晚两年以上，而富裕家庭儿童的这一比例为11%。上学晚会对儿童能否完成相关周期的教育产生影响，到小学三年级，上学晚的儿童辍学的可能性是正常年龄上学儿童的四倍。此外，哥伦比亚贫困家庭的孩子大约只有一半能够上初中①。因此，消除不平等现象、保障经济贫困等不利群体的受教育机会，是促进教育公平、实现全民教育目标的重要任务。

目前，各发展中国家政府已采取多种措施，以加强教育公平，保障不利群体儿童的受教育机会。在撒哈拉以南非洲的几个国家，政府通过免除学费使教育开支变得更加公平，从而保障更多贫困儿童得以入学。1996—2000年，埃塞俄比亚政府对20%最贫穷人口的初等教育开支比例由12%增加到18%，借此加强了公平。此外，加强中央政府资金向地方和学校的转移支付，为处于不利境地或易受到伤害的学生提供额外资源而减少不平等现象。加纳政府出台一项免除学费的补助计划，这项措施取得了显著的效果，免学费后的四年内该国处于不利境地的儿童以及女孩的入学率出现了明显上升②。

男女儿童在教育上存在性别差异是发展中国家在教育公平方面有待解决的主要问题之一。根据联合国教科文组织2010年度的全民教育全球监测报告，虽然教育的性别均等已取得很大进展，但仍有28个国家的在校女生与男生比例低于90∶100，其中18个国家位于撒哈拉以南非洲地区，阿拉伯国家以及南亚和西亚也存在着显著的性别差异，阿富汗的女生与男生在校比例为63∶100。针对性别差异，发展中国家正在采取积极的应对措施。例如，在性别差异显著的西非，一些国家采取了相关措施，如改变对妇女和女童社会地位的态度，采取经济激励措施鼓励女童上学，在校内提供水

---

① 联合国教科文组织. 全民教育全球监测报告 2012——青年与技能：拉近教育和就业的距离（中文版摘要）[EB/OL]. (2012 - 10 - 26)［2013 - 05 - 31］. http：//unesdoc. unesco. org/images/0021/002175/217509c. pdf.

② 联合国教科文组织. 全民教育全球监测报告 2009——消除不平等：治理缘何重要（中文版摘要）［EB/OL］. (2012 - 10 - 26) ［2013 - 05 - 31］. http：//www. docin. com/p - 369423366. html.

和卫生设备，招聘女教师以及增加农村地区的女教师配备，就性别问题对教师进行培训，等等。在偏远的农村地区，为解决由于住所与学校距离遥远而使女童父母对孩子安全产生忧虑的问题，各国政府正在努力采取相关的措施，如通过建立卫星学校使教室更加接近社区。

（四）加强教师培养，完善教育评价机制，促进教育质量的提高

发展中国家的教育在质量方面还存在着不少突出问题，如不同国家的学校质量差异很大，许多贫穷国家的学生学习绝对水平相当低，特别是低收入国家的学生学习差异相当大；小学低年级掌握阅读技能至关重要，而一些低收入国家的儿童阅读状况令人担忧；配备数量充足、训练有素且得到充分激励的教师对有效学习非常关键，为了到 2015 年实现普及小学的目标，大约还需要培养 190 万名新教师①。

发展中国家教育质量不高有多方面的原因，其中一个重要原因是教师队伍的质量不能令人满意。如一些非洲国家教师学历合格率较低，刚果和莫桑比克小学教师的学历要求是具有初中毕业证书，但这两个国家的小学教师合格率只有 57％ 和 60％；非洲中部和西部国家通常要求小学教师拥有高中学历，但是达标率高的布隆迪、埃塞俄比亚和卢旺达也只有 85％，乍得只有 40％②。

教师的质量决定着教育的质量。为此，发展中国家和国际组织纷纷采取措施，通过提高教师质量来促进教育整体质量的提升。埃塞俄比亚第二期教育部门发展计划（ESDP，2002—2004）对教师培训做出了规划：为 6304 名任职于小学 1—4 年级且从未接受过任何正规培训的教师提供暑期培训，为 1987 名教师提供远程教育培训和暑期文凭课程培训，教师培训机构聘用英语教师，提高英语教育质量③。越南重视加强教师和管理队伍建

---

① 联合国教科文组织. 全民教育全球监测报告 2010——普及到边缘化群体（中文版摘要）[EB/OL].（2010 – 01 – 19）[2013 – 05 – 31]. http：//www. doc88. com/p – 90251108057. html.

② 楼世洲，彭自力. 联合国"撒哈拉以南非洲师资培训计划"评析 [J]. 比较教育研究，2010（11）.

③ 纪春梅，等. 埃塞俄比亚教育部门发展计划——ESDP 计划评述 [J]. 外国教育研究，2013（3）.

设，国家组织教师进行专业培训，要求教师每年参加至少 30 天的在职培训；制定教师招聘、教师薪资待遇补助等政策，奖励在教育中成绩突出的个人；注重提高入职基准，规定中学教育的资格水平。越南《2009—2020年教育发展战略草案》提出了加强教师和管理队伍建设的策略，包括：逐渐采用劳动合同来替代原来的通过编制进行招录的制度；合理调控教师与学生的比例，通过学费减免和奖助学金政策吸引更多优秀学生就读师范院校；为教师举办多样化的课程培训，提高教师的学历层次；高等院校执行国内培训、国外留学和两者结合的方案来实施教师培训计划[①]。

为促进全民教育的开展，联合国教科文组织在撒哈拉以南非洲地区组织实施了一项为期 10 年的"撒哈拉以南非洲师资培训计划"（TTISSA，2006—2015），分两期分别在 17 个国家和 46 个国家实施，包括四项具体战略：一是提高教师地位，改善教师工作条件；二是改善教师管理行政体制，提高学校和行政管理效率；三是开发出适切的教师教育政策，包括举办南非洲教师政策论坛和成立专门研发机构，研究教师专业发展中的问题和教师政策改革的基本框架；四是提升教师专业质量标准，制订促进教师专业发展的行动计划[②]。

发展中国家为解决教育质量亟待提高问题而采取的另一项重要措施是加强教育评价，以此促进教育教学的改进，从而提高教育质量。埃塞俄比亚第三期教育部门发展计划（ESDP，2005—2009）为提高教育质量进行了规划，包括强化教育评价等在内的措施：开发更多与儿童学习经验和环境相符的课程，反映父母的期望和要求，并为儿童未来生活做准备；建立质量保障机制，在小学教育的第一阶段和第二阶段的最后一年进行全国教育评估，监测学生成绩进步状况，确定主要影响因素并进行适当的政策干预；加强教育检查和公开考试；增加教师数量；增加教科书；提升学校领

① 欧以克. 越南 21 世纪教育发展的新战略：理念、目标及策略［J］. 外国教育研究，2011（11）.
② 楼世洲，彭自力. 联合国"撒哈拉以南非洲师资培训计划"评析［J］. 比较教育研究，2010（11）.

导与管理能力①。

（五）发展中等教育和职业教育，提高青年和成人生活技能

联合国教科文组织 2012 年度全民教育全球监测报告专门就教育与青年技能培训进行了报告和分析，指出：青年人的幸福与成功比以往更加有赖于教育和培训所能提供的技能，不能满足这一需求，就是对人类的潜力和经济实力的浪费。对于技能的需求不仅是青年人，成年人为适应社会经济生活也需要不断地进行技能学习，因此为青少年和成年人提供适当的技能学习与培训机会就成为教育的主要任务之一。

为培养技能提供支持的教育首先是读写算基本技能的培养和训练，同时伴随着技术进步所产生的各种需要，要求人们提升知识、技能和认识水平，才能达到生活和就业所需要的技能，这就要求通过普及基础教育、发展职业教育、推进终身学习来提高青少年和成人的基本技能。发展中国家为普及基础教育以及发展职业教育、成人教育和终身学习所作出的努力普遍促进了国民技能水平的提高，但这方面依然任重而道远。2010 年全球失学儿童数量为 6100 万，每 100 名失学儿童中，有 47 名上学无望。在 123 个低收入国家和中低收入国家中，大约 2 亿名 15—24 岁年轻人没有完成小学教育，比例占该年龄段人口的五分之一。学习成果不平等现象在全球依然显著，四年级时仍不会读写的儿童多达 2.5 亿。此外，2010 年全世界依然有大约 7.75 亿成人不识字②。

世界各国和国际组织都在为加强和改善青少年及成人的技能培训作出努力。联合国大会在 1996 年通过了《到 2000 年及其后世界青年行动纲领》，强调应为青年人提供接受教育、掌握技能和充分参与社会的机会，以帮助他们成功就业和生活自立。该行动纲领确定了 10 个行动领域，排在

---

① 纪春梅，等. 埃塞俄比亚教育部门发展计划——ESDP 计划评述［J］. 外国教育研究，2013（3）.

② 联合国教科文组织. 全民教育全球监测报告 2012——青年与技能：拉近教育和就业的距离（中文版摘要）［EB/OL］.（2012 - 10 - 26）［2013 - 05 - 31］. http：//unesdoc. unesco. org/images/0021/002175/217509c. pdf.

第一位和第二位的是教育和就业①。教育领域提出了 6 项行动提议，最重要的第一项提议是"提高青年人的基础教育、技能培训和识字水平"。为此，行动纲领指出应优先考虑实现确保普及基础教育（包括识字）的目标，并根据终身教育理念，调动一切渠道、力量和各种形式的教育和培训。还特别强调在各级教育阶段改革教育内容和课程，妇女的作用，把重点放在科学知识、人生道德价值观念和学习技能方面，以适应不断变化的环境以及多族裔和多元文化社会的生活。强调发展信息技能、信息科学及远距离教育的重要性，以及制订促进基础教育、技能培训和扫盲的扶助方案的重要性，等等。

联合国教科文组织 2012 年度的全民教育全球监测报告为支持年轻人的技能培养提出了应当采取的十个步骤，即为水平低或没有基本技能的人提供二次教育机会；消除初中教育机会的障碍；使处境不利者有更多机会接受高中教育，并提高与工作的关联性；让城市贫困青年有机会接受技能培训，以便找到更好的工作；将政策和计划瞄准农村贫困青年；将技能培训与最贫困青年的社会保障联系起来；优先考虑处境不利的青年妇女的培训需求；利用技术潜力增加年轻人的机会；加强数据收集和技能计划的协调，提高计划编制能力；动员针对处境不利青年培训需求的多种来源的额外供资。

发展中国家围绕提高青年技能、促进青年就业也采取了很多措施。智利从 20 世纪 90 年代开始就实施了目标明确的青年就业计划，旨在通过培训帮助低收入家庭的青年掌握基本就业技能，使其融入社会和经济生活。计划的实施分布于约 100 个教育机构，包括私人培训中心和非营利的群众组织。为保证培训质量，培训机构向社会广泛招生，并要求签订培训合同，在学员中建立竞争机制。前 5 年共培训了 11 万人，比预期的多 1 万人。前 3 年中，60% 的受训青年找到了工作，而未受过培训的青年就业率不到 40%。实践证明，受训青年的社会融合能力加强了，无论是技能还是

---

① 联合国. 世界青年行动纲领［EB/OL］.（1995 – 12 – 14）［2013 – 05 – 31］. http：// www. un. org/chinese/esa/social/youth/wpay. htm.

道德水准都有所提高。企业对该方案也非常满意，55%的受训者与实习企业签订了工作合同，另一些青年则决定接受再培训①。

重视成人扫盲教育是发展中国家为提高成人生活技能而付出较多努力的一个政策领域，很多发展中国家为扫除文盲开展了长期的工作。古巴1961年开展的扫盲运动，将广播和录像作为全民扫盲教学的一种快速高效普及的方法。原则上在两个多月的时间内，学习者经过65次课、每天最多两小时的学习，可以掌握基本的识字技能。这种被称为"我能"扫盲方法的方式已经被拉美和非洲的很多发展中国家仿效和应用，如阿根廷、厄瓜多尔、墨西哥、委内瑞拉等，最近又被引入玻利维亚、莫桑比克和尼日利亚。这种方法的成本较低，平均每个学习者的花费为33美元，而效果显著，成功率据称大约在90%。厄瓜多尔的一个省2005年4月宣布，该省采用"我能"扫盲计划一年后已经没有文盲②。在中国、印度、墨西哥、尼日利亚等人口大国，一般则是通过采用大型远程教育计划来推动扫盲工作的开展，使信息通信技术在全民教育发展中又一次扮演了重要的角色。

---

① 共青团. 全球青年就业状况及对策概观［EB/OL］.（2012－08－04）［2013－05－31］. http：//12355. gqt. org. cn/12355/hudong/out/201208/t20120804_ 584911. htm.

② 联合国教科文组织. 全民教育全球监测报告2006——扫盲至关重要（中文版）［EB/OL］.（2005－11－30）［2013－05－31］. http：//www. ctc-health. org. cn/file/efa2006-cn. pdf.

第五章

世界教育发展的趋势

一、受教育水平不断提高

人口的受教育程度和水平是一个国家人口素质的重要标志，也是反映教育发展状况的基本指标。

综观世界各国近年来教育发展，本国人口受教育水平均有不同程度的提高，且在各个学段都有一些特色和经验。具体从学前教育、高中教育、高等教育和学历水平四个方面进行阐述。其中，前三个方面又以其毛入学率为主要指标。

毛入学率，指某学年度某级教育在校生数占相应学龄人口总数比例，标志教育相对规模和教育机会，是衡量教育发展水平的重要指标[①]。而学历水平又反映出人口受教育结构，从而反映受教育水平。

学前教育、高中教育、高等教育毛入学率世界平均值的上升表明世界范围内人口受教育水平的提高。而各国人口学历水平的提高也表明受教育水平的不断提高。各国在各学段的一些经验和措施也为教育质量的提升提供了保障。

---

① 联合国教科文组织．世界教育报告 1993 ［R］．巴黎：联合国教育、科学及文化组织，1994：101.

（一）各国更加重视学前教育

学前教育是对儿童进行有组织指导的初始阶段，在其发展中发挥着重要作用。越来越多的研究发现，学前教育能提高儿童的认知能力，有助于奠定终身学习的基础，使学习效果更公平，减少贫困，改进代际社会流动。经合组织报告表明，学前教育与后继学校学习的良好成绩相关。接受过学前教育的 15 岁学生在国际学生评价项目中的成绩比那些没有接受过学前教育的学生好[①]。

很多国家认识到学前教育的重要性，几乎普及了 3 岁开始的学前教育。在过去的 10 年中，许多国家都扩大了学前教育项目。这种重视早期教育的发展趋势已经引起义务教育在一些国家向低年龄延伸。大多数国家学前教育迅速发展（见表 5 - 1 和图 5 - 1）。经合组织国家中，3 岁儿童的平均入学率已从 2005 年的 64% 上升到 2010 年的 69%，4 岁儿童的入学率已经从 2005 年的 77% 上升至 2010 年的 81%。

表 5 - 1　各国学前教育入学率（%）

	1999	2002	2005	2008	2011
英国	77	82	71	81	
美国	59	65	63	59	
德国	101	102	94	111	
荷兰	97	97	91	99	
芬兰	47	56	60	65	69
法国	112	114	117	111	108
日本	83	86	88	90	
瑞士	92	93	98	100	101
加拿大	63		69	71	
印度	19	28	39	54	

① OECD. Education at a Glance 2012［EB/OL］.［2013 - 05 - 16］. http：// www.oecd.org/edu/highlights.pdf.

续表

	1999	2002	2005	2008	2011
意大利	97	99	104	100	
俄罗斯	71	83	87	90	
巴西	58	66	69		
中国	37	35		45	61
挪威	75	79	88	95	
西班牙	99	107	119	122	127
世界平均	33	35	40	46	50

【数据来源】UNESCO. Table 3 B: Enrolment by ISCED level. ［EB/OL］. ［2013 – 05 – 17］. http: //stats. uis. unesco. org/unesco/Tableviewer/tableview. aspx? peportId = 175.

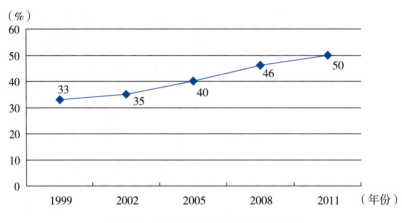

图 5 – 1 学前教育入学率世界平均值

【数据来源】UNESCO. Table 3 B: Enrolment by ISCED level. ［EB/OL］. ［2013 – 05 – 17］. http: //stats. uis. unesco. org/unesco/Tableviewer/tableview. aspx? ReportId = 175.

近年来，各国发展学前教育的基本经验包括：高度重视——作为人才培养最重要，投入产出比最高的阶段，教育体系的核心；纳入社会公共服务，重视和关注对大多数群体和弱势人群的扶持；从重视幼儿园的教育——家长和社区的指导，幼儿园成为社区公共服务（一站式）的基地；注重内涵发展：教研的跟进与指导。保障条件：投入、师资待遇、专业发展机会等；跨部门的合作与资源的整合；逐步实行免费或纳入义务教育。

（二）高中教育更加综合化

高中教育为高层次的学习和培训机会提供基础，并为学生直接进入劳动力市场做准备。高中阶段前承义务教育，后继各种类型的高等教育（普通高等教育、高等职业技术教育）和继续教育、终身教育，处于承前启后、承上启下的中端枢纽地位，事实上担负着大学预备教育、基本的职业准备教育以及终身奠基教育的多重任务。这就要求高中教育必须考虑与义务教育阶段和高中后教育阶段的上下连贯、前后衔接，才能较好地扮演好自身的教育角色。

"二战"后为适应政治、经济、文化和科技发展的需要，西方发达国家的高中教育不断改革调整，其共同取向代表了世界高中教育改革与发展的基本趋势，引领着世界高中教育改革与发展的方向。为切实解决高中教育单一培养模式与多重教育任务的矛盾，世界各国特别是西方发达国家普遍采取普通教育与职业教育融合沟通的办学取向，普职一体化教育的综合高中日益受到重视，获得长足发展。

英国现行高中教育类型多样，但都有一个共同的特点，就是普通教育与职业技术教育相结合，在普遍开设基础性较强的普通教育课程的基础上，也开设技术性的职业教育、生计教育课程，有些学校还开设学术性、专业性很强的课程（极具大学预科教育性质，是典型的升学准备教育课程），目的都在于为学生提供培养目标多元可选的综合性的教育。如今，英国高中教育已从升学预备教育的单一办学模式发展到兼顾就业、升学的多元培养目标并存，由主要实施学术性、专业性教育发展到兼施职业技术教育及其他各类广博的知识、技能教育，由面向少数能升学的尖子生的精英教育、学术教育转变为面向全体学生的综合教育[①]。

在法国，推迟分科时间，融合学科分组，增强课程弹性及可选择性，

---

① 刘彦文．英国普通高中培养目标和课程结构［G］//赵鑫，等．普通高中培养目标和课程改革比较研究．长春：东北师范大学出版社，1997．

职业教育渗透到普通教育之中，是法国高中教育改革的主要措施及整体趋势；同时，为有效发挥这种弹性课程的功能、实现教育的可选择性的价值，帮助学生面对教育的多样化结构，找到适合于个人发展和社会需要的学业选择和职业出路，法国高中还非常重视方向指导，在高一实施方向指导课①。

美国综合高中或类似综合高中的学校已占整个高中学校的 80% 以上，综合高中学生达高中生总人数的 86%；美国综合高中一般都设有普通科、学术科、职业科三类课程，以满足学生升学就业的需要。俄罗斯高中教育则走的是普通教育、劳动教育、职业教育、综合技术教育合一的四位一体教育模式。

此外，世界各国高中教育的入学率也呈整体上升趋势。下面为各国高中教育毛入学率及高中教育毛入学率世界平均值（见表 5 – 2 和图 5 – 2）。

表 5 – 2　各国高中教育毛入学率（%）

国家＼年份	1999	2002	2005	2008	2011
英国	102	105	108	96	
美国	86	85	90	92	
德国	99	99	94	104	
荷兰	115	108	107	115	
法国	113	108	114	117	118
日本	99	103	103		
瑞士	84	80	81	86	86
加拿大	106		103	102	
印度	30	35	40	47	
意大利	84	92	95	98	
俄罗斯	90		92	86	

①　周成霞. 法国普通高中培养目标及课程改革［G］//赵鑫，等. 普通高中培养目标和课程改革比较研究. 长春：东北师范大学出版社，1997.

续表

年份 国家	1999	2002	2005	2008	2011
巴西		90	95		
中国	38	38		65	73
智利	75	79	86	85	86
挪威	141	127	126	129	
西班牙	127	115	123	124	141
世界平均	45	47	51	56	59

【数据来源】UNESCO. Table 3 B：Enrolment by ISCED level. ［EB/OL］. ［2013 - 05 - 17］. http：//stats. uis. unesco. org/unesco/Tableviewer/tableview. aspx? ReportId = 175.

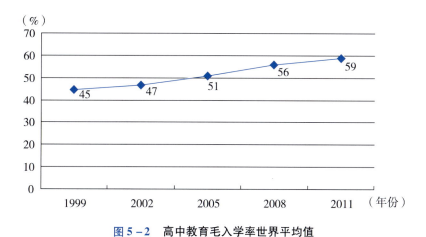

图 5 - 2　高中教育毛入学率世界平均值

【数据来源】联合国教科文组织. Table 3 B：Enrolment by ISCED level. ［EB/OL］. ［2013 - 05 - 17］. http：//stats. uis. unesco. org/unesco/Tableviewer/tableview. aspx? ReportId = 175.

（三）高等教育大众化趋势明显

高等教育对社会发展起促进作用，是社会发展的动力之源。高等教育服务科技，促进社会高速发展，促进社会文化建设，培养人才，为社会发展提供人力资源，成为社会可持续发展的强大动力。

高等教育近几十年来发生了巨大变化。其发展趋势包括：高等教育的民主化、大众化、普及化；高等教育的终身化；高等教育的信息化；高等教育的国际化。

许多国家加强高等教育与社会的联系，使高等教育更加适应经济和社会发展的需要。很多国家建立了科学园区。如美国的硅谷、工程研究中心（ERC）；英国在20世纪80年代建立了有大学参加的7个地区技术中心；德国自20世纪80年代以来建设"工学交流中心"。经合组织、联合国教科文组织也都提出调整高等教育的培养目标，拓宽专业面，改革培养模式。

高等教育近年来一个突出的趋势就是大众化和普及化。下面为各国高等教育毛入学率及高等教育毛入学率的世界平均值（见表5-3和图5-3）。

表5-3　各国高等教育毛入学率（%）

	1999	2002	2005	2008	2011
土耳其	23	25	32	40	
英国	60	62	59		
美国	73	79	82	85	
荷兰	50	55	59	62	
芬兰	81	85	92	95	95
法国	54	53	55	54	58
日本	47	51	55	59	
瑞士	37	41	46	50	57
印度		10	11	15	
意大利	48	55	64	66	
俄罗斯	51	67	72	75	
巴西	15	20	26		
中国	7	13	19	22	27
波兰	46	59	64	69	
挪威	66	73	79		
韩国	74	86	93	104	
新西兰	65	67	81	78	83（2010）

续表

	1999	2002	2005	2008	2011
马来西亚	23	28	29	37	
澳大利亚	66	75	72	72	80（2010）
西班牙	56	62	67	71	83
世界平均	18	22	24	27	30

【数据来源】UNESCO. Table 3 B：Enrolment by ISCED level. ［EB/OL］. ［2013－05－17］. http：//stats. uis. unesco. org/unesco/Tableviewer/tableview. aspx？ReportId＝175.

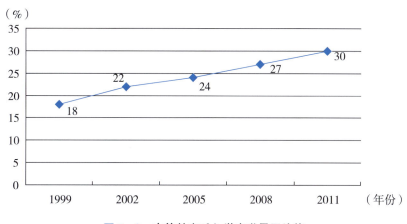

图5－3　高等教育毛入学率世界平均值

【数据来源】UNESCO. Table 3 B：Enrolment by ISCED level. ［EB/OL］. ［2013－05－17］. http：//stats. uis. unesco. org/unesco/Tableviewer/tableview. aspx？ReportId＝175.

（四）25—64岁人口受过高等教育的比例不断提高

　　学历通常被视为人力资本存量的替代指标，即它代表了人口及劳动力的技能。由于全球化和技术不断重塑劳动力市场的需求，对于专业化人才的需求也不断增长，导致世界各国学历水平的变化（见表5－4和图5－4）。

　　高等教育学历水平在过去30年有大幅增长。就经合组织国家的平均水平而言，1997年有36%的25—64岁人口未完成高中教育，43%的人口完成了高中教育或中等后非高等教育，另有21%的人口完成了高等教育。到

2010 年，未完成高中教育的成年人比例下降了 10 个百分点，拥有高等教育学位的人口比例上升了 10 个百分点，拥有高中教育或中等后非高等教育的人口比例略有增加，增加了 1 个百分点。

几乎所有 OECD 国家，高中学历属于正常水平。平均 74% 的 25—64 岁人口达到高中学历，25—34 岁人口则有 82% 达到这一学历。只有少数 OECD 国家——希腊、冰岛、意大利、墨西哥、葡萄牙、西班牙和土耳其，25—64 岁人口的高中学历人口比例低于 70%。与此同时，其中一部分国家的高中学历人口一代比一代有显著增长。例如，智利、希腊、爱尔兰、意大利、韩国、葡萄牙和西班牙，从较年老组（55—64 岁）到较年轻组（25—34 岁）在这一指标上均有 30 个百分点或更多的增长。

表 5 - 4　学历水平：25 - 64 岁人口

		1999	2002	2005	2008	2010
澳大利亚	高中以下教育	43	39	35	30	27
	高中教育和中等后非高等教育	31	30	33	34	36
	高等教育	27	31	32	36	38
加拿大	高中以下教育	20	17	15	13	12
	高中教育和中等后非高等教育	40	40	39	38	38
	高等教育	39	43	46	49	51
智利	高中以下教育	（缺失）	（缺失）	（缺失）	32	29
	高中教育和中等后非高等教育	（缺失）	（缺失）	（缺失）	44	45
	高等教育	（缺失）	（缺失）	（缺失）	24	27
丹麦	高中以下教育	20	19	19	26	24
	高中教育和中等后非高等教育	53	52	47	42	42
	高等教育	27	30	34	31	33

续表

		1999	2002	2005	2008	2010
芬兰	高中以下教育	28	25	21	19	17
	高中教育和中等后非高等教育	40	42	44	44	45
	高等教育	31	33	35	37	38
法国	高中以下教育	38	35	33	30	29
	高中教育和中等后非高等教育	40	41	41	42	42
	高等教育	21	24	25	27	29
德国	高中以下教育	19	17	17	15	14
	高中教育和中等后非高等教育	58	60	59	60	59
	高等教育	23	23	25	25	27
意大利	高中以下教育	58	56	50	47	45
	高中教育和中等后非高等教育	33	34	38	39	40
	高等教育	9	10	12	14	15
日本	高中以下教育	19	（缺失）	（缺失）	（缺失）	（缺失）
	高中教育和中等后非高等教育	49	63	60	57	55
	高等教育	32	37	40	43	45
韩国	高中以下教育	33	29	24	21	20
	高中教育和中等后非高等教育	44	45	44	43	41
	高等教育	23	26	32	37	40
荷兰	高中以下教育	36	32	28	27	27
	高中教育和中等后非高等教育	40	43	42	41	41
	高等教育	24	25	30	32	32

续表

		1999	2002	2005	2008	2010
新西兰	高中以下教育	38	34	32	28	27
	高中教育和中等后非高等教育	33	35	29	32	32
	高等教育	29	31	39	40	41
挪威	高中以下教育	15	14	23	19	19
	高中教育和中等后非高等教育	57	55	45	45	43
	高等教育	28	31	33	36	37
波兰	高中以下教育	22	19	15	13	11
	高中教育和中等后非高等教育	67	69	68	68	66
	高等教育	11	13	17	20	23
西班牙	高中以下教育	65	59	51	49	47
	高中教育和中等后非高等教育	14	17	21	22	22
	高等教育	21	24	28	29	31
瑞典	高中以下教育	24	19	17	16	13
	高中教育和中等后非高等教育	54	54	54	53	52
	高等教育	22	26	29	31	34
瑞士	高中以下教育	16	15	15	13	14
	高中教育和中等后非高等教育	60	60	56	53	51
	高等教育	24	25	29	34	35
土耳其	高中以下教育	78	75	72	70	69
	高中教育和中等后非高等教育	14	16	18	18	18
	高等教育	8	9	10	12	13

续表

		1999	2002	2005	2008	2010
英国	高中以下教育	38	36	33	28	25
	高中教育和中等后非高等教育	37	37	37	36	37
	高等教育	25	27	30	35	38
美国	高中以下教育	13	13	12	11	11
	高中教育和中等后非高等教育	51	49	49	48	47
	高等教育	36	38	39	41	42
OECD 平均值	高中以下教育	37	33	30	28	26
	高中教育和中等后非高等教育	42	44	44	44	44
	高等教育	21	23	27	28	30

【数据来源】经合组织. 教育概览 2012 ［EB/OL］. ［2013 – 05 – 18］. http：//dx. doi. org/ 10. 1787/888932664290.

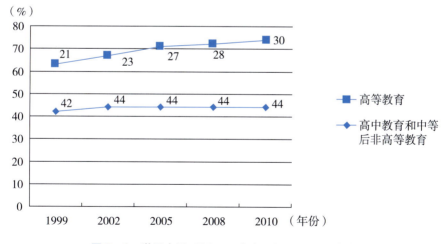

图 5 – 4　学历水平（25—64 岁人口）OECD 平均值

【数据来源】经合组织. 教育概览 2012 ［EB/OL］. ［2013 – 05 – 18］. http：//dx. doi. org/ 10. 1787/888932664290.

二、更加关注弱势群体受教育机会

教育公平与教育平等是两个相互区别又相互联系的概念。一般而言，前者强调的是"质"的规定性，而后者则强调的是"量"的规定性，也就是说，前者是比后者更高的目标。教育公平通常分为起点公平、过程公平和结果公平，结果公平是其终极的目标。近年来，世界许多国家为推进教育结果的公平进行了积极的努力。

（一）结果公平是教育公平的终极目标

教育公平作为人类的一种永恒追求，包括起点公平、过程公平和结果公平。

第一，教育起点公平。就起点而言，教育公平有两个方面的含义。首先，每个人，作为一个个体，他在受教育权利上是平等的，即不管他的出身如何，都平等地享有和其他人同样的入学条件或标准。我们不能因为人出身处于劣势地位而剥夺他的受教育权利。在这一点上，"人人生而平等"。正如勒鲁所言，"每个人，作为一个人应拥有种种权利，可以确切地说，每个人都潜在地拥有跟其他人同等的权利"①。其次，对于因出身而形成的不平等，社会应对处于劣势的受教育者给予政策或制度上的倾斜，即使他们的受教育机会均等。我们知道，每个人一出生就在天赋、家庭提供的教育条件以及所处的地理环境等方面不同于其他人。就天赋而言，有种族、智力、体力等各方面的差异；就家庭提供的教育条件而言，有父母亲戚的地位、受教育水平、经济水平、社会关系等的差异；就所处环境而言，有出生于城市或乡村、内陆与沿海、发达与落后、教育水平高与低等地区性的差异。这也就是说，在出生时，就决定了部分人处于优势地位而另一部分人则处于劣势地位。但是社会在制度或政策设计上如果不能使这

---

① 皮埃尔·勒鲁. 论平等［M］. 王允道，译. 北京：商务印书馆，1988：65.

种起点的不平等得到补偿，那就是不公平的。罗尔斯就曾指出："自然资质的分配无所谓正义不正义，人降生于社会的某一特殊地位也说不上不正义。这些只是自然的事实。正义或不正义是制度处理这些事实的方式"、"在天赋上占优势者不能仅仅因为他们天赋较高而得益，而只能通过抵消训练和教育费用和用他们的天赋帮助较不利者得益。没有一个人能说他的较高天赋是他应得的，也没有一种优点配得到一个社会中较有利的出发点。"① 罗尔斯是从伦理学的角度来论述平等的，所以他所言的"正义或不正义"也就是我们这里所讨论的"公平与不公平"。

第二，教育过程公平。教育过程是教育者、受教育者和教育影响交互作用的复杂过程。如果从受教育者的角度而言，教育过程公平就直接体现在教育者和教育影响上。具体说来就是要做到："一是阻碍某些人发展的任何人为障碍，都应当被清除；二是个人所拥有的任何特权，都应当被取消；三是国家为改进人们之状况而采取的措施，应当同等地适用于所有的人。"②因此在整个教育过程中，教育者不应该划一地对待每个受教育者，而是应在平等的基础上以各种不同方式来对待每一个人，即既要做到"有教无类"同时又要做到"因材施教"，使每个受教育者的潜力都能得到最大限度地挖掘，个性得以最佳程度的发展。《学会生存——教育世界的今天和明天》一书就指出："给每一个人平等的机会，并不是指名义上的平等，即对每一个人一视同仁，如目前许多人所认为的那样。机会平等是要肯定每一个人都能受到适当的教育，而且这种教育的进度和方法是符合个人特点的。"③ 也就是说教育公平是在尊重教育历史差异、现实差异及自然差异前提下的一种教育目标。

第三，教育结果公平。这是指受教育者在学业甚至未来的生活成就上要机会均等。也就是说，要使每个受教育者都能有效利用社会提供的教育

---

① 罗尔斯. 正义论 [M]. 何怀宏，等，译. 北京：中国社会科学出版社，1988：97.

② 哈耶克. 自由秩序原理（上）[M]. 邓正来，译. 北京：生活·读书·新知三联书店，1997：111.

③ 联合国教科文组织国际教育发展委员会. 学会生存——教育世界的今天和明天 [M]. 华东师范大学比较教育研究所，译. 北京：教育科学出版社，1996：105.

机会，并且取得学业上的成功，从而为其未来发展创造条件。在这一点上，《学会生存——教育世界的今天和明天》一书明确指出："可能平等地受教育，这只是求得公平的必要条件，而不是它的充足条件。人们有可能同样受到教育，但并不是说，他们都有同等的机会。平等的机会必须包括同样成功的机会。"①从这里我们可以看出，教育结果公平是教育所要达到的最终目标。无论是起点的公平，还是过程的公平，其都是为了使受教者在以后的社会生存中，获得与别人同等的成功机会。

需要指出的是，"教育结果公平的本质，并不是需要每个来自不同背景的学生在学业成绩上完全的平等，而是将教育无法控制的那部分变量排除了之后，只考虑教育系统自身的变量对学习成绩所造成的影响是平等的，这部分的平等才是真正意义上的教育结果的公平。教育结果公平作为一个量化的指标，不仅可以评价教育结果本身，还可以对教育起点、教育过程进行评价和衡量，作为一个结果指标检验教育起点和教育过程实施的效果"②。

由于教育结果公平是教育公平的终极目标，所以近年来各国在致力于不断提高教育起点公平与教育过程公平的基础上，更加强调推进教育结果的公平。

（二）基础教育阶段更加关注弱势群体学生学业成绩的提高

基础教育在整个教育体系中起着奠基性的作用，所以推进基础教育公平具有重要的意义。近年来，世界各国以及各组织均根据自身存在的问题对这一问题给予了更多的关注，其核心是以帮助提高弱势群体学生的学业成绩为目标。

1. 欧盟把促进公平作为未来教育发展的重要战略指标

欧盟是当今世界上最重要的区域合作组织之一，是目前世界上第一大

---

① 联合国教科文组织国际教育发展委员会. 学会生存——教育世界的今天和明天 ［M］. 华东师范大学比较教育研究所，译. 北京：教育科学出版社，1996：101.

② 辛涛，黄宁. 教育公平的终极目标：教育结果公平——对教育结果公平的重新定义 ［J］. 教育研究，2009：(8).

经济体，成员国包括法国、意大利、英国、德国等 27 国。欧盟成员国之间不仅在经济、政治领域有广泛的合作，在其他领域也正在形成一体化的发展战略。其中近年来在教育领域突出的一个举措就是 2003 年 5 月 12 日欧盟教育部长理事会批准的《欧盟教育和培训合作战略框架》，即"教育和培训 2020 计划"。该计划对欧盟未来十年的教育和培训战略发展进行了全面的部署，代表了欧盟教育政策发展的重要走向。

欧盟"教育和培训 2020 计划"提出了欧盟教育和培训的四大战略目标、五个测量教育进展的基准和近期工作重点。四大战略目标分别从"终身学习与流动"、"教育质量和效率"、"公平和社会融合"、"创造力和创新"进行了明确的规划。其中"公平和社会融合"目标的具体内容为："教育和培训政策应使所有公民，不论其个人、社会或经济状况如何，都能够在一生中获得、提高和发展与工作相关的技能和关键能力，以提升就业能力，促进继续学习，成为合格公民，开展不同文化间对话。通过提供高质量早期儿童教育、目标性支持和发展全纳教育，解决处境不利人群的教育问题。"[①]

就教育发展战略目标的实施，欧盟在这一计划中还提出了五个监测指标：（1）终身学习参与率；（2）低成就者比例；（3）高等教育完成率；（4）早期离校生比例；（5）参加早期教育儿童比例。由此我们也可以看出，这五个指标中，至少有两个即第二个指标和第四个指标是关于教育公平的。这两个指标的基准为：到 2020 年，15 岁学生在阅读、数学和科学科目低成就者的比例应低于 15%；高中教育阶段早期离校生的比例应低于 10%[②]。

早期离校生（指 18—24 岁的青年仅具初中文化程度而目前未在教育机构中接受教育或培训）是欧盟此次出台的战略框架的一个值得关注的问题，因为这些学生不仅会影响人力资源的发展，而且影响着教育公平的推进。近年来，欧盟早期离校生的比例总体上呈下降趋势，每年平均下降

---

① 李建忠. 欧盟：2020 年教育发展战略目标［N］. 学习时报，2009－08－17.
② 李建忠. 欧盟：2020 年教育发展战略目标［N］. 学习时报，2009－08－17.

0.2—0.6 个百分点，但部分成员国之间的差距还非常明显，此外在总体数量规模上欧盟仍然也面临着严峻的问题。例如，2011 年马耳他早期离校生比例（指占 18—24 岁人口的比例）达到了 33.5%，西班牙为 26.5%，葡萄牙为 23.2%，比欧盟 27 国的平均值 13.5% 高许多（见表 5 – 5）。再如，2011 年欧盟有将近 600 万的早期离校生，他们中平均有 54.8% 处于失业状态，是欧盟青年总体失业率的 2 倍①。

表 5 – 5　欧盟早期离校生比例

	2005	2006	2007	2008	2009	2010	2011
欧盟	15.8	15.5	15.1	14.9	14.4	14.1	13.5
比利时	12.9	12.6	12.1	12	11.1	11.9	12.3
保加利亚	20.4	17.3	14.9	14.8	14.7	13.9	12.8
捷克	6.2	5.1	5.2	5.6	5.4	4.9	4.9
丹麦	8.7	9.1	12.5	11.3	10.6	10.7	9.6
德国	13.5	13.7	12.5	11.8	11.1	11.9	11.5
爱沙尼亚	13.4	13.5	14.4	14	13.9	11.6	10.9
爱尔兰	12.5	12.1	11.6	11.3	11.3	10.5	10.6
希腊	13.6	15.5	14.6	14.8	14.5	13.7	13.1
西班牙	30.8	30.5	31	31.9	31.2	28.4	26.5
法国	12.2	12.4	12.6	11.5	12.2	12.6	12
意大利	22	20.6	19.7	19.7	19.2	18.8	18.2
塞浦路斯	18.2	14.9	12.5	13.7	11.7	12.6	11.2
拉脱维亚	14.4	14.8	15.1	15.5	13.9	13.3	11.8
立陶宛	8.1	8.2	7.4	7.4	8.7	8.1	7.9
卢森堡	13.3	14	12.5	13.4	7.7	7.1	6.2
匈牙利	12.5	12.6	11.4	11.7	11.2	10.5	11.2
马耳他	38.9	39.9	38.3	38.1	36.8	36.9	33.5

① EUROPE 2020 TARGET: Early School Leaving ［EB/OL］. ［2013 – 05 – 22］. http://ec. europa. eu/europe2020/pdf/themes/21_ early_ school_ leaving. pdf.

续表

	2005	2006	2007	2008	2009	2010	2011
荷兰	13.5	12.6	11.7	11.4	10.9	10.1	9.1
奥地利	9.1	9.8	10.7	10.1	8.7	8.3	8.3
波兰	5.3	5.4	5	5	5.3	5.4	5.6
葡萄牙	38.8	39.1	36.9	35.4	31.2	28.7	23.2
罗马尼亚	19.6	17.9	17.3	15.9	16.6	18.4	17.5
斯洛文尼亚		5.6	4.1	5.1	5.3	5	4.2
斯洛伐克	6.3	6.6	6.5	6	4.9	4.7	5
芬兰	10.3	9.7	9.1	9.8	9.9	10.3	9.8
瑞典	10.8	8.6	8	7.9	7	6.4	6.7
英国	11.6	11.3	16.6	17	15.7	14.9	15

【数据来源】EUROPE 2020 TARGET：Early School Leaving ［EB/OL］. ［2013－05－22］. ht-tp：//ec. europa. eu/europe2020/pdf/themes/21_ early_ school_ leaving. pdf.

2. OECD 把提高弱势群体竞争力作为教育公平政策的核心

OECD 是当今世界上的一个重要国际组织，目前有成员国 34 个，包括了当前世界上大部分发达经济体，所以其政策举措是世界发展趋势的重要代表。OECD 一直把教育公平作为其工作的核心之一，并取得了积极的成就。以 PISA 成绩为例，OECD 国家的各科成绩低于水平 2 的比例基本都呈现下降的趋势，这说明学生之间的教育差距在逐渐缩小（见表 5－6）。例如，OECD 国家阅读成绩在水平 2 以下的比例 2000 年平均为 19.3%，2009 年下降到 18.1%，降低了 1.2 个百分点；数学成绩在水平 2 以下的比例 2003 年平均为 21.6%，2009 年下降到 20.8%，下降 0.9 个百分点；科学成绩在水平 2 以下的比例 2006 年平均为 19.9%，2009 年下降到 17.9%，下降 2.1 个百分点。

表 5 –6　**OECD 国家 PISA 成绩低于水平 2 的比例（%）**

国家	阅读		数学		科学	
	2000	2009	2003	2009	2006	2009
澳大利亚	12.5	14.2	14.3	15.9	12.9	12.6
奥地利	19.3	（缺失）	18.8	（缺失）	16.3	（缺失）
比利时	19.0	17.7	16.5	19.1	17.0	18.0
加拿大	9.6	10.3	10.1	11.5	10.0	9.6
智利	48.2	30.6			39.7	32.3
捷克	17.5	23.1	16.6	22.3	15.5	17.3
丹麦	17.9	15.2	15.4	17.1	18.4	16.6
爱沙尼亚					7.7	8.3
芬兰	7.0	8.1	6.8	7.8	4.1	6.0
法国	15.2	19.8	16.6	22.5	21.2	19.3
德国	22.6	18.5	21.6	18.6	15.4	14.8
希腊	24.4	21.3	38.9	30.3	24.0	25.3
匈牙利	22.7	17.6	23.0	22.3	15.0	14.1
冰岛	14.5	16.8	15.0	17.0	20.6	17.9
爱尔兰	11.0	17.2	16.8	20.8	15.5	15.2
以色列	33.2	26.5			36.1	33.1
意大利	18.9	21.0	31.9	24.9	25.3	20.6
日本	10.1	13.6	13.3	12.5	12.0	10.7
韩国	5.8	5.8	9.5	8.1	11.2	6.3
卢森堡	（缺失）	26.0	21.7	23.9	22.1	23.7
墨西哥	44.1	40.1	65.9	50.8	50.9	47.4
荷兰	（缺失）	14.3	10.9	13.4	13.0	13.2
新西兰	13.7	14.3	15.1	15.4	13.7	13.4
挪威	17.5	15.0	20.8	18.2	21.1	15.8
波兰	23.2	15.0	22.0	20.5	17.0	13.1
葡萄牙	26.3	17.6	30.1	23.7	24.5	16.5
斯洛伐克			19.9	21.0	20.2	19.3

续表

国家	阅读		数学		科学	
	2000	2009	2003	2009	2006	2009
斯洛文尼亚					13.9	14.8
西班牙	16.3	19.6	23.0	23.7	19.6	18.2
瑞典	12.6	17.4	17.3	21.1	16.4	19.1
瑞士	20.4	16.8	14.5	13.5	16.1	14.0
土耳其			52.2	42.1	46.6	30.0
英国	（缺失）	18.4	（缺失）	20.2	16.7	15.0
美国	17.9	17.6	25.7	23.4	24.4	18.1
OECD 平均	19.3	18.1	21.6	20.8	19.9	17.9

【数据来源】OECD. PISA 2009 Results：Learning Trends：Changes in Student Performance Since 2000（Volume V）（2010 – 12 – 07）［2012 – 12 – 25］. http：//dx. doi. org/10. 1787/9789264091580 – en.

近年来，OECD 在教育公平方面的政策集中体现在 2007 年发布的报告《不再有失败：教育公平的十个步骤》（No More Failures：Ten Steps to Equity in Education）和 2012 年发布的报告《教育公平与质量：支持弱势学生和学校》（Equity and Quality in Education：Supporting Disadvantaged Students and Schools）中。在 2007 年的报告中，OECD 从三个方面提出了推进教育公平的 10 个建议，其中第一个方面为设计（design），包括 4 个建议：（1）限制早期分轨和分流，并推迟学术选择；（2）管理择校以控制公平风险；（3）在高中教育阶段，提供有吸引力的替代品，消除死角并防止辍学；（4）提供第二次获得教育的机会。第二个方面为实践（practices），包括 3 个建议：（1）识别学校中那些落后的学生并给予系统帮助以减少复读现象；（2）加强学校和家庭之间的联系，并帮助弱势家长指导他们孩子的学习；（3）回应多样性，并使移民和少数族裔成功进入主流教育。第三个方面为资源配置（resourcing），包括 3 个建议：（1）为所有的人提供强有力的教育，优先提供幼儿教育和基础教育；（2）资源直接给予那些最大需要的学生和区域；（3）设置更多公平的具体目标，特别是关于低学历获得者和辍学者①。在 2012 年发布的报告中，OECD 同样提出了 10 条推进教育公平的建议，这些建议大体仍然围绕 2007 年的报告展开，值得注意的是 2012 年的报告特别强调了要加强和支持学校领导能力，促进建立良好的学校环境和学习氛围，吸引、支持和保留高质量教师、确保有效的课堂学习策略等②。总之，提高弱势群体学生在市场上的竞争力是 OECD 新时期教育公平政策的一个基本核心③。

3. 各国加大对弱势群体学生的资助力度

近年来，各国加大了对弱势群体学生的资助力度，包括教育拨款、免费校餐等，以为他们的学习提供更加公平的环境，从而促进学业成绩的提高。例如，美国联邦教育部通过拨款政策工具引导各州推进教育优先方向，正在实施的"学校改进拨款"计划，面向全国最薄弱学校，通过拨款引导和鼓励地方及薄弱学校提高教育质量。该计划采取分级和竞争性拨款，做出承诺最大的地方才能获得拨款。全国现有 1300 多所最薄弱学校，每所学校获得了 600 万美元拨款，受益最大的是那些小城镇和农村学校。

英国政府 2011 年实施"弱势学生补助金"计划，向享受免费校餐学生（低收入家庭学生）提供 900 英镑特别补助，2013 年"弱势学生补助金"拨款总额将达到 18.75 亿英镑，主要用于提高弱势学生成绩水平，缩小与普通生的差距，解决教育不平等，弱势学生成绩水平的提高将作为英国督导评价新的指标。

免费校餐近年来在世界上许多国家得到了进一步的加强。例如，到 2011 年，美国免费午餐计划覆盖 10 万所公立和非营利性私立学校以及住宿制儿童保育机构，享受低成本或免费午餐 18 岁以下学生和儿童达到 3180 万人，联邦政府财政投入达到 111 亿美元。印度从 1995 年实施学校免费午餐计划，覆盖面逐步从小学扩大到高小（六至八年级）学生，以提

① Simon Field, Małgorzata Kuczera, Beatriz Pont. No More Failures: Ten Steps to Equity in Education [EB/OL] (2007 – 11 – 14) [2012 – 12 – 25]. http://www.oecd.org/edu/school/49623744.pdf.

② OECD. Equity and Quality in Education: Supporting Disadvantaged Students and Schools [EB/OL]. (2011 – 02 – 09) [2012 – 12 – 25]. http://www.oecd.org/education/school/50293148.pdf.

③ 孙亚，窦卫霖. OECD 教育公平政策的话语分析 [J]. 全球教育展望，2013 (4).

高就学率、保持率和出勤率，改善儿童营养状况，在落后地区中央政府负担90%的费用、在普通地区负担75%，受益儿童达1.13亿人，成为世界上规模最大的学校免费午餐计划。

（三）更加强调促进弱势群体的均等机会

高等教育是决定一个国家人力资源竞争力的重要因素，所以不断地提高高等教育的质量与公平是各国普遍的政策取向。近年来，在社会矛盾与冲突日益凸显的时代背景下，保证弱势群体的均等受教育机会成为各国高等教育公平政策优先考虑的方面。下面我们以若干国家和地区的案例进行说明。

1. 印度进一步强化大学招生配额政策

2005年，印度《宪法（第93次修正）法案》扩大了弱势阶层人群覆盖范围，将"其他落后阶层"纳入了弱势群体，宪法授权印度议会和邦立法机构为弱势阶层人民的教育进步发展制定适当的法律，包括为弱势生源保留招生名额。2007年1月3日，印度通过《中央教育机构（入学名额保留）法》再次提高弱势生源招生比例，第三条规定，在每个专业核定的年度招生人数中，要为表列种姓、表列部落和其他落后阶层学生分别保留15%、7.5%和27%的名额。这样就使为弱势群体学生名额保留比例从原来的22.5%提高到49.5%。

根据法律规定，为其他落后阶层学生新增的27%保留名额仅适用于中央部属高校，这些高校聚集了印度最优质的教育资源，像著名的印度理工学院院校集群、中央大学院校集群和印度管理学院院校集群都属于中央部属高校范围，是印度高校招生竞争最为激烈的院校，成为印度精英教育的代名词。提高弱势生源招生比例，有助于扩大分享优质教育资源的社会群体范围，促进教育公平。为保证实施入学名额保留政策并使普通类别考生录取比例不受影响，印度决定以2006—2007年招生为基数，从2007—2008年开始扩招54%，实现高等教育包容性扩充。

为了保证招生配额政策的实施，印度政府还建立了一些配套的保障机制，包括设立专门机构、提供补习辅导、在教育落后地区新建高校等。

　　设立专门机构。大学拨款委员会专门设立了表列种姓、表列部落和其他落后阶层教育办公室，对大学入学名额、教学职位和非教学职位保留政策的实施进行有效监控，处理和解决相关投诉。大学拨款委员会还设立了一个常务委员会及相关小组委员会，成员由专家、大学前校长及高等教育界知名人数组成，负责监督保留政策的实施。大学拨款委员会一次性向大学提供 20 万卢比补助，建立教育机会平等办公室。截至 2011 年 3 月 31 日，有 128 所大学设立"机会平等办公室"，维护表列种姓、表列部落、其他落后阶层、少数宗教群体及残疾人受教育和就业权益。

　　采取补习辅导措施。相关学校对基础较差的弱势群体考生采取考前补习和入学后辅导，提高他们的学习水平，印度理工学院则让基础较差的弱势生源入学后学习一年预备课程。

　　在教育落后地区新建高校，扩大机会区域分布。印度有 374 个高等教育毛入学率低于全国平均水平的教育落后县，占全国县级行政单位总数的58%，在每个教育落后县建立示范学位学院。在"十二五教育规划"期间，新建示范学位学院、社区学院和多科技术学院的范围将扩大到穆斯林集中居住的区县，在小城镇设立女子学院。这些建设计划要纳入到邦高等教育发展规划，以满足教育落后区县学生的学习需要，增加机会，促进教育公平和包容性。

　　设立多种奖学金资助弱势群体学生完成学业或继续从事科学研究。这些奖学金由政府相关部委或专业机构设立，大多面向表列种姓和表列部落学生。"拉吉夫甘地国家研究奖学金"，由社会正义部和部落事务部设立，每年设立 2667 个名额，其中表列种姓学生 2000 个名额，表列部落学生667 个名额。资助学生在科学、人文、社会科学和工程技术等学科领域完成博士学位。目前共有 4041 名表列种姓学生和 2036 名表列部落学生获得此项奖学金，2010—2011 年支出分别达 13.8 亿卢比（1 印度卢比约合0.11 元人民币）和 6.1 亿卢比。"博士后研究奖学金"，由大学拨款委员会设立，资助已取得了博士学位和发表了研究著作的表列种姓和表列部落学生在其专业领域从事高级研究，每年设立 100 个名额，2010—2011 年支出达 4170 万卢比。"研究生奖学金"，由大学拨款委员会设立，每年 1000 个名额，根据学位课程学习期限奖学金可发放 2—3 年，2010—2011 年支出达到 1.24 亿卢比。"少数宗教群体学生阿扎德国家研究奖学金"，由中央政府设立，资助少数宗教群体学生攻读哲学硕士或博士学位，每年设立 756 个名额，2010—2011 年支出达 1.5 亿卢比。

印度政府为增加弱势群体学生接受高等教育的机会作出了巨大努力，弱势生源在高校在校人数中所占比例在不断提高。例如，在著名的尼赫鲁大学，2010—2011 年在校生 6665 人，三类弱势生源已经占到了 40.3%（表列种姓学生 13.7%，表列部落 8.4%，其他落后阶层 18.2%）。然而，就整体而言，弱势生源所占比例仍较低，2009—2010 年印度高校全部在校生达到 2074 万人，其中表列种姓学生占 11.8%，表列部落学生占 5.2%。城乡与群体间高等教育毛入学率也存在较大差距，2007—2008 年印度高等教育毛入学率全国平均达到了 17.2%，其中城镇平均为 30%，农村平均为 11.1%，印度教群体达到 32.9%，而其他落后阶层学生为 14.8%，表列种姓学生 11.6%，表列部落学生仅为 7.7%（见表 5 - 7）。

表 5 - 7　印度城乡和性别及社会 - 宗教群体间高等教育毛入学率差别

城乡和性别间高等教育毛入学率差别	所占比例（%）	社会 - 宗教群体间教育毛入学率差别	所占比例（%）
城镇女性	30.5	基督教	44.9
城镇平均	30.0	印度教	32.9
城镇男性	29.6	全国平均	17.2
全国平均	17.2	其他落后阶层	14.8
农村男性	13.7	表列种姓	11.6
农村平均	11.1	穆斯林	9.6
农村女性	8.3	表列部落	7.7

【数据来源】Planning Commission Government of India. Twelfth Five Year Plan (2012 - 2017) Social Sectors Volume Ⅲ ［R］. New Delhi：Vivek Mehra for SAGE Publications India Pvt Ltd, 2013：102.

弱势生源所占比例低，其原因是基础教育阶段存在着入学率低、辍学率高和教育质量差等问题，从而导致弱势生源整体质量偏低，如印度布拉罕民间组织对全国的抽样调查表明，农村五年级学生中有一半的人不会读二年级的简单课文。因而在实际招生中，只有少部分学生利用了保留名额的机会，有很大比例的保留名额没有用满。这需要政府做出更大努力，普及有质量的义务教育，保证弱势生源质量。要实现宪法承诺的"机会均等"仍有很长的路要走。

2. 欧洲国家更加强调实现高等教育的社会维度

实现高等教育社会维度是促进高等教育公平的一个重要方面。高等教育社会维度也是博洛尼亚进程中欧洲各国高等教育部长们关注的重要问题之一。自2001年以来，在历次会议的公报中屡屡提及高等教育社会维度，认为它是改革欧洲高等教育的最重要工具，2007年的《伦敦公报》对社会维度给出了一个较为全面的定义："进入、参加和完成高等教育的学生群体应反映我们人口的多样性"并强调"学生能够完成其学业的重要性，而不受与其社会和经济背景相关障碍的影响"。OECD将公平的高等教育体系定义为："公平的高等教育体系是指那些能确保高等教育的获得、参加和结果仅仅基于个人的天生能力和学习努力的教育体系。它们确保在高等教育层面的教育潜力不是个人和社会状况的结果，包括不是社会经济地位、性别、民族、移民身份、居住地点、年龄和残疾等因素的结果。"[①] 2010年欧盟将社会维度定义为"接受有质量的教育的平等机会以及公平对待，包括使教育提供适应个人的需要"，因而"公平的教育与培训体系旨在提供机会、获得、对待和结果，这不依赖社会经济背景及其他可能导致教育处境不利的因素"[②]。欧盟认为，在一个社会和经济环境中，通过高等教育获得和提升技能和能力水平变革越来越重要，社会的当务之急是尽可能向更多的人口提供接受高等教育的机会。实现这个目标的过程通常被称作高

① Paulo Santiago, etc. Tertiary Education for the knowledge society: volume 2: special Features: Equity, Innovation, Labour Market, Internationalisation [EB/OL]. (2008 – 09 – 16) [2012 – 12 – 26]. http://www.oecd.org/edu/skills – beyond – school/41266759.pdf.

② The Council of the European Union. Council conclusions of II May 2010 on the social Dimension of Educacion and Training [J]. Official Journal of the European Union, 2010/C, 135/02.

等教育的社会维度①。

　　研究表明，接受和参加高等教育同学生的社会经济背景相关，社会经济背景也对中学生的高等教育学习的愿望有着影响。处境不利学生多是不具资格接受高等教育的学生，即使获得接受高等教育的机会，处境不利学生也多是进入二、三流院校和职业定向的院校。近几十年来，女学生参加高等教育的机会得到了极大改善，但在研究生课程层次性别差距仍然存在。专业领域也存在性别差距，在技术和工程等专业女学生比例明显偏低，而在教学和护理等专业领域的比例则明显偏高。在一些国家，妇女获得的高等教育学位的价值似乎被劳动力市场低估，少数民族学生和有移民背景的学生接受高等教育的机会仍然有限。高等教育地域可及性有了很大改善。成人学生接受高等教育的机会在增加，但在一些国家参加率仍然很有限。残疾学生接受高等教育的机会仍很有限。父母的收入水平对子女的认知和非认知能力都有着长期的影响。教师的质量和学校资源的不均衡分布影响着接受高等教育的机会。

　　高等教育社会维度主要是解决弱势群体学生接受高等教育的机会、过程和结果公平问题。弱势群体学生一般包括社会经济地位低下家庭学生、性别差距、残疾人、少数民族学生、有移民背景的学生等。各国都采取措施促进高等教育公平，增加包容性。例如，女性学生接受高等教育的机会有了极大改善，欧盟 27 国平均女学生比例占到 55.3%，在学术专业所占比例达到 55.2%，在职业定向专业所占比例达到 57.6%，但在高校教师中女教师的比例偏低，许多国家的比例不到 40%（见表 5 - 8）。

---

　　① Eurydice. Modernisation of Higher Education in Europe：Funding and the Social Dimension 2011 [M]. Brussecs：Education，Audiovisual and Cultive Executive Aqenoy，2011.

表 5 – 8　高等教育女学生和女教师比例（%）

国家/地区	女学生比例	女学生在学术专业所占比例	女学生在职业定向专业所占比例	高校女教师比例
欧盟 27 国	55.3	55.2	57.6	—
比利时法语区	55.5	53.1	58.3	46.2
比利时弗兰芒区	54.7	51.4	58.4	39.8
保加利亚	55.3	55.6	54.1	47.1
捷克	55.5	55.3	69.1	48
丹麦	58.0	59.7	48.6	—
德国	49.7	47.7	61.4	36.7
爱沙尼亚	61.7	61.9	61.9	—
爱尔兰	54.2	57.8	45.8	38.3
希腊	50.1	53.4	45.3	—
西班牙	54.0	54.5	51.9	38.2
法国	55.2	55.6	55.3	37.3
意大利	57.4	57.5	55.7	35.2
塞浦路斯	49.0	59.3	37.2	39.7
拉脱维亚	64.4	64.4	65.0	57.2
立陶宛	59.9	60.3	59	55.5
卢森堡	48.3	48.8	—	—
匈牙利	58.0	57.2	69.9	38.0
马耳他	57.9	57.9	59.4	29.9
荷兰	51.7	51.8	—	37.6
奥地利	53.3	53.5	57.2	32.5
波兰	57.6	57.4	80.1	42.5
葡萄牙	53.5	53.4	65.8	43.2
罗马尼亚	56.3	56.6	62.4	43.3
斯洛文尼亚	58.1	62.1	51.9	37.2
斯洛伐克	60.3	60.9	65.1	43.8
芬兰	54.2	54.4	5.0	50.8

续表

国家	女学生比例	女学生在学术专业所占比例	女学生在职业定向专业所占比例	高校女教师比例
瑞典	60.3	61.5	51.5	44.1
英国	57.2	55.3	65.3	41.7
冰岛	64.4	65.0	46.6	49.0
列支敦士登	33.0	33.3	—	—
挪威	60.8	61.2	63.6	41.2
土耳其	43.1	43.9	41.2	40.3

【数据来源】Eurydice. Modernisation of Higher Education in Europe: Funding and the Social Dimension 2011 [M]. Brussecs: Education, Audiovisual and Cultive Aqenoy, 2011.

残疾学生接受高等教育的机会在一些国家得到一定程度改善。美国残疾学生在高等学校就学的比例从 1996 年的 9.2% 上升到 2007 年的 10.8%。德国在 2003—2006 年，报告有健康问题的学生占学生人口的比例从 15% 上升到 18.5%。法国在 2000—2006 年，残疾学生接受高等教育的人数翻了一番，达到学生人口的 0.4%。丹麦高等教育残疾学生占学生人口的比例从 2004 年的 0.5% 上升到 2006 年的 0.7%。在 2001—2004 年，挪威 16—67 岁在高等学校就学的残疾学生的比例上升了 7%。捷克接受中等后职业培训的残疾学生占该类课程学生人口的比例从 2005—2008 年的 0.02% 上升到 0.09%，2005 年捷克残联对 161 所大学院系的调查结果表明，共有 460 名残疾学生就学，占学生人口的 0.4%[①]。

有些国家将年龄作为一个与代表性不足相联系的特定问题，为此制定了一些措施鼓励成人学生参加高等教育。

3. 美国更加重视弱势群体入学机会的制度保障

在全球范围内，美国的高等教育虽然极具竞争力，但是也和许多国家一样存在着诸多不公平的现象。近年来，为了不断地提高高等教育公平，美国各级政府也出台不少政策，以加强制度保障。其中在联邦政府层面的

---

① OECD. Inclusion of Students with Disabilities in Tertiary Education and Employment [M]. Education and training policy, OECD publishing, 2011.

主要政策包括《领导力检测：描绘美国高等教育的未来》（A Test of Leadership：Charting the Future of U. S. Higher Education）、《大学成本降低与入学机会法》（College Cost Reduction and Access Act）与《高等教育机会法》（Higher Education Opportunity Act）等。这些政策虽然重点不同，但是其主要目标都是针对日益高涨的大学学费提出应对策略、促进高等教育机会公平的实现。具体的措施包括以下几个方面。

第一，帮助学生做好入学准备。《高等教育机会法》提出实施"加速启动项目"（GEAR UP），其主要举措是通过整合政府机构、非营利组织和社区资源，帮助中学毕业生顺利进入大学。该项目的补助经费包括"伙伴关系补助款"和"州补助款"两部分，前者用于资助大学与贫困地区中学之间建立伙伴关系，这类伙伴关系至少还需要包括社区、企业、宗教团体、州教育机构、家长会或其他非营利机构等单位中的两者加入，帮助家长和学生理解高等教育的价值，尽早为升入大学做好准备；后者则提供给州政府，用于开展"中小学生提早认识大学活动"，或资助该州中学生的学业，包括奖助学金、贷款以及勤工俭学等。

第二，提高信息透明度。在美国上大学的成本对于低收入家庭来说是一个不小的开支，如果没有来自政府或社会的资助，这些家庭孩子的入学机会就会受到很大影响。为了让这些家庭及时了解相关的资助项目，《高等教育机会法》规定从 2011 年 7 月起，美国教育部应将与大学学费相关的信息以及其他涉及高等教育成本的信息公布于互联网，方便考生、家长、教师和其他社会人士随时查阅。

第三，改善学生资助方案。为了保证教育公平，美国《高等教育机会法》规定将提高学生的奖助学金资助标准。具体为，到 2014 年资助标准由 2009 年的每年 6000 美元/生提高到每年 8000 美元/生。另外，其申请资格的范围扩大到残障学生、半工半读以及非学位等范畴内的贫困大学生。对于学生的助学贷款偿还，美国自 2009 年起开始实施两个新的方案："以收入为基础的偿还方案"和"公共服务贷款抵销方案"，前者基于学生毕业后的收入、家庭收入等来偿还最低额度和最长年限，后者以毕业生从事社会公共服务范围即事先决定免还额度。

第四，抑制大学学费上涨。大学学费不断上涨是影响低收入家庭学生接受高等教育的不容忽视的因素，为此美国国会和教育部重新界定了大学学费相关概念，包括大学总支出、学费额度、总费用、净费用等，以规范大学的经费制度。同时，法律要求教育部公布学费最高的、位居前 5% 和最低的、位居后 10% 的大学名单，即根据净费用进行排序。另外，法规规定各州政府应增加高等教育经费支出，否则教育部将不拨付联邦配套款①。

三、着力提升教育质量

教育质量是教育事业发展的根本，教育质量标准的选择与质量的判断对各级各类教育机构的发展具有导向性、基础性和全局性的影响与作用。无论是高等教育或是基础教育，高质量都是其核心的价值追求。

教育质量管理涉及一系列标准、评估、监测等环节。联合国儿童基金会在《定义教育质量》中，从五个维度研究教育质量：学习者、环境、内容、过程、结果；联合国《全民教育全球监测报告》从学习者特征、背景、扶持投入、教与学、结果五个相互影响的维度建构了旨在监控和提高教育质量的分析框架②。

（一）以标准提升质量

教师是大多数学生最重要的学习资源。联合国教科文组织反复强调"教师是提高教育质量的一个决定性因素"。自 20 世纪 80 年代以来，教师在教育中的作用得到越来越多的关注，世界上的发达国家和地区把制定专业标准进而推动教师的专业化发展作为共同的战略选择。教师专业化的标准主要包含两大方面：教师自身素质与客观环境，只有这两方面相互协调

---

① 赵鑫. 美国促进高等教育机会公平的举措与启示［J］. 黑龙江高教研究，2012（8）. 赵鑫. 论高等教育公平的法律保障——以美国为例［J］. 外国教育研究，2012（10）.
② 秦玉友. 教育质量的概念取向与分析框架——联合国相关组织的研究与启示［J］. 外国教育研究，2008（3）：20－49.

和支撑，才能为教师专业发展创造良好条件，促进教师的专业成长。90 年代以来，一些发达国家和地区都先后建立了教师专业标准。

1. 美国模式的专业标准强调统一性与高标准化

美国针对 21 世纪教师需要具备的知识和技能，制定的新的专业标准要求教师必须：

（1）懂得教学理论和方法并能创造学科所需要的良好教学环境；

（2）懂得学生怎样学习并能组织有利于他们全面发展的教学活动；

（3）懂得多元智能理论并能提供发展各种智能的教学活动；

（4）能使用多种方法来开发学生智力；

（5）善于促进学生之间的互动交流；

（6）善于运用教学语言和行为创造教学情境；

（7）能依据课程标准和学生基础组织有效教学；

（8）懂得使用各种方法评价学生的学习进展；

（9）善于经常反思教学效果，积极参与专业进修。

2. 英国研制了教师专业发展各个阶段的标准

英国 1998 年 5 月颁布的《职前教师教育课程要求》（Requirement for Courses of Initial Teacher Training）包括的合格教师标准有：（1）知识与理解；（2）计划、教学和班级管理；（3）监控、评价、记录、报告和责任；（4）其他专业要求等四个方面近 70 条标准。为了更加有效地引领教师终身的专业发展，英国随后研制了教师专业发展各个阶段的标准，相继出台了入职教师、资深教师、优秀教师、高级技能教师四个专业标准。

3. 日本实施教师认定制度

日本于 1988 年新改定的《教育职员许可法》设有三种教师许可证："专修许可证"相当于硕士课程毕业程度，"一种许可证"相当于四年制大学毕业程度，"二种许可证"相当于两年制短期大学毕业程度。1989 年，日本开始实行教师任职认定制度，其具体做法为：学生大学毕业时取得"教师资格证书"，然后参加"教师任用选拔国家考试"，其考核内容包括普通教养知识、专业专门知识和教育基础理论三方面，被认定为综合学历合格才可决定任用为教师。

4. 澳大利亚据专业标准分层次对不同教师评估

澳大利亚教育部于 2003 年 11 月正式颁布了全国教师专业标准。把教师专业标准分为若干范畴，而每一个范畴又有总体标准和阶段标准，其既有利于保证教师总体质量，又有利于针对不同教师进行分层次评估。澳大利亚全国教师专业标准提出了基于职业发展和专业素养这两大维度的框架。其中，职业发展维度主要界定了教师发展的阶段以及相关的特征；专业素养维度则界定了教师所应该具备的素养。

5. 欧盟力图实现教师职业的专业化

《欧盟教师能力和资格共同原则》由欧洲地方政务委员会和欧洲委员会制定。主要围绕国家和地区为实现教师职业的专业化所应遵循的四项共同原则和教师应具备的三项核心能力。共同原则包括专业相符、终身学习、流动与合作。核心能力包括：与他人合作；充分运用知识、技术和信息；紧密联系社会。

（二）美国针对不同地区和学校间差异的学业评价

美国的学业成绩差距，指不同种族、收入背景的学生在标准化考试得分上的悬殊差异。具体表现为低收入家庭背景或非洲裔、西班牙裔或墨西哥裔、拉丁美洲裔学生在标准化考试上的得分落后于白人或高收入家庭背景的学生。学业成绩差距的实质是教育结果的差距[①]。

美国教育进展评估（National Assessment of Educational Progress，NAEP）是美国目前最权威的全国学生学业成就评估体系，其基本架构可以概括为支持系统（寻求政策支持、技术支持）、评价系统（负责确定评价类型、对象、维度、目标、实施）和报告系统（确定报告形式、进行信息沟通）三个部分[②]。

NAEP 在全国范围内的主要测试领域是阅读和数学测试，同时，在条件允许的情况下，有的州和地区还定期对写作、科学、历史、地理、公民

① 胡定荣，郑葳.美国学业成绩差距研究及其启示 [J].外国教育研究，2012（11）：65-73.
② 姚霞.国际科学素养测评对我国科学学科测评的启示 [J].考试研究，2013（2）：53-63.

学、外语、艺术等学科进行测试。但 NAEP 主要侧重于不同地区和学校间差异的比较。

表5－9　不同学校类型和不同年龄学生的 NAEP 阅读成绩

年龄组和学校类型	年份	1980	1984	1988	1992	1996	1999	2004	2008
9 岁学生	公立学校	214*	209*	210*	209*	210*	210*	214*	218
	私立学校	227*	223*	223*	225*	227*	226*	#	237
	天主教学校	226*	221*	223*	223*	227	225	230*	235
13 岁学生	公立学校	257	255*	256	257	256	257	255*	258
	私立学校	271	271	268	276	273	276	#	275
	天主教学校	270	270	266*	275	275	279	276	275
17 岁学生	公立学校	284	287*	289*	288*	287	286	281*	284
	天主教学校	300	301	300	308	#	305	#	303

注：# 报告标准未满足。

* 明显不同于2008 年（$p < 0.05$）。

【数据来源】U. S. Department of Education, Institute of Education Sciences, National Center for Education Statistics, National Assessment of Educational Progress (NAEP). Long-Term Trend Reading Assessments [EB/OL]. [2013 – 07 – 19]. http：//nationsreportcard. gov.

研究发现，公立学校、私立学校和天主教学校中9 岁学生的阅读成绩从1980 年到2008 年总体上呈上升趋势；公立学校、私立学校和天主教学校中13 岁学生的阅读成绩从1980 年到2008 年总体上也呈上升趋势；公立学校中17 岁学生的阅读成绩从1980 年到2008 年先上升后下降到与1980 年持平，天主教学校中17 岁学生的阅读成绩从1980 年到2008 年总体上呈上升趋势（见表5－9）。

表 5 – 10 不同学校类型和不同年龄学生的 NAEP 数学成绩

年龄组和学校类型 \ 年份		1978	1982	1986	1990	1994	1999	2004	2008
9 岁学生	公立学校	217*	217*	220*	229*	229*	231*	239*	242
	私立学校	230*	232*	232*	238*	245*	242*	#	252
	天主教学校	230*	232*	233*	235*	243*	241*	247	251
13 岁学生	公立学校	263*	267*	269*	269*	273*	274*	278	280
	私立学校	279*	281*	276*	280*	285*	288*	#	295
	天主教学校	279*	270*	273*	279*	283*	288	289	293
17 岁学生	公立学校	300*	297*	301*	304	304	307	304	305
	天主教学校	309*	309*	314	311	317	320	#	317

注：# 报告标准未满足。

* 明显不同于 2008 年（$p < 0.05$）。

【数据来源】U. S. Department of Education, Institute of Education Sciences, National Center for Education Statistics, National Assessment of Educational Progress (NAEP), various years, 1980 – 2008 Long-Term Trend Reading Assessments.

公立学校、私立学校和天主教学校中 9 岁、13 岁学生的数学成绩明显呈上升趋势；公立学校和天主教学校中 17 岁学生的数学成绩也明显呈上升趋势（见表 5 – 10）。

（三）高等教育质量保障

2003 年 9 月 19 日的柏林会议上，博洛尼亚进程欧洲高等教育质量保障网络声明中阐明："通过成员国与欧洲大学联合会、欧洲高等教育机构协会和欧洲大学生联合会合作，在质量保障方面形成一套公认的标准、程序和准则，并且探索一条适合质量保障的同行评价制度。"

欧洲高等教育质量保障网络外部和内部的标准和准则都是以有关质量保障的基本原则为基础的，包括：

（1）高等教育的提供者对规定和确保质量负主要责任；

（2）应保障高等教育质量和标准的社会利益；

（3）通过欧洲高等教育质量保障网络，为了高等教育的学生和其他受益者，需要提高和发展学术课程的质量；

（4）学术课程的提供者和支持者需要建立有效及高效的组织结构；

（5）在质量保障过程中透明度和使用外部专家是重要的；

（6）高等教育机构内部应当有一种激励的质量文化；

（7）应制定高等教育机构问责的相关程序，包括对公共和私人投资的问责；

（8）质量保障问责制的目的与提高质量保障的目的是一致的；

（9）机构应当证明其在国内及国际的质量；

（10）执行的过程中不应扼杀多样性和创新①。

1. 英国通过 QAA 监督高校以保障内部和外部质量

1997 年，英国在原来的高等教育质量委员会和英格兰、威尔士高等教育基金委员会质量评估组的基础上成立了高等教育质量保障局（the Quality Assurance Agency for Higher Education）。高等教育质量保障局作为英国高等教育质量外部保证的权威机构，负责对全英高等学校提供系统的综合质量保障服务，其主要使命是向学生、家长和社会相关人士保证高等教育的质量。高等教育质量保障局与高等教育部门紧密合作，经过不断调整和修改建立了一套由学位资格框架、学科基准、课程规格和实施规则四部分组成的学术基本规范，其中的学科基准被作为学科教学质量评估的主要参考标准。

学科基准从学科角度陈述了在广泛的学科领域内取得学位的标准，明晰了英国一般专业的学术标准和特征；为英格兰、苏格兰和威尔士的高等学校提供了一致的、整体性的规则，包括各学科毕业生需要掌握的技术和技能，对学科的理解水平以及获得此学位的智能要求；并且为课程的设计和实施提供参考②。

---

① 中国教育科学研究院内部翻译资料。

② 王丹．英国高等教育质量保障局学科基准的受众设定及启示［J］．世界教育信息，2007（9）：30–33．

2. 澳大利亚成立 TEQSA 对高等教育质量进行评估和监督

2011 年 7 月，《2011 年高等教育质量和标准署法案》（the Tertiary Education Quality and Standards Agency Act 2011）获澳大利亚议会通过。随后，澳大利亚高等教育质量和标准署（Tertiary Education Quality and Standards Agency，TEQSA）正式成立，相关评估标准开始起草、修订。从 2012 年起，TEQSA 开始行使高等教育质量评估、监督等职能。

作为非营利性国家机构，TEQSA 拥有的权利和义务包括：制定全国统一的评估标准规范；对注册的全国高等教育机构及海外分校进行统一监管；对符合条件的高等教育机构进行登记注册；根据法案对开设的课程进行认证；调查各高等教育机构是否按法案及相关规定组织教育教学活动，包括开展教育质量评价、课程评价；根据教育部长或高等教育机构要求对高等教育机构教育质量提出评价意见及改进建议；收集、分析、解释并发布高等教育机构教育质量、质量提升等方面工作及《高等教育标准框架》执行情况信息；对如何提高教育质量进行培训，与其他国家高等教育质量保障机构展开合作；开展《高等教育质量和标准署法案》等联邦法律规定的其他各项工作；完成部长基于相关法律提出的任务①。

四、大力培养高技能人才

为了应对金融危机带来的影响，近年来各国对职业教育进行了积极的改革，其中重要的举措就是加强高技能人才的培养。

（一）培养高技能人才是当前职业教育发展的一个重要目标

职业教育或职业教育和培训（VET），也称为职业和技术教育（CTE）或技术教育（TE），其完整内涵，包括技术教育、职业教育与培训（Tech-

---

① 肖毅. 澳大利亚高等教育质量保障体系改革新动向探究 [J]. 外国教育研究, 2013（4）：104 – 110.

nical and Vocational Education and Training）三个方面。目前职业教育已不再简单地理解为单纯的职业培训或训练，而应该完整地包括职业教育的认知、情感和技能。这种教育经常针对特定的行业、职业或岗位，通过传统的非学术的手工或实践活动为学习者工作做好准备①。近年来，联合国教科文组织、国际劳工组织、世界银行、亚洲开发银行等国际机构越来越普遍地采用一个广义的概念，即"技术和职业教育培训"（TVET）用以替代传统的职业教育②。

职业教育与经济发展之间存在密切的联系，其主要体现为职业教育的培养目标需要及时根据经济发展的需要而进行调整。近年来，全球经济发展的一个重大事件就是始于 2008 年的金融危机。金融危机对各国造成的最直接影响就是经济发展速度放缓，经济总量与经济规模出现大幅度的缩减，由此也使得失业成为一个严重的社会问题。例如，据国际劳工组织的估计，2012 年全球青年失业人数达到了 7380 万，失业率达 12.6%；自 2007 年以来，全球青年失业人数增加了 340 万③。2012 年，美国过半的大学毕业生失业或未充分就业（也就是从事未能充分运用他们技能和知识的工作），创下 11 年以来新高④。英国高等教育统计局的统计显示，超过 2 万名大学生 2011 年夏天毕业半年后仍处于待业状态，比例占毕业生总数的近 10%。这一数字比 5 年前高出近一倍⑤。另据国际劳工组织的调查，2008 到 2011 年，青年失业率在欧洲范围内上升到 26.5%，其中西班牙的青年失业率已达 46.6%，接下来是克罗地亚（35.8%）以及斯洛伐克

① 杨丽波. 职业教育社会伙伴关系研究［D］. 上海：华东师范大学，2012：19 - 21.

② 卢洁莹. 生存论视角的职业教育价值观研究［D］. 武汉：华中师范大学，2008：23 - 31.

③ International Labour Organization. Global employment trends 2013：Recovering from a second jobs dip［EB/OL］.［2013 - 04 - 22］. http：//www. ilo. org/wcmsp5/groups/public/dgreports/dcomm/publ/documents/publication/wcms_ 202326. pdf.

④ 过半失业或未充分就业 美国大学毕业生就业难［EB/OL］.（2013 - 04 - 23）［2013 - 05 - 12］. http：//www. zaobao. com/special/us/pages13/fincrisis120424a. shtml.

⑤ 经济不景气失业率高 英国大学生薪水创 9 年新低［EB/OL］.（2012 - 07 - 04）［2013 - 04 - 23］. http：//www. chinanews. com/gj/2012/07 - 04/4008399. shtml.

（33.6%），德国则相对较低，2011 年的青年失业率为 8.6%[①]。解决失业问题的关键就是需要培养适合经济发展需要的人才，而金融危机之后传统的低端技能人才已经很难适应经济发展的需要，这其实也是失业现象严重的根本原因。为了解决这一问题，这就需要职业教育的培养目标做出调整，即培养高技能型的人才。

（二）许多国家出台政策加强技能型人才建设

各国在加强技能型人才的培养上，采取了不同的政策，这里我们选取几个代表性的国家（或地区）进行说明。

1. 中国出台实施高技能人才培养中长期计划[②]

2011 年 7 月，中国发布首个高技能人才发展规划，即《高技能人才队伍建设中长期规划（2010—2020 年）》。该规划认为，走新型工业化道路，加快产业优化升级，全面提升中国企业核心竞争力，迫切需要大力加强高技能人才队伍建设。第一，加快转变经济发展方式和调整优化经济结构，对加强高技能人才素质培养提出新要求；第二，经济社会发展对技能人员的需求日益强劲（见表 5－11）；第三，缓解就业结构性矛盾对提高劳动者技能水平提出了更高要求，人口和劳动力的规模与结构变化对就业形势产生深刻影响，对高技能人才队伍建设提出新要求。

---

① 欧洲青年失业率超纪录 国际劳工组织发出警告［EB/OL］.（2012 – 05 – 23）［2013 – 04 – 23］. http：//gb. cri. cn/27824/2012/05/23/5951s3694680. htm.

② 人力资源和社会保障部. 高技能人才队伍建设中长期规划（2010—2020 年）［EB/OL］.（2011 – 06 – 21）　［2013 – 05 – 23］. http：//www. tech. net. cn/web/articleview. aspx？id = 20110621175401481 & cata_ id = N002.

表 5 –11　中国 2015 年、2020 年各等级技能劳动者需求增长预测

技能劳动者结构	2009 年技能劳动者需求规模（人）	2009—2015 年加权方式下技能劳动者需求增长（人）	2009—2020 年加权方式下技能劳动者需求增长（人）
合计	115773408	18881288	32909662
高级技师	1141688	214314	401897
技师	5292948	963859	1781466
高级工	24236005	4269010	7759835
中级工	43368086	7364523	13130332
初级工	41734680	6069583	9836133

　　按照该规划，中国高技能人才的发展目标有三个方面。第一，高技能人才数量稳步增长，结构更加合理，素质明显提升。到 2015 年，中国高级工以上的高技能人才达到 3400 万人，占技能劳动者的比例达到 27% 左右；拥有特殊操作法或技能革新、发明专利的高技能人才占所在单位高技能人才的比例不低于 50%。第二，高技能人才工作体系得到健全和完善，包括建立示范性高技能人才培养基地、推动企业建立完善的现代职工培训制度、建立高技能人才校企合作培养制度、建立和完善高技能人才多元评价制度、广泛开展各种形式的职业技能竞赛和岗位练兵活动、建立技能大师工作室、建立和完善高技能人才统计调查制度和信息系统等。第三，高技能人才开发的政策和法制环境得到根本性改善。

　　此外，该规划还提出了高技能人才队伍建设的 8 项重点举措：以实施国家高技能人才振兴计划为龙头，加大高技能人才培训力度；以实施青年技能就业培训工程和企业职工技能提升培训工程为重点，建立健全面向全体劳动者的职业培训制度；以制度创新为重点，健全高技能人才评价选拔制度；以建设技能大师工作室为重点，充分发挥高技能人才作用；以完善流动配置机制为重点，促进高技能人才合理流动；以完善制度和落实政策为重点，健全高技能人才激励表彰机制；以强化技术支持为重点，夯实高技能人才工作基础；切实加大投入，为高技能人才队伍建设提供经费

保障。

2. 英国继续加强对高技能人才的培养

英国在技能人才培养方面一直都比较重视。近年来，在金融危机等影响下，对高技能人才的培养成为其重点关注的一个方面。

2009 年，英国政府发布《技能促进增长——国家技能战略》（Skills for Growth：the National Skills Strategy）白皮书。该白皮书指出，英国经济恢复与长期繁荣不仅需要有高技能的人才，而且这些人才还必须与时俱进，与社会的变化相适应。其目标是建立一个技能开发体系，这一体系的标准不仅基于取得的证书（achieved qualifications），而且也需要考虑是否能够带来现实的结果。同时，该白皮书就英国的技能人才发展还提出了 6 个方面的重点计划：一是提高技能促进英国经济的繁荣；二是对青年加大发展高等学徒制，以帮助满足经济发展所需要的先进职业技能；三是确保技能体系满足商业发展需求，同时通过技能体系更好地支持增长的关键部门和用人部门；四是确保所有的成年人都能获得自己未来工作所需要的能力；五是提高对企业劳动力技能投资价值的判断能力，包括利用他们已有的技能基础；六是通过更加简单的系统，即让学习者有更大自主选择课程的权力，来进一步提高继续教育学院和其他培训机构的质量①。

就具体的技能人才发展内容，该白皮书提出了建议：（1）到 30 岁，3/4 的人应该接受高等教育或者完成高等学徒制或同等水平的课程；（2）技能体系的评价不仅仅要看文凭，更要看受雇用情况和其他结果；（3）为成年人增加近一倍的高等学徒制课程指标；（4）进一步强化高等学徒制路径，包括提供学徒制奖学金；（5）加大那些可以最大限度促进经济增长与就业的技能培训预算；（6）加强移民咨询委员会（Migration Advisory Committee）的工作与技能体系培训重点之间的联系；（7）赋予区域发展机构（Regional Development Agencies）更重要的决策作用；（8）在经济恢复的重点领域，与行业技能委员会（Sector Skills Councils）共同开创一

---

① Secretary of State for Business, Innovation and Skills. Skills for Growth：the National Skills Strategy［EB/OL］.（2009－11）［2013－05－31］. http：//www. official－documents. gov. uk/document/cm76/7641/7641. pdf.

个联合投资计划试点；（9）通过第五轮国家技能研究院计划（National Skills Academies Programme）竞标，继续支持雇主推动和塑造经济关键领域的供应；（10）为学习者引进技能账户，将其选择置于技能体系质量和驱动改进的最前列并确保更多的人在最好的大学接受培训；（11）为每一所大学和每一门课程开发一个新的、用户友好的公共评级系统，使学习者可以自行选择他们的未来；（12）为那些享受失业福利的人提供技能培训，把他们作为整个技能体系优先考虑的对象；（13）确保更多的高校为人们提供"商务资格"（Qualify with a Business）的机会；（14）帮助企业获取业务支持计划，以制定能够有效使用技能的明确政策；（15）通过政府采购合同促进技能提高和实习机会；（16）与企业合作确保通过立法保证员工培训的权利；（17）尽可能满足雇主希望同时不损害消费者利益；（18）确保最好的高校和培训机构从更加简单的资金和监控安排中获益；（19）减少单独资助机构数量；（20）通过交换资源资助新的措施①。

2010年，英国政府又发布《为可持续发展而提高技能》（Skills for Sustainable Growth）和《为可持续发展而对技能投入》（Investing in Skills for Sustainable Growth）两个技能开发的国家战略性文件。其中第一个战略文件"从可持续发展视角提出了英国技能开发的宗旨、制度革新的新思路与原则，以及技能开发的行动建议"。第二个战略文件"提出了在削减公共经费的形势下，政府对技能开发的支持形式包括全部资助、部分资助，以及贷款三个方面，并且提出了这三种形式支持的具体范畴，提出了政府支持的重点，以及在投入方面进行的制度改革的措施建议"②。

就具体的内容而言，《为可持续发展而提高技能》共包括四章：第一章为"技能促进增长（Skills for Growth）"；第二章为"技能与公平社会（Skills and a Fair Society）"；第三章为"共同承担技能责任（A Shared Re-

---

① Secretary of State for Business, Innovation and Skills. Skills for Growth: the National Skills Strategy [EB/OL]. (2009 – 11) [2013 – 05 – 31]. http: //www. official – documents. gov. uk/document/cm76/7641/7641. pdf.

② 刘育锋. 可持续发展——2010年英国国家技能开发战略与投资政策 [J]. 中国职业技术教育，2011（10）：66.

sponsibility for Skills）"；第四章为"增加自由的制度改革（A Reformed System with Increased Freedom）"。在"技能促进增长"一章中，该文件提出了建议：（1）到 2014—2015 年将成人学徒数量扩大到 75000 人；（2）改变学徒制形式，使三级水平成为学习者和雇主期望的水平；（3）确保学徒制向更高水平提升的途径顺畅，包括但不限于四级水平；（4）确保职业资格能够反映雇主的需求变化；（5）减少一些经济部门对移民的依赖；（6）通过新的增长与创新，增加资金到 5000 万英镑来支持满足雇主们的技能需求；（7）共同筹资支持中小型企业内进行的二级水平培训。在"技能与公平社会"一章中，该文件提出了建议：（1）确保那些没有基本识字和算术能力的辍学者获得国家资助的培训，并要保证培训的效果；（2）提供有针对性的国家资金：求职者津贴或就业支持工作津贴；（3）重整和改革非正式成人学习和社区学习，鼓励弱势人群，为想要移动到正规学习的人创造升学途径；（4）提供青年人培训补助经费，以帮助他们顺利从学校到工作；（5）简化支持学习通知书。在"共同承担技能责任"一章中，该文件提出了建议：（1）从 2013—2014 学年起，将提供政府支持的贷款，帮助人们获得中高级资格；（2）为每一个成人建立终身学习账户，收集可用的补助资金、学习机会和新的政府支持的贷款方面的信息；（3）建立面向所有年龄的就业服务体系，为青年人和成年人提供高品质、专业化的职业指导，并对那些最需要的给予密集的支持；（4）改革后的英国就业和技能委员会将为雇主提供关于如何获得最好劳动力的鼓舞人心的领导；（5）支持雇主所采取的举措，打造现代高绩效的工作场所。在"增加自由的制度改革"一章中，该文件提出了建议：（1）不再实行自上而下的技能目标；（2）精简组织架构；（3）简化资助体系；（4）去除免费学院的法规；（5）采取果断行动，以解决不可接受的性能①。

《为可持续发展而对技能投入》提出的技能投资内容大体为：（1）全部资助的范围为所有年龄阶段人员的基本培训，19—24 岁人员首次获取二

---

① Department for Business Innovation & Skills. Skills for Sustainable Growth：Strategy Document [EB/OL]. ［2013 - 06 - 07］. http：//www. bis. gov. uk/assets/BISCore/further - education - skills/docs/S/10 - 1274 - skills - for - sustainable - growth - strategy. pdf.

级和三级证书的培训；（2）部分资助的范围为，2013—2014 年 19—24 岁人员接受二级和三级资格证书培训以及四级证书培训、24 岁以上人员学习二级至四级资格证书的培训、24 岁以上人员接受二级资格证书培训；（3）贷款范围包括，2013—2014 年无论失业与否的 24 岁以上人员接受三级及以上资格证书的培训①。

3. 欧盟提高职业教育与培训的吸引力

面对全球金融危机以及国际竞争加剧的时代背景，以及欧盟人力资源低学历、低资格水平等问题，近年来欧盟加强了对职业教育的发展规划，其突出的一个方面就是提高职业教育与培训的吸引力，具体的政策包括以下几个方面。

一是为保证职业教育与培训的质量，欧盟于 2009 年立法通过《欧盟职业教育与培训质量保障参考框架》（European Quality Assurance Reference Framework for Vocational Education and Training, EQARF）。该框架包括三个组成部分：质量保障和改进过程、监控过程和质量指标。其中质量保障和改进过程由计划、实施、评估和检查四个阶段组成，是一个持续系统的过程；监控过程包括内部监控机制和外部监控机制两部分；质量指标由 10 个一级指标和 14 个二级指标构成，该项质量指标相互衔接，与质量保障与改进过程相一致，分别反映在计划、实施、评估和检查的四个阶段中。欧盟的这一质量框架具有的特点是：强调需求导向、注重公平与可持续发展、突出质量保障主体的多元化、注重保障环节的贯通性与整体性等②。

二是制定职业教育专业人才能力结构框架。2009 年，欧盟职业培训发展中心（European Centre for the Development of Vocational Training）制定了《职业教育专业人才能力框架：实践者手册》（Competence framework for

---

① 刘育锋. 可持续发展——2010 年英国国家技能开发战略与投资政策［J］. 中国职业技术教育，2011（10）：68 – 69.
② 尹翠萍，周谊，李洁. 欧盟职业教育与培训质量保障参考框架述评［J］. 中国职业技术教育，2012（30）：62 – 64.

VET professions Handbook for practitioners)①。这一能力框架作为欧盟职业教育从业人员的手册指南，其针对的对象包括教师、培训师和职业教育机构的领导。该框架对每一类专业人才都从管理、培训、发展与质量保障、网络协作四个方面进行了说明，并提出了需具备的能力标准。

三是加强职业教育培训与经济发展需求之间的联系。2010 年 3 月，欧盟公布指引欧洲未来发展的"欧洲 2020 战略"（Europe 2020：A European Strategy for Smart, Sustainable and Inclusive Growth）。在这一文件中，欧盟提出了加强职业教育吸引力的一项重要举措——"新技能和就业议程"计划。该计划的主要措施包括：（1）与欧洲社会合作伙伴一起制订和实施就业灵活保障议程的第二阶段计划；（2）依据智能监管原则，调整立法框架，以变革工作模式，应对工作场所新的健康和安全风险；（3）促进和实施可对劳动力市场需求作出灵活回应的综合性劳动力移民政策；（4）加强劳动力市场机构（包括成员国的公共就业服务中心）之间的合作；（5）推动利益相关者参与教育和培训合作战略框架；（6）确保进行进一步学习和进入劳动力市场所需的能力，制定"能力和职业框架"②。

五、使全民终身学习成为现实

全民终身学习是当前教育发展的一个重要趋势，世界上许多国家都出台政策促进终身学习的发展，包括制定法律法规、提供多方援助等。

（一）终身学习是教育发展的必然选择

"终身教育"概念始于 20 世纪 60 年代。其倡导者为时任联合国教科

---

① Kristiina Volmari, Seppo Helakorpi & Rasmus Frimodt. Competence framework for VET professions Handbook for practitioners［EB/OL］.（2009 - 09 - 22）　［2013 - 07 - 25］. http：//www. cedefop. europa. eu/EN/Files/111332_ Competence_ framework_ for_ VET_ professions. pdf.

② EUROPEAN COMMISSION. Europe 2020：A European Strategy for Smart, Sustainable and Inclusive Growth［EB/OL］.（2010 - 03 - 03）［2013 - 06 - 06］. http：//ec. europa. eu/commission_ 2010 - 2014/president/news/documents/pdf.

文组织终身教育局局长朗格朗（Paul Lengrand），其于 1970 年发表的《终身教育引论》，奠定了终身教育的理论基础①。朗格朗认为："终身教育是一系列很具体的思想、实验和成就，换言之，是完全意义上的教育，它包括了教育的所有各个方面，各项内容，从一个人出生的那一刻起一直到生命终结时为止的不间断的发展，包括了教育各发展阶段各个关头之间的有机联系。"②《学会生存——教育世界的今天和明天》对终身教育的解释是，终身教育是"由一切形式、一切表达方式和一切阶段的教学行动构成一个循环往复的关系时所使用的工具和表现方法"③。

伴随着学习化社会的到来，终身学习的概念逐渐进入人们的视野，它是对终身教育概念的进一步深化，包含了更加丰富的内容。1994 年在意大利罗马举办的"首届世界终身学习会议"指出，"终身学习是 21 世纪的生存概念"，它是"通过一个不断的支持过程来发挥人的潜能，它激励并使人们有权利去获得他们终身所需的全部知识、价值、技能与理解"④。

关于终身教育和终身学习的关系，有研究者认为，终身教育"关注教育的服务、条件与机会的提供、主要体现的是政府行为"；而终身学习"关注学习者自身内部变化，更多体现的是学习者作为生命主题的个体行为"。"由于终身学习在概念的内涵、对象的主体性及教育功能的发挥上都超越了终身教育，因而近年来大有取代终身教育之趋势"⑤。终身学习的目标是建立一个学习社会，这是当前教育发展的一个基本趋势，因而它是一种先进教育理念的代表。

（二）欧盟通过资格框架等推进终身学习

欧盟是世界上最早提出发展终身学习的地区之一，自 20 世纪 90 年代

---

① 居峰. 从终身教育向终身学习转化看终身教育体系的构建 [J]. 成人教育, 2012 (11).

② 保尔·朗格朗. 终身教育引论 [M]. 周南照, 陈树清, 译. 北京：中国对外翻译出版公司, 1985：15 – 16.

③ 联合国教科文组织国际教育发展委员会. 学会生存——教育世界的今天和明天 [M]. 华东师范大学比较教育研究所, 译. 北京：教育科学出版社, 1996：180.

④ 刘生全. 论教育批评 [M]. 北京：教育科学出版社, 2006：77.

⑤ 吴遵民. 现代终身学习论：通向"学习社会"的桥梁与基础. 上海：上海教育出版社, 2008：35.

陆续推出了实施终身学习发展战略的系列政策。1995 年发表《教学与学习：迈向学习化社会》白皮书，1996 年被定为"欧洲终身学习年"，2000 年发表《终身学习备忘录》，2001 年提出"使欧洲终身学习区成为现实"的目标，2001 年启动"教育和培训 2010 工作计划"，2002 年欧盟理事会通过《终身学习决议》，同年欧盟发表《终身学习质量指标报告》，2006 年 11 月欧盟议会和欧盟理事会通过《关于在终身学习领域建立行动计划的决定》，特别是 2008 年 4 月 23 日欧盟议会和欧盟理事会通过《关于建立欧洲终身学习资格框架的建议》（European Qualification Framework for Lifelong Learning，EQF），为推进终身学习战略奠定了制度基础。

欧盟推进终身学习发展的路径体现为以理念创新为先导，以制度建设为基础，以工具开发为抓手，以评价文化为引领，整体性推进终身学习战略的特征（见图 5 - 5）。下面我们以近年来两个重要的政策为例作说明。

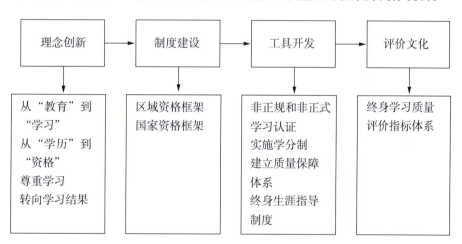

图 5 - 5 欧盟推进终身学习发展的路径

1. 建立终身学习资格框架

《关于建立欧洲终身学习资格框架的建议》旨在用一种共同语言描述资格，增加资格透明度、增进可比性和促进在欧盟教育和培训系统中获得的各种资格的承认。欧盟委员会建议各国到 2010 年把他们本国的国家资格框架同欧洲资格框架联系起来，到 2012 年，在欧盟范围内颁发的每个新的资格证书上都应注明相应的欧洲资格框架参照等级。"欧洲资格框架"的实施是欧盟教育发展史上影响深远的重大事件。

实施"欧洲资格框架"的政策背景是，适应以迅速的技术和经济变革和人口老龄化为特征的欧洲社会的到来，不断提高公民的知识、技能和能力，提升欧盟的竞争力和促进社会聚合。为欧盟各国资格制度的建立提供标准参照，增加资格透明度和促进终身学习，使欧洲的教育和培训系统适应知识社会的要求和不断提高就业水平和质量的需要。

"欧洲资格框架"从低到高，共设 8 个等级。每一级资格等级均从知识、技能和能力三个维度进行描述，是对与该级资格水平相关的学习结果的界定。在"欧洲资格框架"背景中，知识是指理论的或事实性知识；技能是指认知技能（含运用逻辑的、直觉的和创造性思维）和实用技能（含动手灵敏性和方法、材料、工具和器具的运用）；对能力的描述是就责任感和自主性而言。

资格水平描述是对该级资格的知识、技能和能力的原则性和概括性表述，在资格开发中，需要将这些水平描述转化为具体的、有可操作性的行业标准。

"欧洲资格框架"被视为是个"元框架"，它可使国家和行业的资格框架同其他的资格框架联系起来，促进资格的转换和承认，提高资格的透明度，加强参与终身学习的利益攸关方的互信，减少跨国工作学习障碍。"欧洲资格框架"的作用主要表现在：（1）可为学习结果和能力水平设立共同参照点，可涵盖国家和行业一级现有的各种各类资格证书，能区分不同等级水平的资格证书；（2）将作为一种转换设计，对学习结果进行定位和比较，不仅在欧洲层面，而且也可在国家、地区和行业一级进行比较；（3）作为教育和培训质量保障的共同参照；（4）将为行业资格开发提供参照，加强各种资格间的相互衔接、协同和联系；（5）成为在欧洲、国家和行业一级推动终身学习发展的动力。"欧洲资格框架"是个多目标、多功能框架。

目前欧盟很多国家都完成了本国国家资格框架的建设。国家资格框架的主要要素包括以知识、技能和能力三个维度来描述的学习结果、资格等级结构（等级数目）和资格标准结构。资格等级结构和资格标准结构具有层级性，资格标准结构分为等级标准（水平描述）、资格类型标准和职业（工种）资格标准（如国家资格标准、行业资格标准、职业/工种资格标准）。国家资格框架对促进终身学习发展有以下的作用。（1）由注重过程转向注重学习结果成为一种新的学习范式，将在世界范围内引发一场深刻的学习革命。以学习结果为导向的国家资格框架可以承认和认证人们在不同学习环境中取得的学习成就，由此激发人们在正规、非正规和非正式学习背景下学习的动机，从而拓展学习空间维度。（2）资格等级结构为学习者搭建了学习阶梯，体现出学习的层级性和进步性，学习者可以从低到高，从初始教育到继续教育，通过各种学习途径和方式沿着资格阶梯上升，从而拓展学习时间维度。（3）以知识、技能和能力三个维度来界定的资格等级标准（水平描述）为同一等级而不同类型的资格在劳动力市场具有等值性提供了可能性，特别是可使传统的学术性和职业性资格具有同等含金量，从而打通学习系统的分割，建立不同学习系统和不同资格间的衔接和沟通，搭建弹性学习路径。

2. 制定欧洲大学终身学习宪章

2008 年 10 月，欧洲大学协会（The European University Association，EUA）制定并通过了《欧洲大学终身学习宪章》（European Universities' Charter on Lifelong Learning），提出欧洲大学和各国政府应为发展终身学习作出十大承诺。

其中大学应作出的十大承诺包括：（1）把扩大准入和终身学习的理念纳入到大学的制度策略中；（2）为多元化的学生群体提供教育和学习机会；（3）调整学习计划，确保它们的设计能够拓宽参与以及吸引成人回流学习者；（4）提供适合的指导与咨询服务；（5）认可先前的学习形式；（6）构建终身学习质量保障文化；（7）从终身学习的视角来加强科研、教学和创新的关系；（8）巩固改革成果，为所有学生提供一个灵活和富有创新性的学习环境；（9）开展地方、区域、国家和国际间的伙伴协作，提供有吸引力和相关的计划；（10）把自身建设成为终身学习机构的典范。

政府应作出的十大承诺包括：（1）承认大学作为个人和社会的主要利

益提供者在终身学习方面的贡献；（2）促进社会公平和包容性学习社会；（3）将终身学习的目标列入国家质量保障机构与制度中；（4）支持发展适当指导与咨询服务；（5）认可先前的学习形式；（6）消除可能阻止潜在学习者返回接受高等教育的法律障碍；（7）确保大学的自主性以及激励终身学习大学；（8）鼓励地方政府、雇主以及机构在区域水平上的伙伴协作；（9）提供信息以及鼓励公民有效利用大学提供的终身学习机会；（10）做终身学习机构的典范。

（三）加拿大通过建立综合学习指标推进终身学习

在推进终身学习方面，加拿大的一个重要特点是开发并实施测量终身学习成效的工具——"综合学习指标"（Composite Learning Index，CLI）。

综合学习指标由加拿大学习委员会（Canadian Council on Learning）于2006年开发，它以联合国教科文组织21世纪国际教育委员会1996年发表的《教育：财富蕴藏其中》提出的终身学习概念框架为依据，建立了一个四维度终身学习测量指标。这四个维度分别为：学会求知、学会做事、学会共处、学会生存。其中学会求知，指的是发展社会生活所需要的功能性知识和技能，这些技能包括识字能力、计算能力和批判性思维。学会做事指的是获得与职业成功有关的技能，例如计算机培训、管理培训以及学徒制等。学会共处指的是发展诸如尊重和关心其他人的社会技能和价值，社会和人际交往技能以及欣赏加拿大人的多样性。学会生存指的是促进个人身体、心灵与精神，以及创新个人发现。

"综合学习指数"自应用以来，其四个维度保持不变，但各维度下设的指标根据情况也做了个别调整。如2010年四个维度下设指标，共包括17个指标，26个具体的测量值。其中学会求知下设指标包括4个：青年识字技能、中学辍学率、中等后教育参与情况、大学获取情况；学会做事下设2个指标：工作场所培训获得性、工作相关培训参与情况；学会共处下设3个指标：社会俱乐部和组织参与情况、来自其他文化的学习、自愿服务活动；学会生存下设6个指标：媒体报道情况、通过体育运动学习、互联网获得情况、学习机会获得情况、社会和经济产出①。

加拿大"已经完成的测量结果显示，加拿大人通过终身学习在个人的层面上可以获得更高的薪酬、更好的工作前景、更好的身体状况和更充实的生活，从而有助于加拿大的经济更有活力和社区内部及社区之间的联系更强有力"②。

（四）韩国通过完善制度建设推进终身学习

韩国在终身教育方面的一个重要特点是加强制度建设。例如，韩国国会在 1999 年通过《终身教育法》，目前已经修订了五次，其中 2007 年的修订最为全面。其主要内容包括以下几个方面。

一是明确规范中央和地方政府的职责，具体包括教育部每 5 年要提出终身学习实施基本计划，并成立"终身教育振兴委员会"；市、道首长应根据终身教育年度计划设立相关设施，设置终身教育协议会；韩国教育开发院要进行终身教育研究，提供终身从业人员进修及提供相关信息；市、郡、区协议会负责终身教育事项联系、研究、进修提供、信息搜寻及辅导等；国家指定地方行政单位为终身教育城市，促进终身教育理念的发展与推进。

二是设置终身教育推动单位。在中央设置终身教育振兴院，负责终身教育计划研订、培训终身教师，支持市道终身教育振兴院，建立与运用终身教育信息系统，办理学分、学位认定事宜及管理学习账户等。市道设终身学习振兴院，负责市道终身教育管理、咨询及机会提供等。市、郡、区设立终身学习馆，开发及提供地方居民终身学习机会。

三是完善终身教育办学条件，包括规范终身教育师的资格、认定、等级、工作、培训；规范终身学习馆、学校媒体在终身教育推展上的工作与

---

① Canadian Council on Learning, The 2010 Composite Learning Index：Five Years of Measuring Canada's Progress in Lifelong Learning [EB/OL]. [2013－07－08]. http：//www. ccl－cca. ca/pdfs/CLI/2010/2010CLI-Booklet_ EN. pdf.

② 郑彩华. 加拿大终身学习评价工具"综合学习指标"及其启示 [J]. 河北大学成人教育学院学报，2012（4）.

内容；规范实施低于初中学历的成人教育；国家及地方政府要办理识字教育，使失学民众达到初中学历的水平。国家要给予此类教育财政的支持，并给予相应的学历认定①。

此外，韩国分别于 1999 年、2000 年、2007 年出台《第一次国家终身学习促进计划（2000—2006）》、《终身教育法律实施条例》、《第二次国家终身学习促进计划（2008—2012）》。其中《第一次国家终身学习促进计划（2000—2006）》的主要内容是，建立终身学习政策的管理机构，建设学习型城市，关注弱势群体的学习机会，提高终身学习的预算。《终身教育法律实施条例》主要内容是，提出赋予国民学习的权利、实施学分银行制度、扩展成人教育机会和建立终身学习社会的主张。《第二次国家终身学习促进计划（2008—2012）》的主要内容是，培养创新型知识工人，以提高国家竞争力；关注弱势群体；建立终身学习基础机构②。

六、推进高等教育国际化

高等教育国际化，是 20 世纪 80 年代联合国教科文组织提出的现代高等教育发展三个核心概念之一（另外两个是高等教育的针对性和质量）。在经济全球化的背景下，国际合作与竞争日益升温，高等教育国际化浪潮势不可当，高等教育国际化不断朝着更深、更广的方向发展，并已成为大学继教学、科研、服务之外的第四功能。加拿大学者奈特（Knight）在 2004 年提出的国际化定义是："在院校和国家层面的高等教育目的、功能和供给中融入国际、跨文化或者全球化维度的过程。"③ 美国波士顿学院国际高教研究中心主任、著名比较教育学者菲力普·阿尔特巴赫认为，教育

---

① 黄富顺. 韩国新修订终身教育法内容、特色与省思［J］. 终身教育，2009（7）；黄富顺. 韩国新修订终身教育法内容、特色与省思（续）［J］. 终身教育，2010（8）.

② 葛喜艳. 韩国终身教育发展特点与趋势研究［J］. 中国成人教育，2011（21）.

③ 金帷，马万华. 20 世纪美国高等教育国际化历程——以动因 – 策略为脉络的历史分析［J］. 教育学术月刊，2012（1）：43 – 53.

国际化是把国际的、跨文化的或全球层面的内容融入教育目的、职能或教学实施的过程，也可以定义为："一个国家、一个教育系统、一个教育机构回应全球化趋势的具体政策或举措。"① 高等教育国际化并不是一个单纯输入或输出的过程，而是要将跨文化、跨国界的理念与个体的具体实践相结合。

（一）美国既"引进来"，又鼓励"走出去"

美国是世界高等教育强国，其国际化道路也走在世界前列。2001 年后，其高等教育国际化战略将原先教育单向输出调整为教育双向流动，一方面继续开拓海外市场，吸引国外学生赴美留学深造，另一方面积极筹划通过多途径鼓励促进美国本土学生、研究人员出国留学、交流②。

美国联邦政府先后发起了一些新的行动倡议，出台了新政策，以下几个方面尤为值得关注：（1）推出前所未有的"国际教育周"，构建国际教育交流新环境；（2）增加美籍非传统大学生教育交流资助项目，促进参与者的多元化；（3）构建百万人留学海外的宏伟蓝图，倡议更多的美国学生走向海外；　（4）大力增强"请进来"力度，广泛吸引海外留学生；（5）强化已有的旗舰国际教育计划，开拓新的项目领域③。

（二）德国高等教育中愈加重视英语

高等教育国际化有三个基本要素：课程的国际化、学生的国际化和师资的国际化。德国联邦政府相继采取了如下措施以应对高等教育国际化的浪潮④。

---

① 周满生．基础教育国际化的若干思考［J］．教育研究，2013（1）：65－75．

② 王廷．美国高等教育国际化发展模式及其启示——以浙江省为例［J］．中国成人教育，2012（13）：105－108．

③ 丁玲．从联邦政府的行动透视 21 世纪美国高等教育国际化［J］．高等教育研究，2011（4）：97－102．

④ 许南．高等教育国际化：德国经验及其对中国教育和经济发展的启示［J］．教育与经济，2012（3）：58－63．

1. 课程的国际化

具体做法是：（1）实施新的学位制度，将新学位制度定为"Bachelor"和"Master"，与现有的"Diplom"、"Magister"和"Staatsexamen"并存；（2）在学位介绍中推出英语撰写的"证书补充说明"；（3）推出海外学习计划；（4）推出与专业学习相结合的高级语言课程，即专业语言课程，如"专业英语"等。

2. 学生的国际化

具体做法是：（1）实施德国海外教育项目；（2）实施跨国远程教育项目；（3）寻求与跨国企业的合作，实施商业性质的教育服务；（4）改善留学生的学习服务和咨询。

3. 师资的国际化

根据调查，英语作为媒介的学位课程项目的教师中包括母语为英语的外国人、有海外执教经历的德国人以及其他有英语教授经验的外国人。在所有用英语授课的学位课程项目中，63.9%的项目聘有英语为母语的教师，德国大学的非德国教师比例也在不断提高。

（三）英国加强学生和教师的国际化流动

英国在博洛尼亚进程的引导下，积极参与欧盟各国的高等教育交流与合作，并依据博洛尼亚进程所涉及的主要内容采取多项措施促进本国的高等教育国际化进程[①]。

1. 推进课程内容的国际化

课程国际化是高等教育国际化中最为基本的因素，英国不仅开设了更多的外语课程或者学习有关其他国家的历史地理知识，更重要的是设置有国际视野的课程体系，帮助学生了解世界的变化并使其更具有国际竞争力。

2. 推进境外学分学历文凭互认

英国在顺应博洛尼亚进程下，通过推进境外学历互认扩大高等教育国

---

① 张安然. 英国高等教育国际化及政策支持［J］. 当代教育科学，2011（9）：50－52.

际化发展。只有以学历互认为基础，才能便于外国教育机构及劳动力市场招收或雇用其他国家的学生。

3. 师生国际化流动

师生的国际化流动是英国促进高等教育国际化的另一措施。英国通过加强大学留学的学生流动以及出国留学人员的流动，开拓学生的国际视野并且为学生海外工作以及外语学习提供了便利条件。同时，英国也面向海外招收大量的留学生，而且逐步加强教师的国际流动。

（四）瑞典设立支持和管理高等教育国际化的机构

瑞典的高等教育已经有 500 多年的历史，20 世纪 90 年代以来，瑞典高校更加注重国际化的发展，采取了一系列举措。

1. 积极参与欧盟的高等教育国际项目

瑞典积极参与欧盟的博洛尼亚项目和易拉莫斯项目，这两个项目的加入大大提高了瑞典高校国际化的水准。

2. 独特的政府政策支持和保障

瑞典政府于 1995 年成立了一个专门的高等教育机构——国家高等教育质量署（也称全国高等教育局），负责高等教育的跟踪调查、质量评估、督导、法律权益保护、高等教育信息研究和国际合作等。

3. 瑞典高校积极推动和参与国际化进程

首先各高校都设立国际事务办公室，负责留学生的招生。同时各高校也连同瑞典的教育院积极参与海外的宣传和推介活动。注重开发适合留学生学习的课程，提高留学生教学质量①。

（五）日本的教育国际化成为国家战略

日本政府认为："21 世纪被称为知识社会，必须将教育投资作为国家战略加以认真考虑。"有学者根据日本政府历年《教育白皮书》中的相关

---

① 徐晓红. 瑞典高等教育国际化发展举措、特色及启示 ［J］. 中国成人教育，2012（7）：117－119.

内容，将教育国际化归纳为三个方面。（1）针对日本人的国际化。日本政府主要通过海外日本人子女教育、国内的国际理解教育、鼓励出国留学等途径，以培养日本人的"国际素养"。（2）针对外国人的国际化。主要包括对外日语教育与考试、接收留学生教育两大方面。（3）教育的国际合作与开发。主要包括参与国际组织的教育事业、对发展中国家的教育开发两大内容①。

（六）新加坡"国际本土化"和"本土国际化"并重

进入 21 世纪，新加坡高等教育国际化发展突飞猛进，在原有国际化合作内容的基础上，又体现了"国际本土化"和"本土国际化"的新特点。"国际本土化"是指鼓励海外名校在新加坡开办分校，把国外优秀大学先进的管理理念、办学模式、优势学科、教学方法、智力资源等教育资源引入新加坡，培养出本国所需要的国际化人才。"本土国际化"是指鼓励新加坡的大学走出国门，在海外设立分校。具备海外学习经历使学生在国外不仅可以学习到优秀的科学文化知识，而且还可以积累宝贵的实践经验。

新加坡高等教育国际化发展经验的一个显著特点便是尊重国际化专家的建议。政府教育政策的制定都需要经过咨询国际化的专家、寻求国际化的建议和最终制定教育政策几个关键性环节②。

（七）影响学生选择留学目的国的重要因素是教学语言

日常生活语言及教学语言有时决定了学生选择去哪个国家留学。那些广泛使用的语言，如英语、法语、德语、俄语和西班牙语作为教学语言的国家都是外国留学生首选的目的国，不论是绝对而言还是相对而言均如此。如图 5－6 所示。

---

① 臧佩红. 试论当代日本的教育国际化［J］. 日本学刊, 2012（1）: 90－159.
② 刘晓亮, 赵俊峰. 新加坡高等教育国际化问题研究［J］. 外国教育研究, 2012（12）: 98－105.

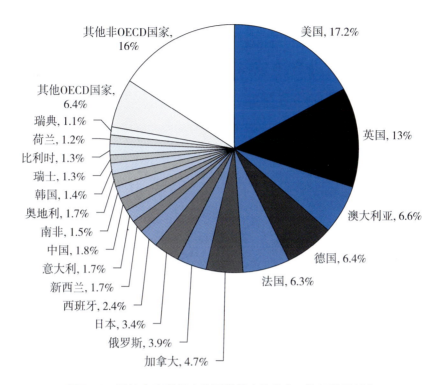

图 5 - 6　2010 年高等教育外国留学生的分布，按目的国划分

注：① 美国、英国、澳大利亚数据是根据居住国界定的国际学生；② 加拿大是 2009 年数据。

【数据来源】经济合作与发展组织．教育概览 2012 OECD 指标［M］．中国教育科学研究院，译．北京：教育科学出版社，2012：394．

英语国家（澳大利亚、加拿大、新西兰、英国和美国）在留学目的国中的主导地位（绝对数）反映了英语作为一种世界性语言正逐渐被人们接受。也可能是因为有意出国留学的学生在国内学习的是英语，或者希望通过在英语为母语国家的熏陶而提高其英语水平。

众多国家将英语作为官方语言或者通用语也强化了这种模式。所有讲英语的 OECD 成员国都有 1/5 到 1/3 的外国留学生来自其他英语国家。非英语国家越来越多的教育机构开设了以英语为教学语言的课程，以克服自身在吸引外国留学生上的语言劣势。这种趋势在广泛使用英语的国家尤为明显，如北欧国家（见表 5 - 12）。

表 5 – 12　2009 年用英语开设高等教育课程的国家

教学中英语的使用情况	国家
全部或几乎全部课程用英语授课	澳大利亚、加拿大[①]、爱尔兰、新西兰、英国和美国
很多课程用英语授课	丹麦、芬兰、荷兰和瑞典
部分课程用英语授课	比利时弗兰芒语区[②]、捷克、法国、德国、匈牙利、冰岛、日本、韩国、挪威、波兰、葡萄牙、斯洛伐克、瑞士[③]和土耳其
没有或基本没有课程用英语授课	奥地利、比利时法语区、巴西、智利、希腊、以色列、意大利、卢森堡、墨西哥[③]、俄罗斯和西班牙

　　注：对英语教学课程多少的判断考虑了国家人口多少的因素。因此，尽管法国和德国开设英语课程的绝对数量超过了瑞典，但仍将其归为开设用英语教学课程较少的国家。

　　① 在加拿大，高等教育机构的教学语言是法语（主要在魁北克）或英语。

　　② 硕士课程。

　　③ 高等教育机构可自由选择。

　　【数据来源】OECD, compiled from brochures for prospective international students by OAD (Austria), CHES and NARIC (Czech Republic), Cirius (Denmark), CIMO (Finland), EduFrance (France), DAAD (Germany), Campus Hungary (Hungary), University of Iceland (Iceland), JPSS (Japan), NIIED (Korea), NUFFIC (Netherlands), SIU (Norway), CRASP (Poland), Swedish Institute (Sweden) and Middle – East Technical University (Turkey).

后　记

本书是中国教育科学研究院 2012 年度基本科研业务费专项基金课题"世界教育发展报告"的研究成果。

该书由中国教育科学研究院国际比较教育研究中心承担。王素为书的总负责人，承担了框架设计、组织协调和研究实施工作。本书各章具体分工为：前言由张永军执笔；第一章由王素、方勇执笔；第二章由秦琳执笔；第三章由姜晓燕执笔；第四章由赵章靖、李协京、苏红执笔；第五章由李建忠、浦子松、张晓光、张永军执笔。本书最后由王素统稿并定稿，张永军、浦小松参与了统稿工作。

出 版 人　所广一

责任编辑　罗永华

版式设计　孙欢欢

责任校对　贾静芳

责任印制　曲凤玲

图书在版编目（CIP）数据

世界教育发展报告.2012／中国教育科学研究院国
际比较教育研究中心著.—北京：教育科学出版社，
2013.12
　　（国际教育研究书系）
　　ISBN 978 – 7 – 5041 – 8132 – 9

　　Ⅰ.①世… Ⅱ.①中… Ⅲ.①教育—研究报告—世界
—2012　Ⅳ.①G51

中国版本图书馆 CIP 数据核字（2013）第 304075 号

世界教育发展报告 2012
SHIJIE JIAOYU FAZHAN BAOGAO 2012

出版发行	**教育科学出版社**			
社　　址	北京·朝阳区安慧北里安园甲 9 号	市场部电话	010 – 64989009
邮　　编	100101	编辑部电话	010 – 64981252
传　　真	010 – 64891796	网　　址	http://www.esph.com.cn
经　　销	各地新华书店		
制　　作	北京金奥都图文制作中心		
印　　刷	保定市中画美凯印刷有限公司		
开　　本	169 毫米 ×239 毫米　16 开	版　　次	2013 年 12 月第 1 版
印　　张	17.5	印　　次	2013 年 12 月第 1 次印刷
字　　数	253 千	定　　价	49.00 元

如有印装质量问题，请到所购图书销售部门联系调换。